Geulnuri
2024-E-09

ChatGPT를 활용한 데이터분석 및 시각화

글누리
HNU

저자소개

현재 한남대학교에서 빅데이터 시각화 분야의 겸임교수로 재직 중이며, 최신 데이터 분석 기법과 효과적인 시각화 전략을 학생들에게 전수하고 있습니다.

또한, YWCA 인력개발센터와 마이스터 고등학교에서 AI 기술과 영상 미디어의 융합에 관한 혁신적인 교육 프로그램을 주도하고 있습니다. 이를 통해 차세대 기술 인재 양성에 기여하고 있습니다.

더불어, "AI 시대를 준비하는 우리의 자세"에 대해 다양한 기업과 대학에서 특강을 진행하고 있습니다. 이를 통해 미래 사회의 변화에 대비하고 AI 기술을 효과적으로 활용할 수 있는 방안을 제시하고 있습니다.

교육자로서 저의 핵심 가치는 학생 중심의 접근법입니다. 친근하고 열린 자세로 학생들과 소통하며, 그들의 잠재력을 최대한 끌어내는 것을 목표로 하고 있습니다. 이러한 노력을 통해 학생들이 미래 산업을 이끌어 갈 수 있는 실력과 자신감을 갖추도록 지원하고 있습니다.

ChatGpt를 활용한
데이터분석 및 시각화

지은이 머리말

이 책은 복잡하고 어려운 빅데이터 분석을 더 쉽고 효과적으로 수행할 수 있는 방법을 탐구
하는 데 초점을 맞추고 있다. 특히, ChatGPT와 같은 인공지능(AI) 도구를 활용하여 데이터를분석하고 시각화하는 과정을 상세히 설명하고 있다.

빅데이터는 현대 사회에서 매우 중요한 자원이다. 하지만 이를 효과적으로 분석하는 것은
여전히 많은 이들에게 큰 도전 과제로 다가온다. 이 책은 그러한 어려움을 겪고 있는 학생들과 연구자들에게 실질적인 해결책을 제공하고자 한다. ChatGPT와 같은 AI 도구를 활용하면, 데이터 분석의 복잡성을 줄이고 보다 직관적이고 효율적인 방식으로 데이터를 다룰 수 있다.

책의 주요 내용은 다음과 같다.

첫째, 데이터를 다루는데 필요한 파이썬 기초문법에 대해서 설명한다.

둘째, ChatGPT를 이용한 데이터 전처리 방법에 대해 설명한다.

셋째, AI 기반의 데이터 분석 기법을 다루며, 실전 사례를 통해 그 활용 방법을 제시한다. 넷째, 데이터 시각화의 중요성과 이를 구현하는 다양한 방법에 대해 설명한다. 마지막으로, 이러한 모든 과정을 통합하여 실제 프로젝트에 적용하는 방법을 소개한다.

이 책은 AI를 통해 빅데이터 분석이 어렵지 않다는 것을 보여주고, 이를 통해 독자들이 데이터 분석에 대한 두려움을 극복할 수 있도록 돕고자 한다. 또한, 학생들이나 연구자들이 빅데이터를 보다 친근하게 다룰 수 있도록 유도하는 데 목적이 있다.

AI를 활용한 빅데이터 분석 및 시각화는 현재와 미래의 데이터 분석 환경에서 매우 중요한
역할을 할 것이다. 이 책이 독자들에게 그러한 변화를 준비하고 적응하는 데 큰 도움이 되기를 기대한다. 다양한 예제와 실습을 통해 독자들이 직접 따라하며 배울 수 있도록 구성된 이 책은, 빅데이터 분석의 새로운 패러다임을 제시한다.

지은이 **박 성 삼** 드림

CONTENTS

1 데이터 분석 준비하기

2 데이터 분석을 위한 파이썬 문법

3 생성형 AI

4 데이터 분석을 위한 파이썬 라이브러리

5 ChatGpt로 데이터 프레임 연습하기

6 대한민국 인구 통계 분석

CONTENTS

10 타이타닉 생존자 분석

11 상권 분석

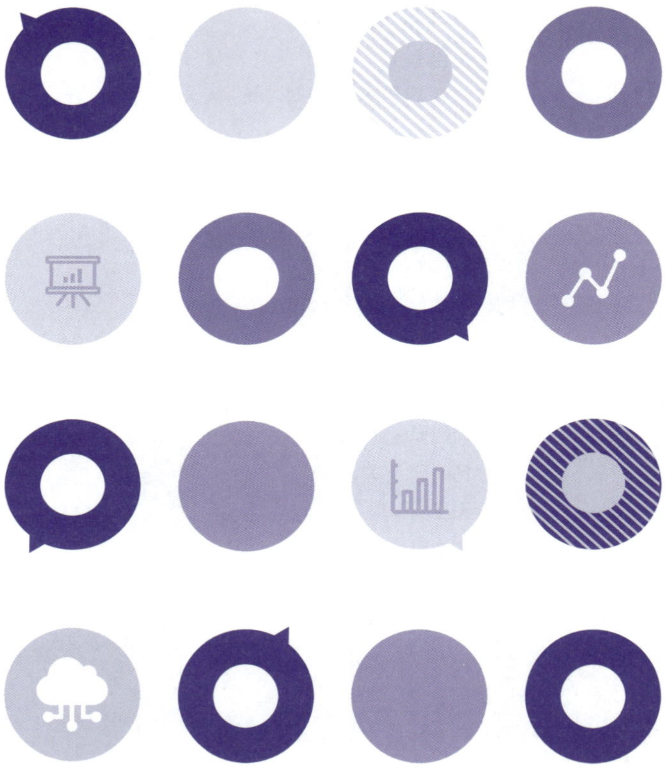

1

데이터 분석 준비하기

1. 데이터 분석의 최강자 파이썬
2. 아나콘다(ANACONDA)
3. 쥬피터 랩: 최고의 데이터 분석 도구
4. 쥬피터 랩 사용하기
5. 쥬피터 랩 설정으로 편하게 코딩하기
6. 쥬피터 랩 코드 작성하기

1. 데이터 분석 준비하기

1. 데이터 분석의 최강자 파이썬

가. 다양한 라이브러리와 프레임워크

파이썬은 데이터 분석을 위한 다양한 라이브러리와 프레임워크를 제공한다. 그 중에서도 가장 인기 있는 라이브러리로는 NumPy, pandas, matplotlib, seaborn, scikit-learn 등이 있다. 이러한 라이브러리들은 데이터 처리, 시각화, 통계 분석, 머신러닝 등 다양한 작업을 수행하는 데 필요한 기능을 제공한다.

나. 간결한 문법과 쉬운 사용성

파이썬은 간결하고 읽기 쉬운 문법을 갖추고 있어 데이터 분석 작업을 쉽게 수행할 수 있다. 또한 풍부한 라이브러리와 프레임워크가 있어서 데이터 분석 작업을 위한 코드를 빠르게 작성하고 실행할 수 있다.

다. 커뮤니티의 활발함

파이썬은 활발한 커뮤니티를 갖고 있어서 데이터 분석 작업에 대한 지원이나 정보 공유가 활발하게 이루어진다. 이러한 커뮤니티의 지원은 데이터 분석 작업을 수행하는 데 큰 도움이 된다.

라. 크로스 플랫폼 지원

파이썬은 다양한 운영체제에서 동작하기 때문에 사용자들이 여러 플랫폼에서 동일한 코드를 사용하여 데이터 분석 작업을 수행할 수 있다.

마. 머신러닝 및 인공지능 지원

파이썬은 머신러닝 및 인공지능 분야에서도 매우 강력한 도구로 사용된다. scikit-learn, TensorFlow, PyTorch, Keras 등의 라이브러리를 통해 머신러닝 및 딥러닝 모델을 구축하고 학습시킬 수 있다.

이러한 이유들로 인해 파이썬은 데이터 분석 작업을 위한 강력한 도구로 평가되고 있으며, 많은 데이터 과학자와 분석가들이 파이썬을 주요 도구로 사용하고 있습니다.

2. 아나콘다(ANACONDA)

가. 아나콘다란?

아나콘다는 데이터 과학, 기계 학습, 데이터 분석을 위한 파이썬 및 R 프로그래밍 언어의 패키지 및 환경 관리 도구이다. 데이터 과학자, 연구자, 엔지니어 등이 사용하기 위해 설계된 도구로, 여러 패키지와 라이브러리를 통합하여 손쉽게 설치하고 관리할 수 있게 해준다.

주요 장점

- **다양한 패키지 포함**

  아나콘다는 수천 개의 데이터 과학 및 기계 학습 패키지를 포함하고 있어, 필요한 패키지를 쉽게 설치하고 사용할 수 있다. 대표적인 패키지로는 NumPy, Pandas, Matplotlib, SciPy, Scikit-learn 등이 있다.

- **환경 관리**

  아나콘다의 Conda는 환경을 손쉽게 관리할 수 있게 해준다. 서로 다른 프로젝트별로 서로 다른 패키지 버전이 필요한 경우, 별도의 가상 환경을 만들어 충돌 없이 사용할 수 있다.

- **손쉬운 설치와 사용**

  아나콘다는 사용자 친화적인 인터페이스를 제공하여, 데이터 과학 도구들을 손쉽게 설치하고 사용할 수 있게 해준다. 복잡한 설정 없이 한 번에 설치가 가능하다.

- **Jupyter Notebook 포함**

  아나콘다는 Jupyter Notebook을 기본적으로 포함하고 있어, 데이터 분석과 시각화를 쉽게 할 수 있다. Jupyter Notebook은 인터랙티브한 방식으로 코드를 실행하고 결과를 확인할 수 있는 환경을 제공한다.

- **다양한 플랫폼 지원**

  아나콘다는 Windows, macOS, Linux 등 다양한 운영 체제를 지원하여, 어떤 플랫폼에서도 동일한 환경을 구축할 수 있다.

- **강력한 커뮤니티와 지원**

  아나콘다는 활발한 커뮤니티와 광범위한 문서를 가지고 있어, 문제 해결과 새로운 기능 학습에 도움이 된다. 다양한 튜토리얼과 예제가 제공된다.

나. 실습 환경 소개

이 책에서는 데이터 분석에서 주로 사용하는 핵심 라이브러리들을 사용해 여러 프로젝트를 수행할 것이다. 라이브러리는 파이썬과 별도로 다운로드해서 설치해야 하는데, 이 과정이 생각보다 복잡하다. 파이썬 버전과 라이브러리 버전이 별도로 관리되고 있고, 서로 호환되는 버전이 정해져 있기 때문이다.

게다가 라이브러리들은 서로 참조하기도 한다. 예를 들어 판다스 라이브러리는 넘파이를 사용한다. 이때 파이썬 버전과 라이브러리 버전을 섞어서 사용하다 보면, 라이브러리가 호환되지 않거나 버전이 충돌해 애써 작성한 프로그램이 작동하지 않는 경우가 굉장히 많다.

따라서 이 책에서는 데이터 분석 핵심 라이브러리를 대부분 포함하고 있고 현재 데이터 분석 프로젝트에서 가장 많이 사용하는 아나콘다를 설치할 것이다.

아나콘다 설치를 위한 최소 사양

- 운영 체제: windows 8.1 이상, macOS 10.13 이상, Linux (glibc 2.17 이상)
- 프로세서: 64비트 프로세서 (x86_64)
- 메모리(RAM): 최소 4GB 이상의 RAM (8GB 이상을 권장)
- 디스크 공간: 최소 3GB의 디스크 공간 (패키지 설치 시 추가 공간 필요)
- 인터넷 연결: 패키지 설치 및 업데이트를 위해 인터넷 연결 필요

다. 아나콘다 설치하기

이제 본격적으로 아나콘다 배포판을 설치하겠다.

① 구글에 접속한 후 아나콘다(Anaconda)를 검색 한다.
(https://www.anaconda.com/download)

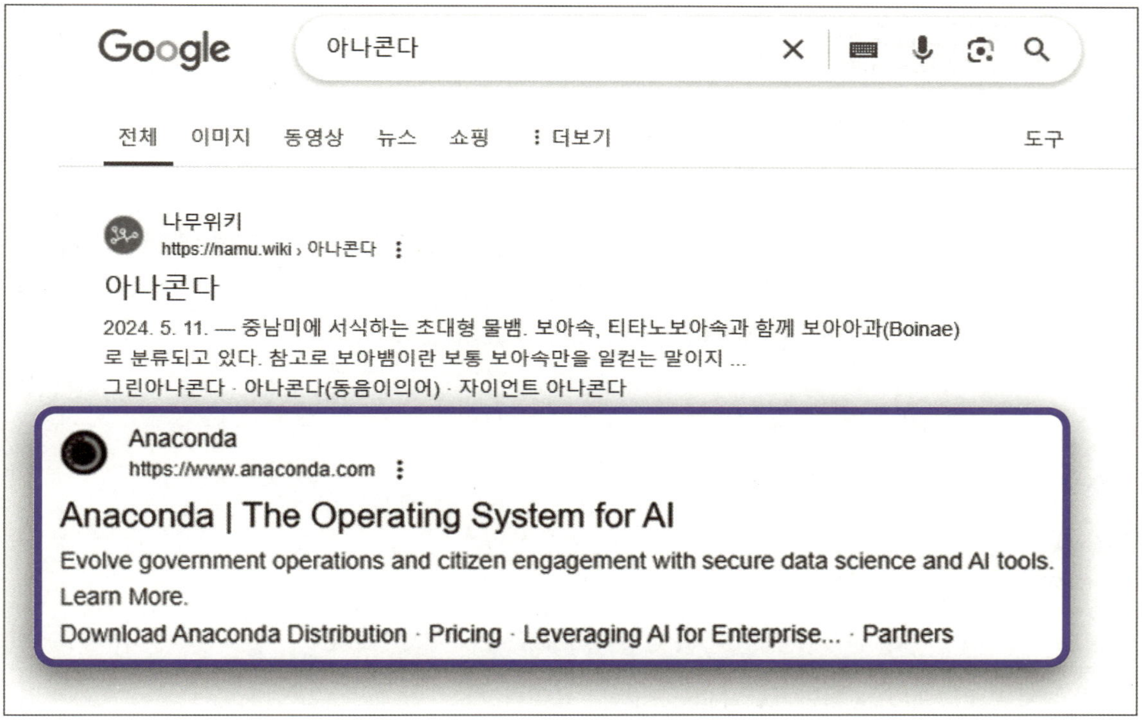

② Free Download 버튼을 클릭

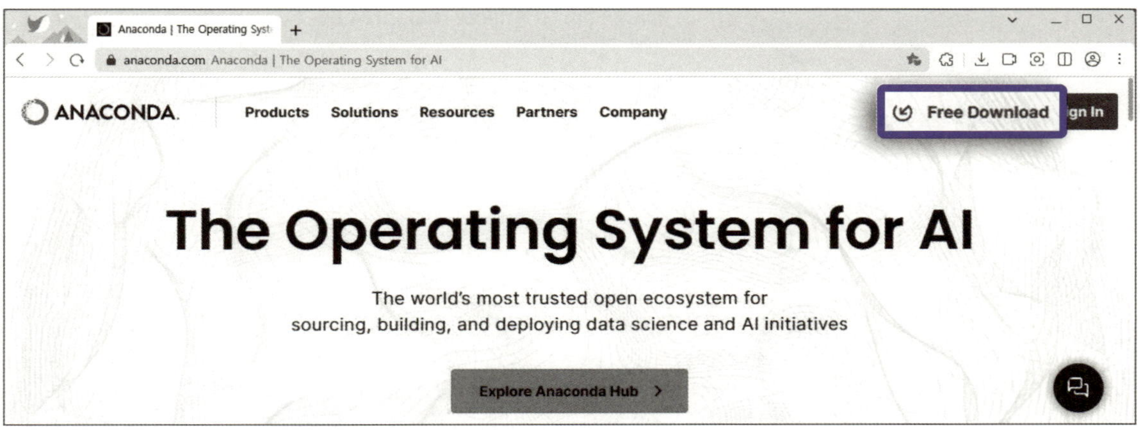

③ Download 클릭하여 설치 파일을 다운로드 한다.

C 드라이브에 anaconda3 폴더를 만들고 다운로드한 파일을 C:\anaconda3으로 옮긴다.

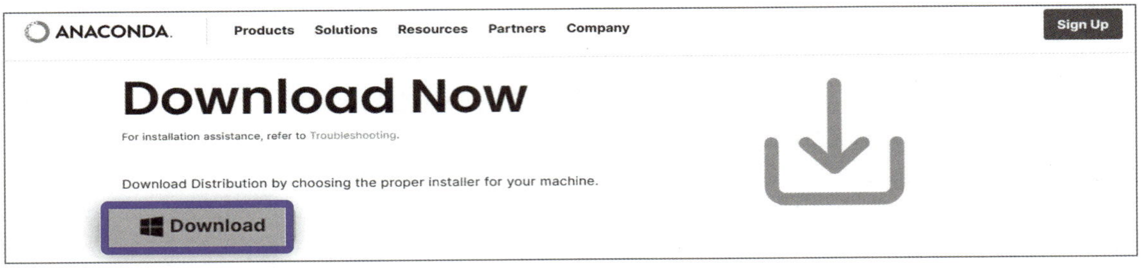

- 운영체제: Windows 11 Home 64 비트
- 설치파일 다운로드 경로: C :\anaconda3
- 'Anaconda3-2024.02-1-Windows-x86_64' 파일을 마우스 오른쪽 버튼으로 클릭하고 [관리자 권한으로 실행]을 클릭한다. '이 앱이 디바이스를 변경할 수 있도록 허용하시겠어요'라는 메시지가 열리면 〈예〉 버튼을 클릭하여 설치를 시작한다.

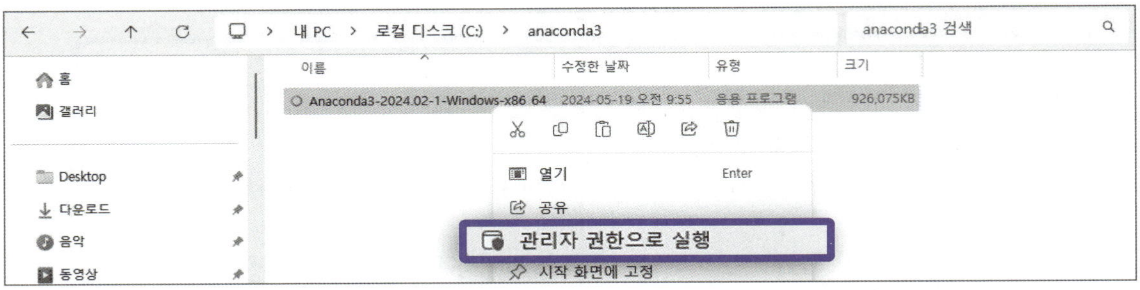

④ 설치 프로그램의 첫 화면에서 〈Next〉버튼을 클릭한다.

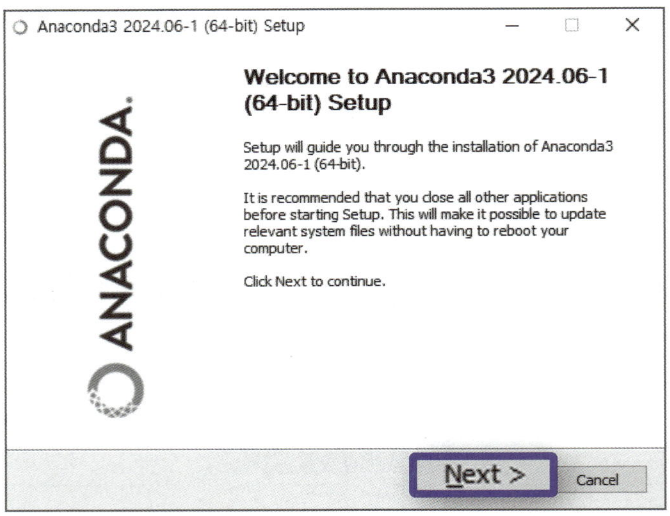

⑤ 라이선스 동의 여부를 묻는 창에서 〈I Agree〉 버튼을 클릭한다.

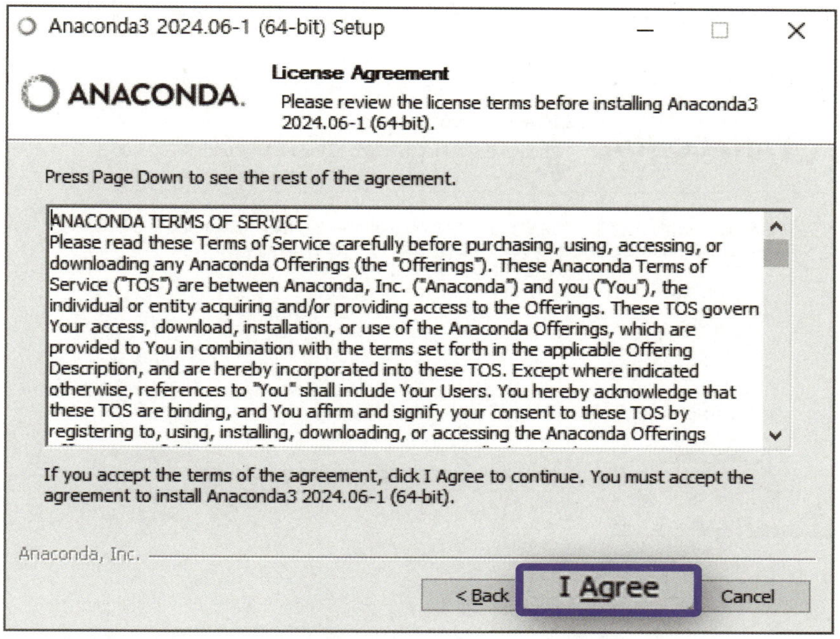

⑥ 아나콘다 사용자를 선택하는 창이 나온다. 현재 운영 체제에 로그인한 사용자만 사용할 수 있도록 설정을 'Just Me(recommended)'로 변경하고 〈Next〉 버튼을 클릭한다.

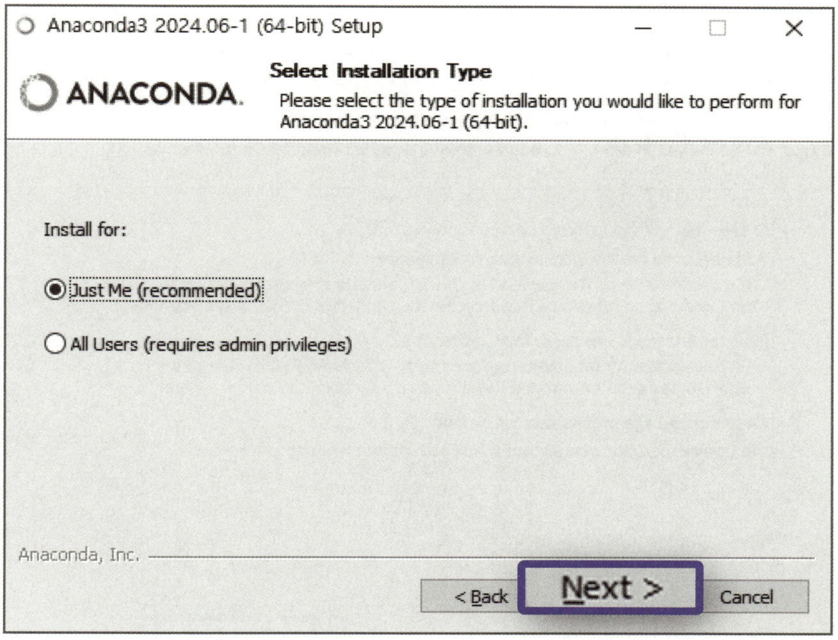

⑦ 아나콘다를 설치할 위치를 지정한다. C 드라이브에서 Anaconda 폴더를 새로 만들고 이곳 (C:\Anaconda)에 설치하겠다. 각자 기억하기 쉬운 위치로 지정하기 바란다.

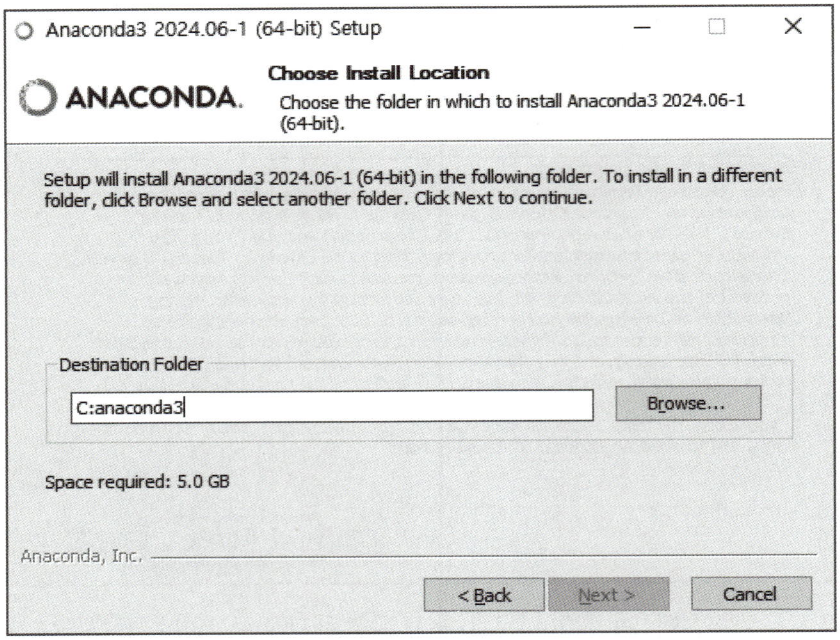

⑧ 설치 마지막 단계인 고급 옵션 설정 창이 열린다. 첫 번째 옵션에 체크하고 〈Install〉버튼을 클릭하여 설치를 시작한다.

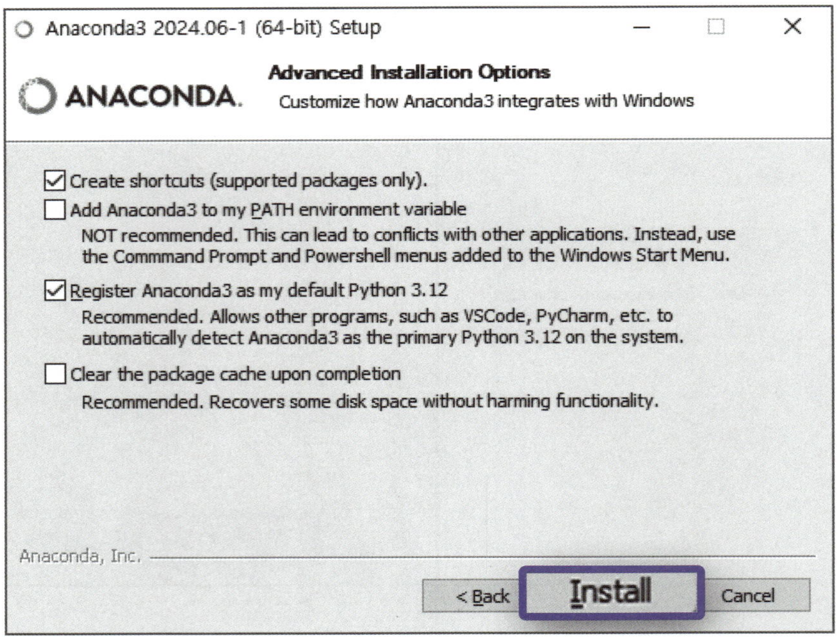

⑨ 설치가 진행된다. 초록색 진행 상태 바를 통해 얼마나 진행되었는지 확인할 수 있다. 설치가 끝나면 〈Next〉 버튼을 클릭한다.

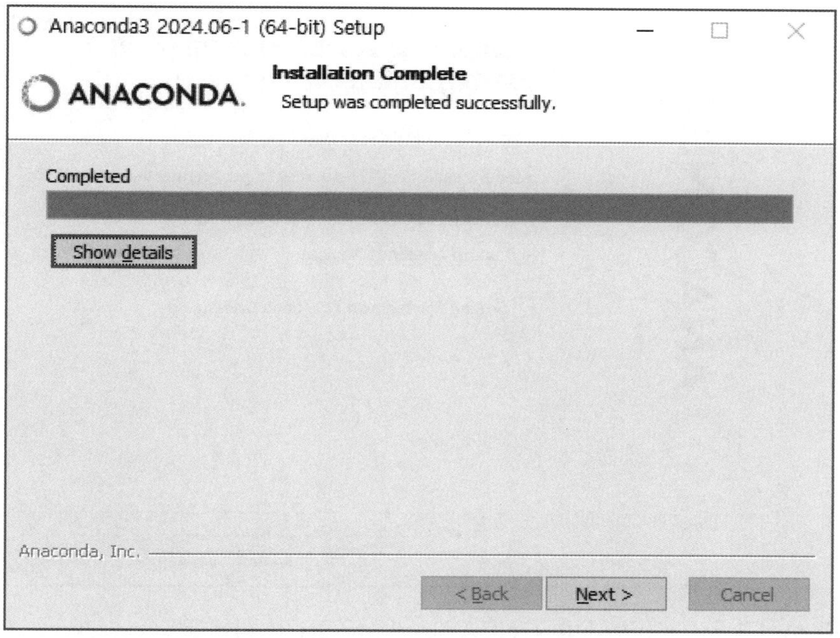

⑩ Anaconda 3 2024.02−1 이 설치가 완료 되었다.

"Anaconda의 모든 기능을 이제 클라우드에서 Anaconda의 완전한 Jupyter 노트북으로 이용할 수 있습니다."

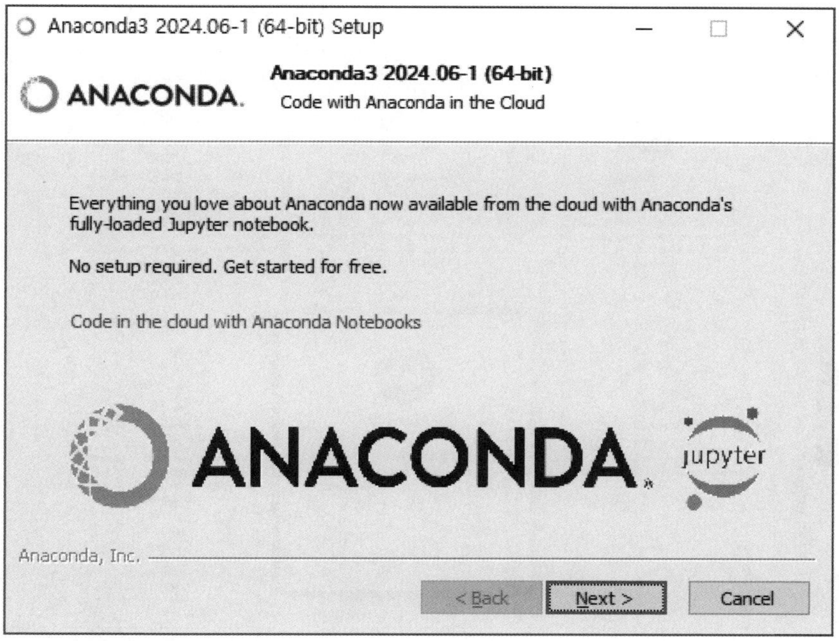

⑪ Finish를 누르면 Anaconda가 작동 된다.

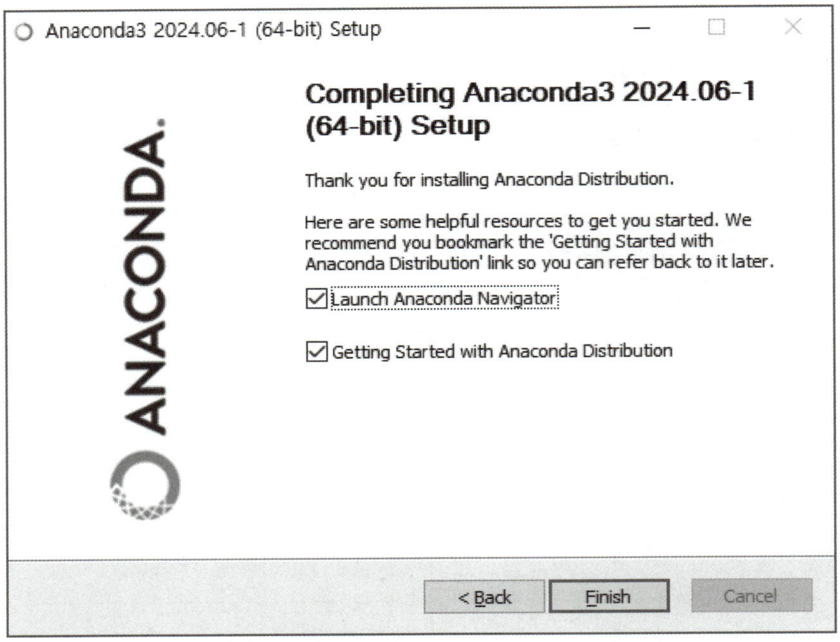

⑫ 아나콘다 설치가 완료 되면 ANACONDA NAVIGATOR 가 실행 된다.
쥬피터 랩(JupyterLab) 메뉴에 Launch 클릭해서 데이터 분석을 시작해 보자.

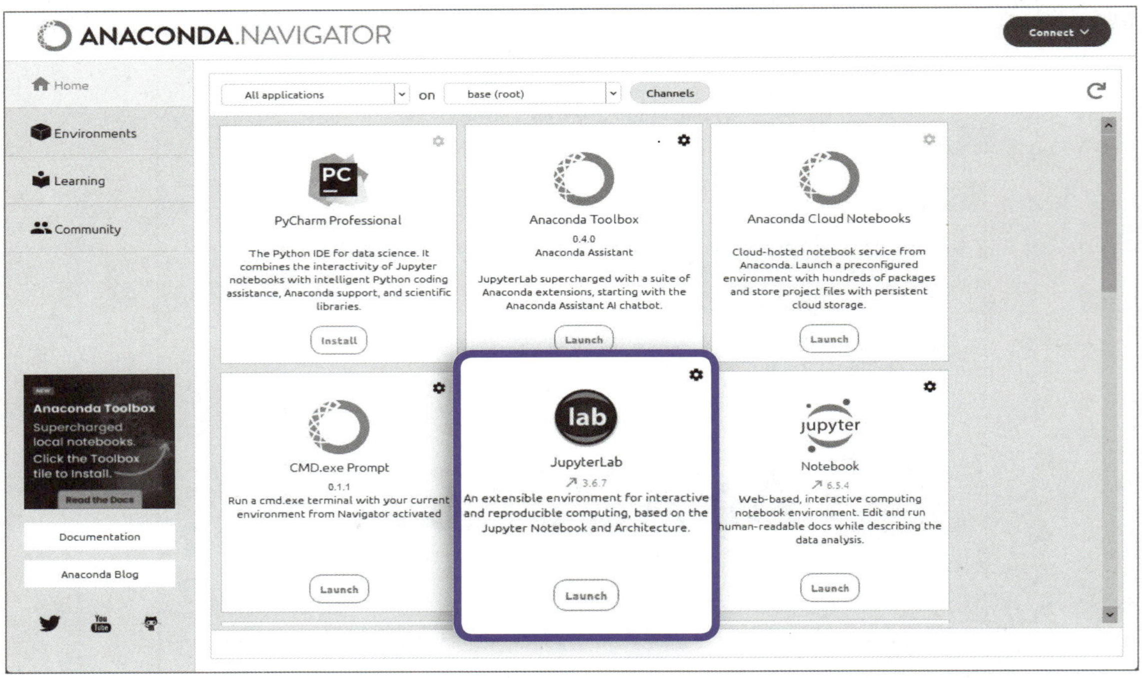

3. 쥬피터 랩: 최고의 데이터 분석 도구

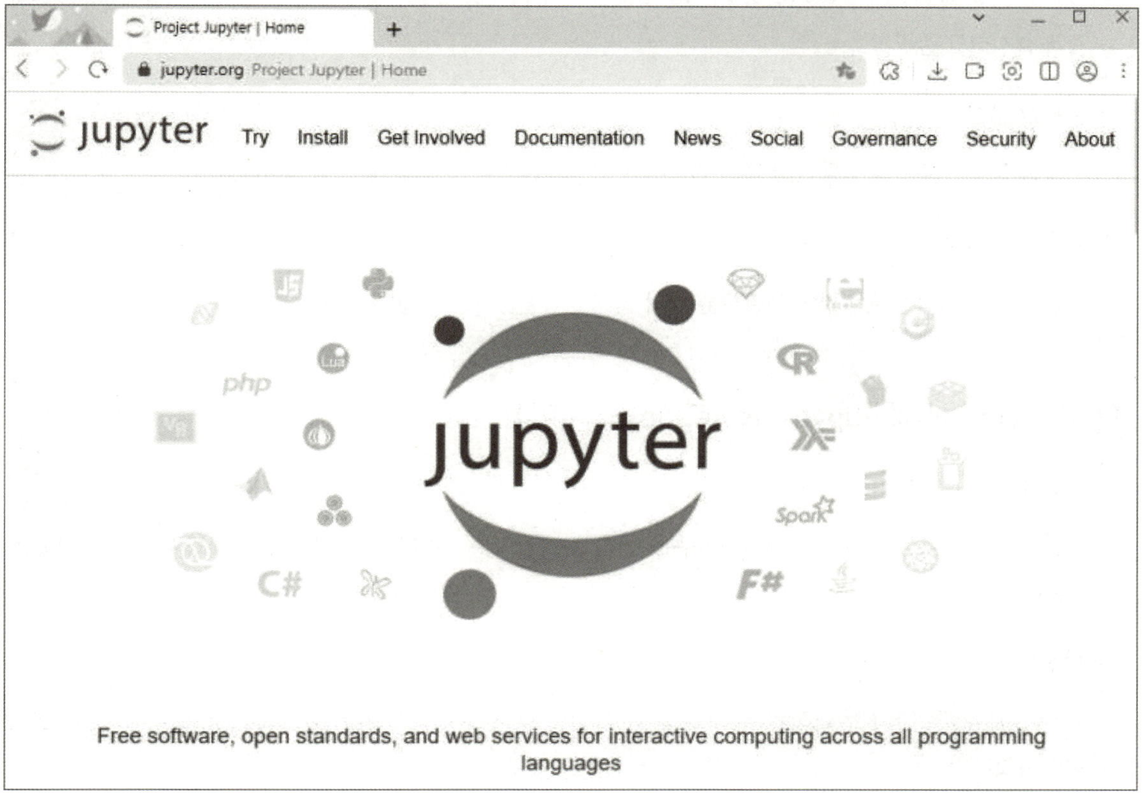

가. JupyterLab 소개

JupyterLab은 데이터 과학, 과학 컴퓨팅, 데이터 시각화 등을 위한 강력한 웹 기반 인터페이스이다. Jupyter 노트북의 차세대 인터페이스로, 코드, 텍스트, 비주얼화, 데이터를 통합하는 데 유용한 여러 기능을 제공한다.

나. 주요 기능

- **다양한 파일 형식 지원**

  파이썬 스크립트(.py), 노트북(.ipynb), 마크다운(.md), 텍스트 파일(.txt) 등 다양한 파일 형식을 지원한다.

- **탭 기반 인터페이스**

  여러 창을 탭으로 열어 동시에 여러 작업을 수행할 수 있습니다. 코드 편집기, 터미널, 텍스트 파일 뷰어, 이미지 뷰어 등이 포함된다.

- **강력한 확장성**

  사용자 정의 확장 기능을 추가하여 기능을 확장할 수 있습니다. JupyterLab Extensions Manager를 통해 쉽게 설치하고 관리할 수 있다.

- **실시간 협업**

  여러 사용자가 동시에 같은 노트북에 접근하고 편집할 수 있는 협업 기능을 지원한다.

- **통합형 디버거**

  코드 디버깅 기능을 통합하여 개발자들이 더 쉽게 오류를 찾고 수정할 수 있다.

다. JupyterLab과 Jupyter Notebook의 차이점

- **인터페이스**

  JupyterLab은 더 유연하고 강력한 인터페이스를 제공합니다. 다양한 파일과 도구를 한 화면에서 관리할 수 있습니다.

- **확장성**

  JupyterLab은 다양한 확장을 통해 기능을 확장할 수 있는 반면, Jupyter Notebook은 상대적으로 제한적입니다.

- **사용성**

  JupyterLab은 대규모 프로젝트에 적합하며, Jupyter Notebook은 간단한 데이터 분석 작업에 적합합니다.
  JupyterLab은 데이터 과학자와 개발자에게 많은 이점을 제공하며, 이를 통해 효율적이고 생산적으로 작업을 수행할 수 있습니다.

4. 쥬피터 랩 사용하기

① New Folder를 클릭 한 후 데이터분석 이라는 폴더를 생성한다.

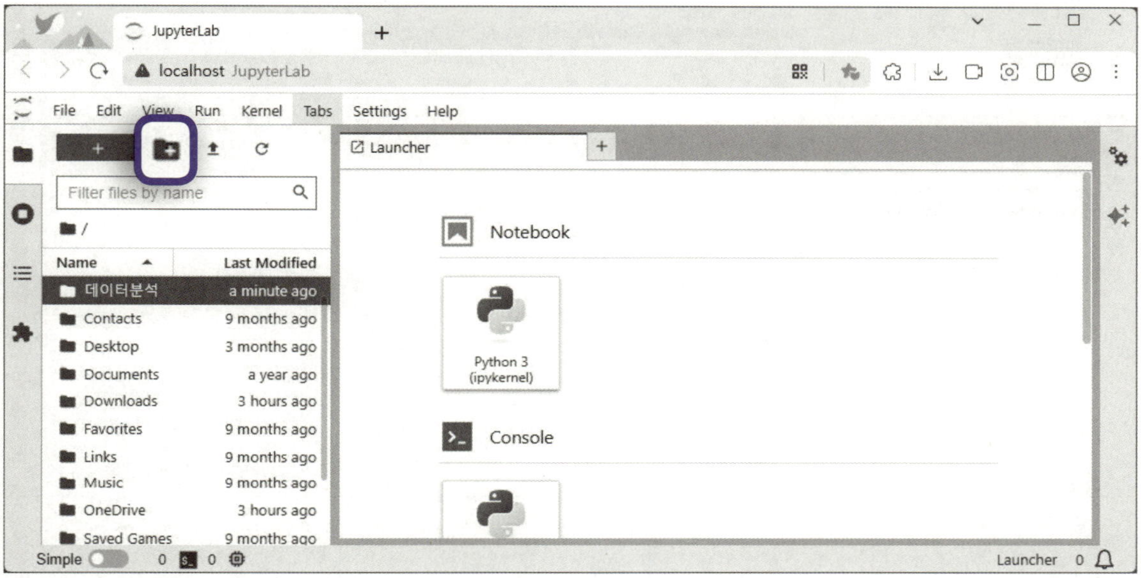

② 데이터분석 폴더에 들어간 Python3 클릭한다.

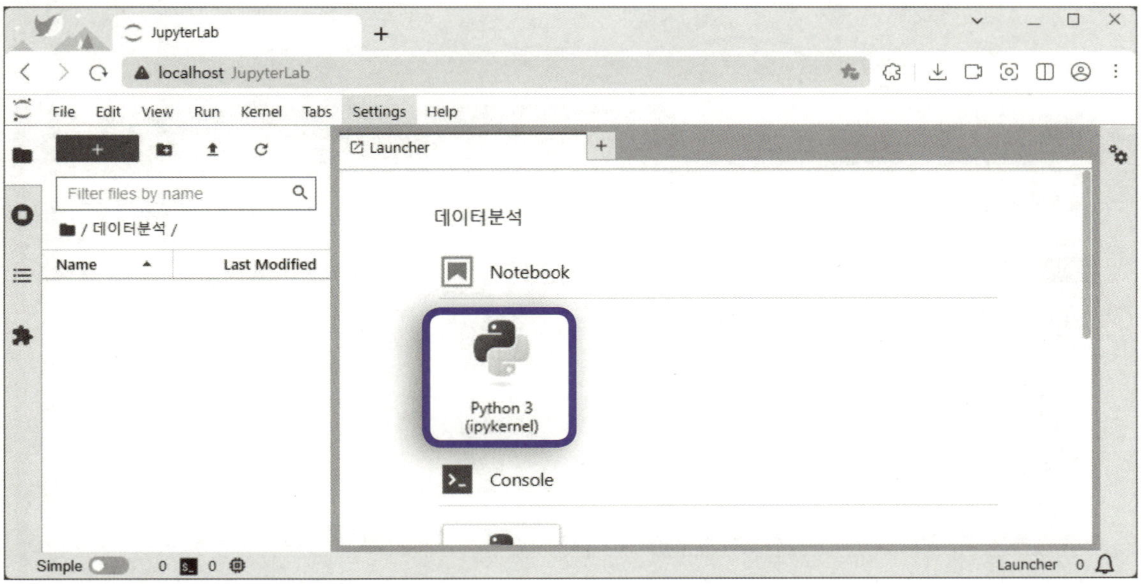

③ 다음과 같이 새로운 탭이 열리면서 신규 노트북 파일이 생긴다.

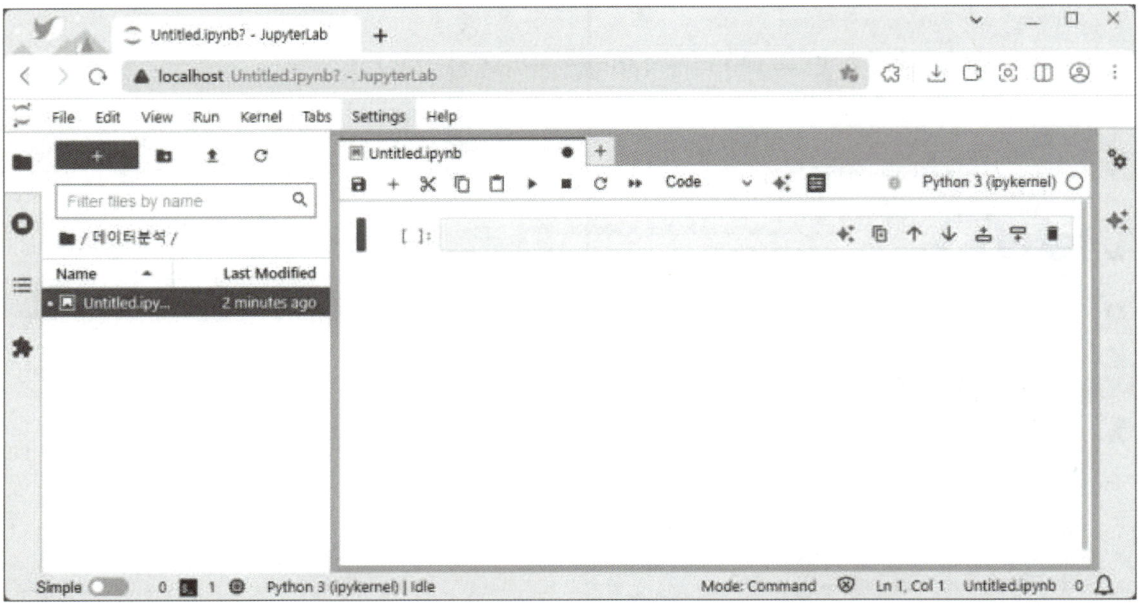

④ 신규 노트북 파일의 이름을 바꿀려면. 'Untitled'에서 마우스 우클릭하면 파일 이름을 변경할 수 있는 창이 열린다. 〈Rename〉 을 클릭하고, 01.쥬피터노트북 으로 입력하고 엔터를 누른다.

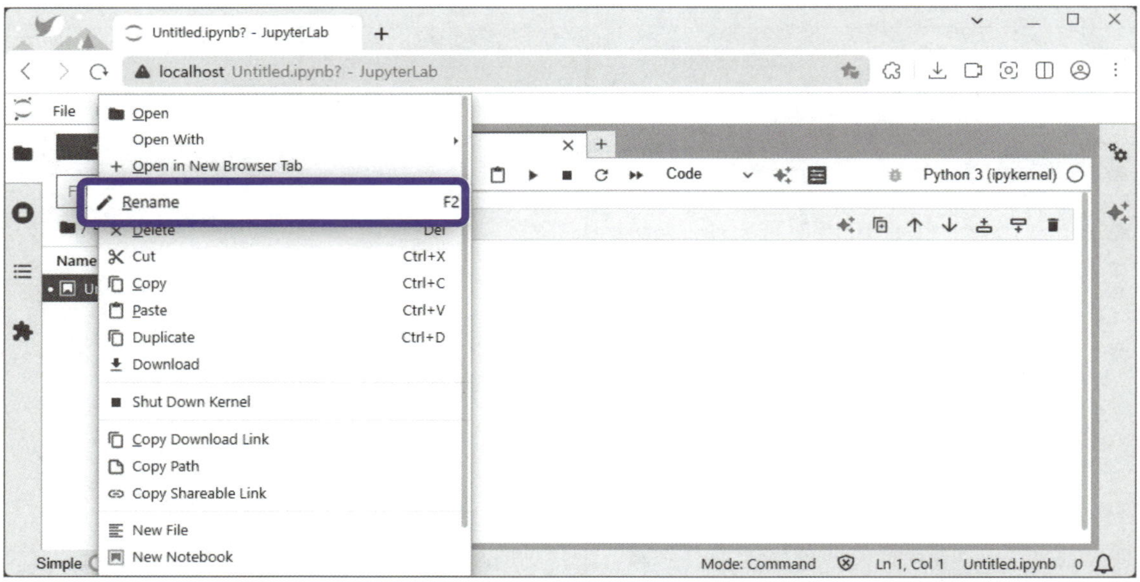

⑤ 다음과 같이 이름이 변경된다.

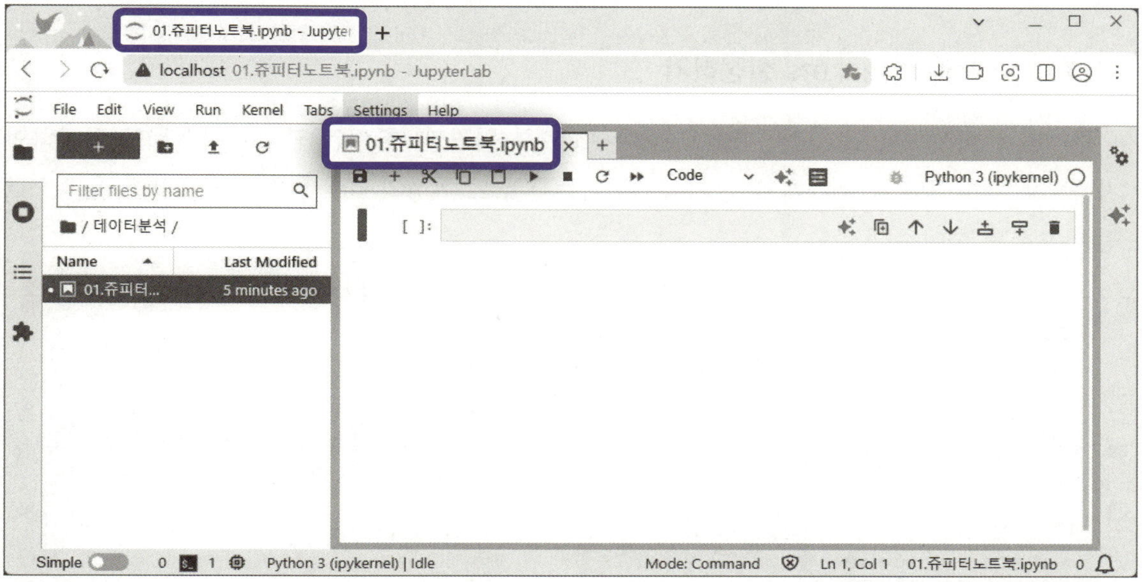

TIP〉 .ipynb 확장자의 의미

.ipynb 확장자는 "Interactive Python Notebook"의 약자이다. 이는 Jupyter Notebook 파일 형식을 나타내며, 코드, 텍스트, 이미지, 비주얼화 등을 하나의 문서로 통합할 수 있는 강력한 도구이다.

5. 쥬피터 랩 설정으로 편하게 코딩하기

가. Auto Close Brackets 설정하기

쥬피터 랩에서 "Auto Close Brackets"는 코드를 입력할 때 여는 괄호((), [], {})를 입력하면 자동으로 닫는 괄호를 추가해 주는 기능. 이 기능은 코드 작성의 효율성을 높이고 괄호 누락으로 인한 오류를 줄여준다.

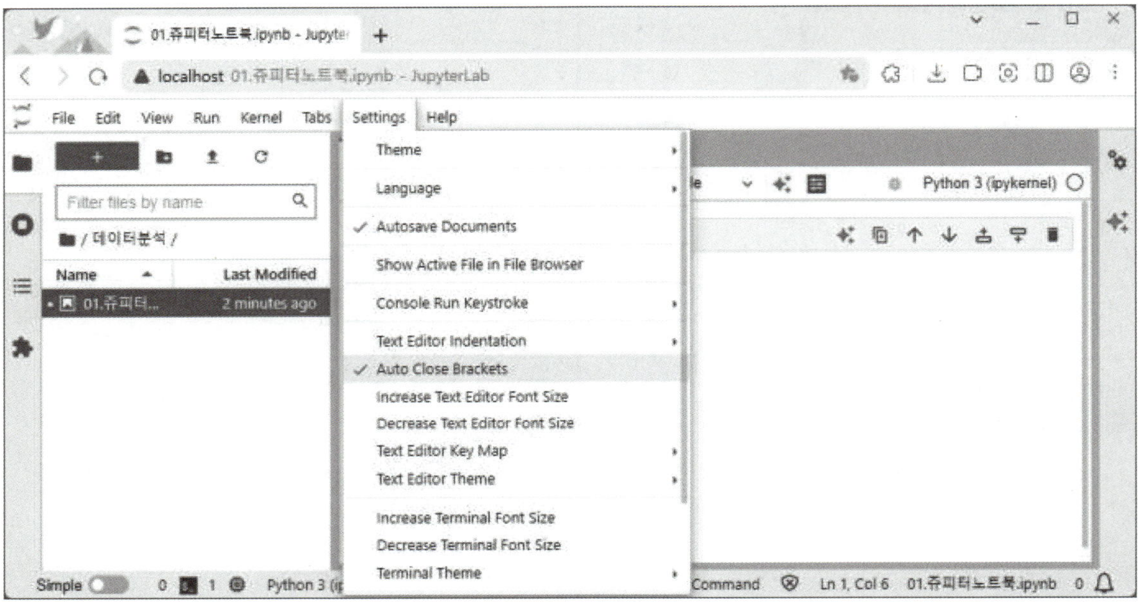

나. Show Line Numbers 설정하기

쥬피터 랩에서 Show Line Numbers 코드 셀에 줄 번호를 표시하는 방법.

쥬피터 랩에서 show line numbers를 설정하면 여러 가지 좋은 점

- 디버깅 용이

코드에서 오류가 발생할 때 오류 메시지에 라인 번호가 표시되므로, 해당 줄을 쉽게 찾아 수정할 수 있다.

- 코드 이해

긴 코드를 작성하거나 리뷰할 때, 특정 줄을 지목하여 설명하거나 질문할 때 매우 유용하다.

- **버전 관리**

  코드의 특정 부분을 수정하거나 추가할 때, 라인 번호를 기준으로 변경 사항을 추적할 수 있어 버전 관리가 용이하다.

- **협업**

  여러 사람이 함께 작업할 때, 라인 번호를 참조하여 논의하거나 피드백을 줄 수 있어 커뮤니케이션이 원활해진다.

- **교육 목적**

  학생들에게 코드를 설명할 때, 특정 라인을 강조하거나 주석을 달아 설명하기 좋다.

① 쥬피터 랩에서 Settings / Settings Editor을 클릭한다.

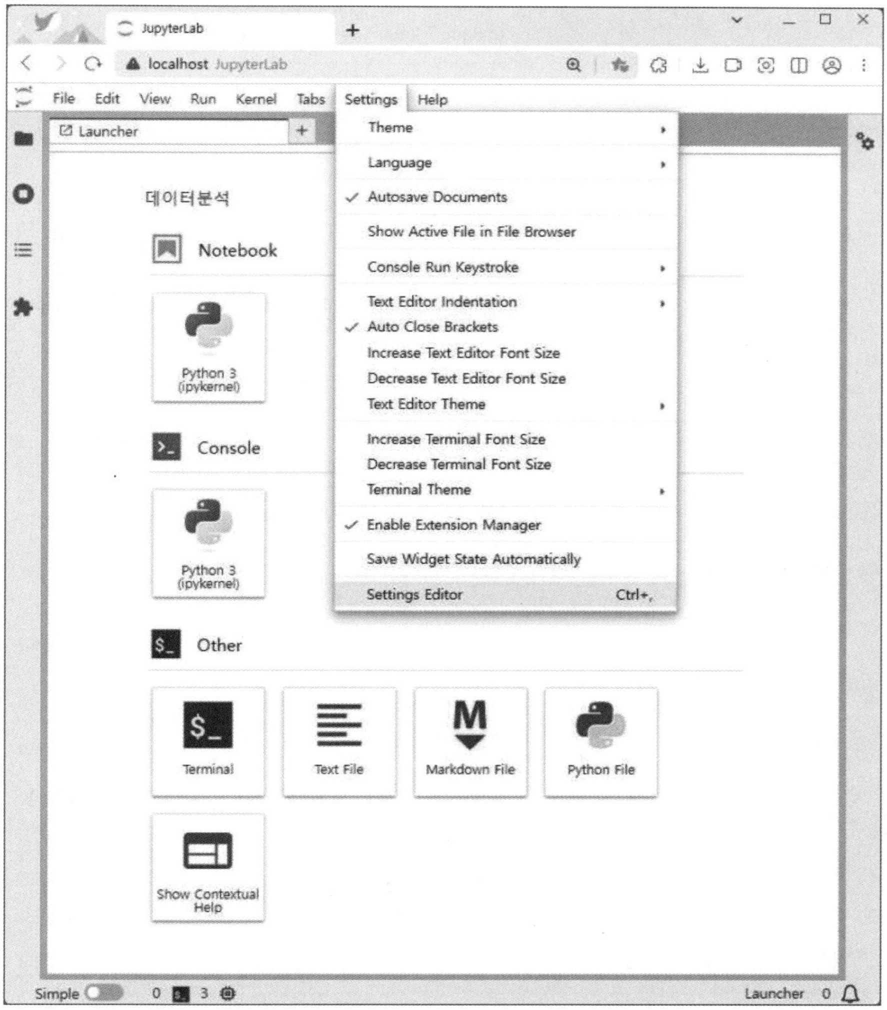

② JSON Settings Editor을 선택한다.

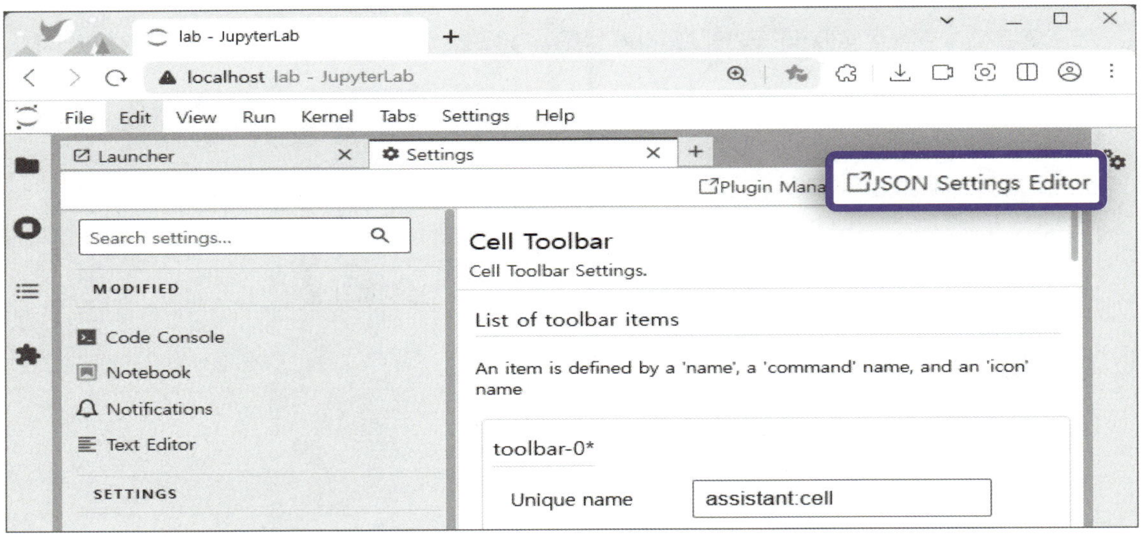

③ Notebook을 선택하고, 우측에 lineNumber : true로 바꾼후, 위에 있는 저장버튼을 클릭한다.

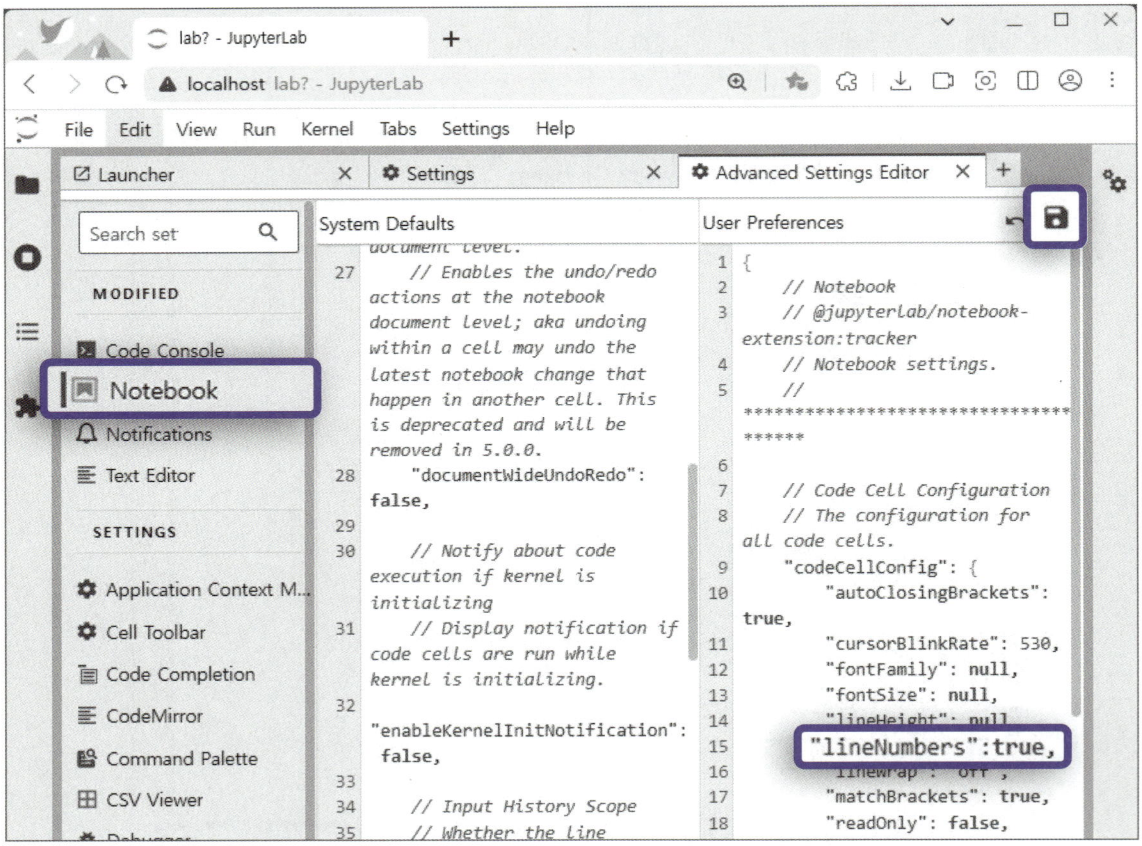

④ 설정이 끝나면 코드옆에 숫자가 보인다.

(설정 전)

```
[ ]: import koreanize_matplotlib
     import seaborn as sns
     import matplotlib.pyplot as plt
     import pandas as pd

     # 데이터 불러오기
     happiness_data_path = 'data/World-happiness-report-2024.csv'
     happiness_data = pd.read_csv(happiness_data_path)
```

(설정 후)

```
[ ]: import koreanize_matplotlib
     import seaborn as sns
     import matplotlib.pyplot as plt
     import pandas as pd

     # 데이터 불러오기
     happiness_data_path = 'data/World-happiness-report-2024.csv'
     happiness_data = pd.read_csv(happiness_data_path)
```

6. 쥬피터 랩 코드 작성하기

첫 주피터 노트북 파일을 생성했으니 이제 코드를 작성해 보겠다.

가. 다시 노트북 탭으로 이동하면 소스 코드를 작성할 수 있는 입력 창이 보인다. 이 입력 창을 셀(cell)이라고 한다. 셀에 다음 코드를 입력해 보자.

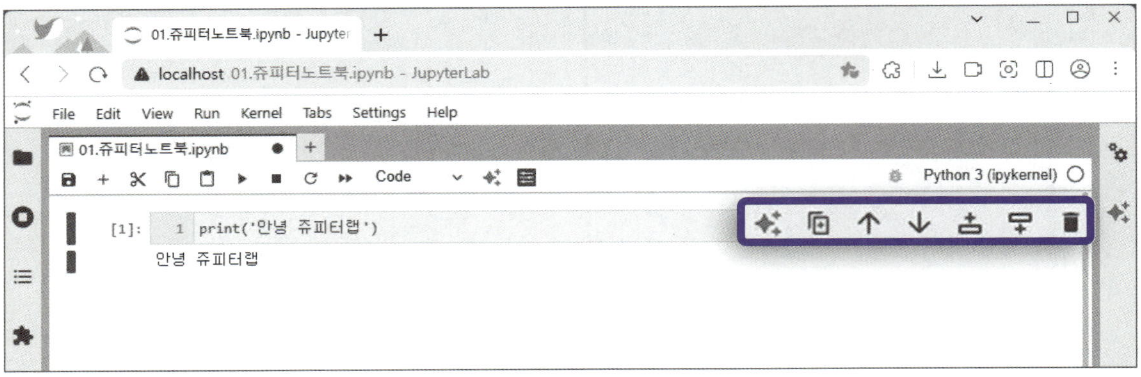

나. 이제 Ctrl + Enter↵ 키를 눌러 소스 코드를 실행한다. 입력 창 바로 아래에 소스 코드 실행 결과가 출력된다.

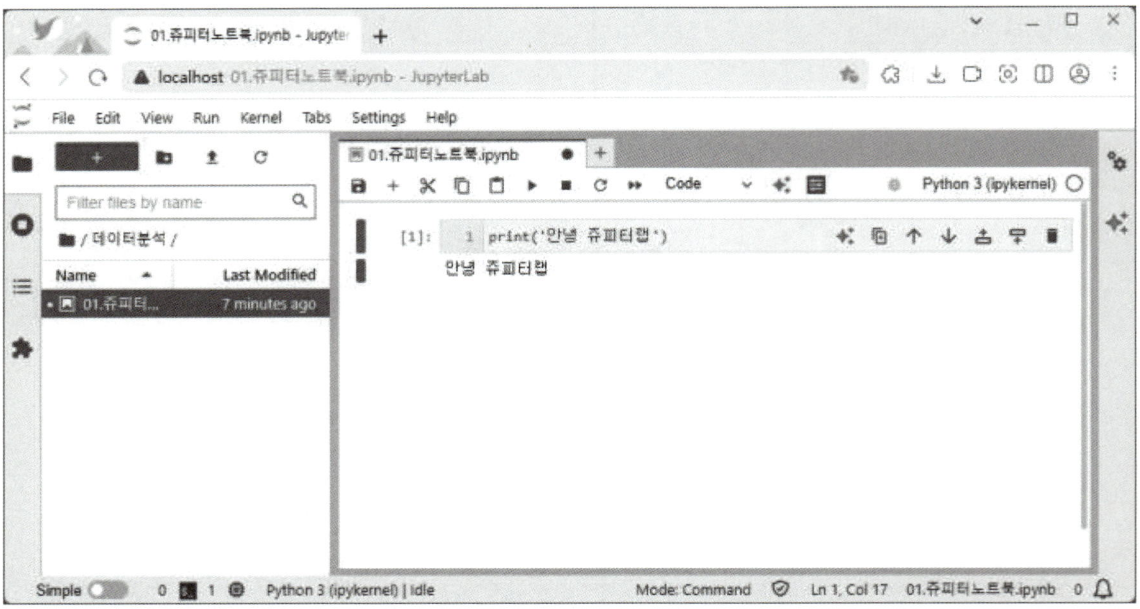

다. 쥬피터 랩 사용 설명

① ② ③ ④ ⑤ ⑥

① : Copy Cell (셀 복사), 현재 선택된 셀을 복사한다. 복사한 셀은 다른 위치에 붙여넣기 할 수 있다. 단축키는 C이고, 붙여넣기는 V 이다.

② : Move Cell Up (셀 위로 이동), 현재 선택된 셀을 위로 이동시킨다. 셀의 순서를 조정할 때 사용한다.

③ : Move Cell Down (셀 아래로 이동),현재 선택된 셀을 아래로 이동시킨다. 셀의 순서를 조정할 때 사용한다.

④ : Insert Cell Above (위에 셀 추가),현재 선택된 셀의 위에 새로운 셀을 추가한다. 단축키는 A이다.

⑤ : Insert Cell Below (아래에 셀 추가),현재 선택된 셀의 아래에 새로운 셀을 추가한다.단축키는 B이다.

⑥ : Delete Cell (셀 삭제), 현재 선택된 셀을 삭제한다. 단축키는 X 이다.셀을 잘못 삭제한 경우, Edit 메뉴에서 Undo Cell Operation를 선택하여 복구할 수 있다. 단축키는 Z이다.

이러한 아이콘을 통해 JupyterLab에서 작업하는 셀을 쉽게 관리할 수 있습니다.

라. 쥬피터 랩 단축키

단축키를 사용하면 마우스를 사용할 필요 없이 키보드만으로 대부분의 작업을 빠르게 수행할 수 있어 시간을 절약할 수 있다.

반복적인 작업을 빠르게 수행할 수 있어 작업 효율성이 높아진다. 예를 들어, 셀을 실행하거나 새 셀을 삽입하는 작업을 더 효율적으로 할 수 있다.

또한 작업 흐름을 중단하지 않고 계속해서 코딩 작업을 할 수 있다. 마우스로 클릭할 때 발생하는 방해 요소를 줄일 수 있다.

다양한 단축키를 사용하여 원하는 작업을 즉시 수행할 수 있어 작업 편의성이 높아진다. 예를 들어, 셀 삭제, 셀 유형 변경, 명령 팔레트 열기 등 다양한 작업을 빠르게 할 수 있다.

코드 작성 및 수정에 더 집중할 수 있어 작업의 질이 향상시킬 수 있으니,

자주 사용하는 부분은 단축키를 습득해서 사용하길 바란다. 그러면, 잘 하는 것처럼 보일 수 있다.

- **셀 모드 (Command Mode)**

셀 모드에서는 셀 자체를 조작할 수 있다. 셀 모드에서는 텍스트 커서가 보이지 않으며, 셀을 이동하거나 삭제, 복사, 붙여넣기 등과 같은 작업을 할 수 있다.

- **편집 모드 (Edit Mode)**

편집 모드에서는 셀 내부의 내용을 편집할 수 있다. 이 모드에서는 텍스트 커서가 보이며, 코드나 텍스트를 입력하고 수정할 수 있다.

모드	명령어	설명
셀 모드	Enter	편집 모드로 전환
셀 모드	A	위에 셀 삽입
셀 모드	B	아래에 셀 삽입
셀 모드	D, D	현재 셀 삭제
셀 모드	Z	마지막 셀 삭제 취소
셀 모드	Y	셀을 코드 셀로 변경
셀 모드	M	셀을 마크다운 셀로 변경
셀 모드	Shift + Enter	현재 셀 실행 후 다음 셀로 이동
셀 모드	Ctrl + Enter	현재 셀 실행
셀 모드	Alt + Enter	현재 셀 실행 후 아래에 새 셀 삽입
셀 모드	Esc	편집 모드 종료 (셀 모드로 전환)
셀 모드	H	모든 키보드 단축키 보기
셀 모드	#####	셀 제목 설정 (1-6)
셀 모드	O	출력 전환
셀 모드	Ctrl + Shift + P	명령 팔레트 열기
셀 모드	Ctrl + Shift + C	컨텍스트 메뉴 열기
셀 모드	X	선택한 셀 자르기
편집 모드	Enter	편집 모드로 전환
편집 모드	Esc	셀 모드로 전환
편집 모드	Ctrl + Enter	현재 셀 실행
편집 모드	Shift + Enter	현재 셀 실행 후 다음 셀로 이동
편집 모드	Alt + Enter	현재 셀 실행 후 아래에 새 셀 삽입
편집 모드	Tab	코드 자동 완성
편집 모드	Shift + Tab	툴팁(도움말) 보기
편집 모드	Ctrl +]	들여쓰기
편집 모드	Ctrl + [	내어쓰기

TIP〉 쥬피터노트북에서 사용가능한 리눅스 명령어

리눅스 명령어를 사용하면 파이썬 코드와 셀 명령어를 동일한 인터페이스 내에서 사용할 수 있어, 작업 흐름이 끊기지 않고 일관되게 유지된다. 예를 들어, 데이터를 전처리하면서 파일 시스템을 관리할 때 매우 유용하다.

TIP〉 쥬피터 노트북의 셀모드에서 실행 가능함

- ls: 현재 디렉토리의 파일 및 디렉토리 목록을 표시하는 명령어다.
  만약 data 폴더가 현재 작업 디렉토리에 있다면, ls data 라는 명령어로 폴더에 접근 할 수 있다.
- pwd: 현재 작업 중인 디렉토리의 경로를 출력하는 명령어다.
- mkdir 폴더명: 새로운 디렉토리를 만드는 명령어다.
- cd: 디렉토리를 변경하는 명령어다.

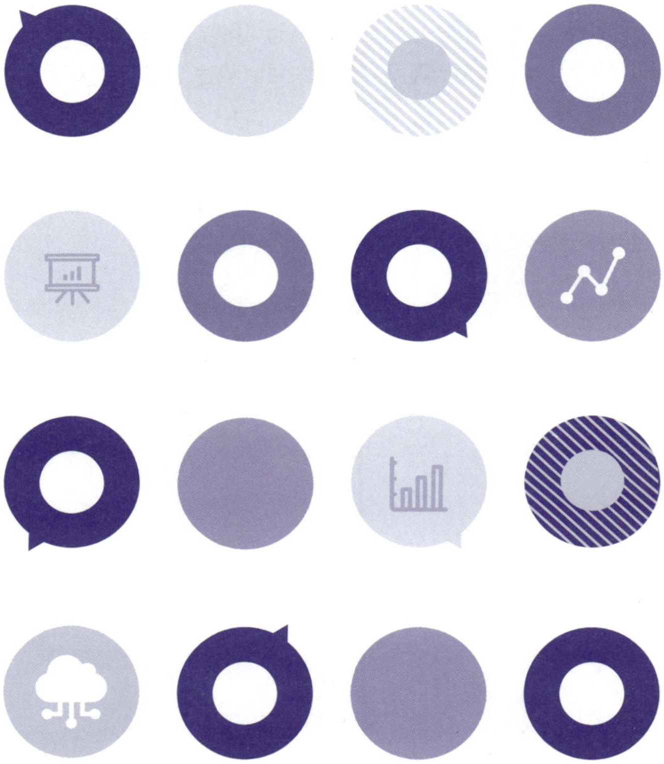

2

데이터 분석을 위한 파이썬 문법

2. 데이터 분석을 위한 파이썬 문법

1. 파이썬 이란?

파이썬(Python)은 1991년 귀도 반 로썸(Guido van Rossum)이 처음 발표한 고급 프로그래밍 언어다. 파이썬은 다음과 같은 특징이 있다.

① **쉽고 간결한 문법**: 파이썬은 읽고 쓰기 쉬운 문법을 가지고 있어 초보자도 쉽게 배울 수 있다. 코드가 간결하여 유지보수가 용이하다.

② **다양한 라이브러리**: 데이터 분석, 웹 개발, 머신러닝 등 다양한 분야에서 사용할 수 있는 방대한 라이브러리를 제공한다. 예를 들어, 데이터 분석에는 Pandas와 NumPy, 웹 개발에는 Django와 Flask, 머신러닝에는 TensorFlow와 scikit-learn 등이 있다.

③ **인터프리터 언어**: 파이썬은 인터프리터 언어로, 코드를 작성하고 즉시 실행할 수 있다. 컴파일 과정을 거치지 않기 때문에 개발 속도가 빠르다.

④ **객체 지향 프로그래밍**: 파이썬은 객체 지향 프로그래밍(OOP)을 지원하여 코드의 재사용성과 확장성을 높인다. 클래스와 객체를 이용한 설계가 가능하다.

⑤ **대화형 모드**: 파이썬은 대화형 모드를 제공하여, 코드를 한 줄씩 실행해보며 테스트할 수 있다. 이를 통해 실시간으로 피드백을 받을 수 있다.

⑥ **크로스 플랫폼**: 파이썬은 다양한 운영체제(Windows, macOS, Linux)에서 동작한다. 한 번 작성한 코드를 여러 환경에서 사용할 수 있다.

파이썬은 이러한 장점들 덕분에 전 세계적으로 많은 개발자들이 사용하며, 특히 데이터 과학, 인공지능, 웹 개발 등의 분야에서 널리 활용되고 있다.

객체 지향 언어란?

객체 지향 언어(Object-Oriented Programming, OOP)는 프로그램을 객체라는 기본 단위로 구성하는 프로그래밍 패러다임이다. 객체는 데이터와 이를 조작하는 메서드를 포함하며, 이러한 객체들 간의 상호작용을 통해 프로그램이 동작한다. 파이썬은 대표적인 객체 지향 언어 중 하나다.

객체 지향 프로그래밍의 주요 개념은 다음과 같다.

① **클래스(Class)**: 클래스는 객체를 생성하기 위한 설계도 또는 템플릿이다. 클래스는 속성(데이터)과 메서드(함수)를 정의한다. 예를 들어, 자동차 클래스를 정의하면 이 클래스는 색상, 모델, 속도와 같은 속성과, 가속, 브레이크와 같은 메서드를 가질 수 있다.

② **객체(Object)**: 객체는 클래스를 기반으로 생성된 인스턴스다. 하나의 클래스에서 여러 개의 객체를 생성할 수 있다. 예를 들어, 자동차 클래스에서 여러 대의 자동차 객체를 만들 수 있다.

③ **상속(Inheritance)**: 상속은 한 클래스가 다른 클래스의 속성과 메서드를 물려받는 기능이다. 이를 통해 코드의 재사용성을 높이고, 새로운 기능을 추가하기 쉽게 만든다. 예를 들어, '차량' 클래스를 상속받아 '자동차', '오토바이' 등의 클래스를 만들 수 있다.

④ **다형성(Polymorphism)**: 다형성은 동일한 이름의 메서드가 다양한 객체에서 다르게 동작할 수 있게 하는 기능이다. 예를 들어, '이동'이라는 메서드는 자동차 객체에서는 바퀴로 이동하고, 비행기 객체에서는 날개로 이동하게 할 수 있다.

⑤ **캡슐화(Encapsulation)**: 캡슐화는 객체의 속성과 메서드를 외부로부터 숨기고, 객체 내부의 데이터 접근을 제어하는 것이다. 이를 통해 데이터의 무결성을 유지하고, 코드의 복잡성을 줄일 수 있다.

⑥ **추상화(Abstraction)**: 추상화는 복잡한 시스템을 단순화하여 중요한 부분만 드러내는 것이다. 이를 통해 복잡한 시스템을 쉽게 이해하고 다룰 수 있다.

이러한 개념들을 활용하면 코드의 재사용성, 유지보수성, 확장성을 높일 수 있다. 파이썬에서는 이러한 객체 지향 개념들을 쉽게 구현할 수 있어, 많은 개발자들이 파이썬을 객체 지향 프로그래밍 언어로 사용하고 있다.

2. 변수와 데이터 타입 기본

파이썬에서 변수는 값이 할당된 메모리 공간을 가리키는 이름이다. 변수를 선언하고 값을 할당할 때는 아래와 같이 작성한다.

```
[4]:
나이 = 20
이름 = '나신입'
```

여기서 나이와 이름은 변수의 이름이고, 20과 '나신입'은 변수에 할당되는 값이다. 변수의 이름은 알파벳, 숫자, 밑줄(_)로 이루어질 수 있으며, 대소문자를 구분한다. 하지만 변수 이름은 숫자로 시작할 수 없다.

TIP〉 변수 이름을 지을 때는 규칙을 지켜야 한다.

- 첫 글자는 반드시 영문자나 언더 바(_)로 시작한다.
  예) name(○) , _name(○) , 123(×), 2name(×)
- 나머지 글자는 영문자, 숫자, 혹은 언더 바(_)로 이루어집니다. 언더 바를 제외한 특수 기호는 쓰지 못한다.
- 대소문자를 구분한다, 즉, 'name'과 'Name'은 다른 변수이다.
- 길이에 대한 제약은 없지만 짧을수록 좋다.
- 아래의 문자들은 이미 다른 용도로 사용되기 때문에 변수 이름으로는 사용할 수 없다.
  이런 단어를 예약어 라고 부른다.
  (아래는 예약어를 확인하는 방법이다.)

```
[2]:
import keyword
print(keyword.kwlist)
```

```
['False', 'None', 'True', 'and', 'as', 'assert', 'async', 'await', 'break',
'class', 'continue', 'def', 'del', 'elif', 'else', 'except', 'finally', 'fo
r', 'from', 'global', 'if', 'import', 'in', 'is', 'lambda', 'nonlocal', 'no
t', 'or', 'pass', 'raise', 'return', 'try', 'while', 'with', 'yield']
```

동적 타입 언어인 파이썬

- **동적타입언어**

- 동적 타이핑 언어는 프로그램이 실행되는 동안 변수의 타입을 결정하는 언어를 의미한다. 이런 언어는 코드를 작성할 때 변수의 타입을 명시적으로 선언할 필요가 없어, 타입에 대한 걱정 없이 자유롭게 변수를 사용할 수 있다.

- 대표적인 예로는 파이썬, 자바스크립트, 루비 등이 있다. 예를 들어 파이썬에서 변수를 선언할 때 숫자를 할당했다가 문자열을 할당해도 문제가 발생하지 않는다.

```
[ ]:  x = 10   # 여기서 x는 정수형이다
      x = "안녕"  # 여기서 x는 문자열이다
```

- 위의 예제에서 보듯이, 변수 x의 타입은 처음에 정수형이었다가 나중에 문자열로 변경된다. 동적 타이핑 언어의 장점은 코드 작성이 간편하고 유연하다는 점이다. 하지만 반대로, 타입 관련 오류를 실행 시간에 발견할 수 있기 때문에 테스트와 디버깅이 중요하다.

```
[4]:  나이 = 20
      이름 = '나신입'

[10]: 나이?

Type:        int
String form: 20
Docstring:
int([x]) -> integer
int(x, base=10) -> integer

Convert a number or string to an integer, or return 0 if no arguments
are given.  If x is a number, return x.__int__().  For floating point
numbers, this truncates towards zero.
```

- Shift + Enter↵ 키를 누르면 다음과 같이 웹 브라우저 하단에 특별 창이 나타난다.

- 이 소스 코드에서 두 번째 줄에 있는 물음표 기호(?)는 파이썬 기본 문법에는 존재하지 않지만, 주피터 노트북에서만 사용할 수 있는 일종의 매직 키워드이다.

- "나이?"는 변수 나이에 대한 자세한 설명이 담긴 도움말을 불러온다.

- 출력 결과 첫 줄을 보면 해당 변수가 정수 타입이라는 의미로 int 가 출력된다. 즉 대입한 값이 정수 타입이기 때문에 변수 나이는 정수 타입이 되는 것이다. 이 기능을 인트로스펙션(Introspection)이라고 부른다.

- 이번에는 문자열 값을 변수 이름에 대입해 보겠다.

```
[21]:
나이 = 20
나이2 = '20'
이름 = '나신입'

[23]:
나이2?

Type:        str
String form: 20
Length:      2
Docstring:
str(object='') -> str
str(bytes_or_buffer[, encoding[, errors]]) -> str

Create a new string object from the given object. If encoding or
```

- 이번에는 문자열 타입이라는 의미로 str이 출력된다. 숫자인 20을 큰따옴표 기호(" ")로 감쌌기 때문이다. 작은 따옴표 기호(' ')로 감싸도 같은 결과가 나온다.
- 이렇게 대입한 값에 따라 타입이 결정되는 것을 덕 타이핑(Duck typing) 이라고도 한다. Duck은 오리를 뜻하는데 "오리처럼 걷고, 오리처럼 소리 내면, 그것은 오리다"라는 격언에서 유래한 용어이다.
- 덕 타이핑을 사용하는 언어에서는 객체가 특정 타입을 구현했는지 여부가 아니라, 객체가 필요한 메서드와 속성을 가지고 있는지에 따라 동작이 결정된다. 파이썬이 대표적인 덕 타이핑 언어이다.

TIP〉

주석 처리는 코드의 가독성을 높이고 설명을 추가하여 코드를 이해하기 쉽게 돕는 데 중요하다. 파이썬에서는 주석은 # 기호로 시작한다. 이 기호 뒤의 모든 내용은 해당 줄의 끝까지 주석으로 처리된다.

예를 들어

```
[25]:
# 이것은 주석입니다. 이 줄의 코드는 실행되지 않습니다.
print("이 줄은 주석이 아닙니다.")  # 이 줄에서부터는 주석이 아닙니다.

이 줄은 주석이 아닙니다.
```

여러 줄의 주석을 사용하려면 각 줄을 #으로 시작하거나, 문자열 리터럴을 사용할 수 있다. 여러 줄 문자열 리터럴(""" 또는 ''')은 주로 문서화된 문자열을 표현하기 위해 사용된다.

```
[47]:
"""
이것은
여러 줄의
주석입니다.
"""
```

주석은 코드의 이해를 돕기 위해 사용되므로, 코드에 대한 설명이나 중요한 내용을 명시적으로 기술하는 데 사용된다. 주석이 지나치게 많거나 코드와 불일치할 때는 코드를 이해하기 어려워지므로, 적절하게 사용하는 것이 중요하다.

문자열 포매팅 함수

- 파이썬에서는 변수값을 한글로 표현할 수 있다.
- 파이썬에서 f-string을 사용할 때 표현식을 포함하는 방법은 중괄호 {} 안에 표현식을 직접 작성하는 것이다. f-string은 문자열 앞에 f를 붙이고, 중괄호 {} 안에 변수나 표현식을 넣어 사용한다. 이렇게 하면 중괄호 안의 내용이 문자열 안에 그대로 삽입된다.
- **f-string(formatted string literals)**

```
[9]:
이름 = "박영희"
나이 = 22
print(f"이름: {이름}, 나이: {나이}")  # 출력: 이름: 박영희, 나이: 28

이름: 박영희, 나이: 22
```

- 위 예제에서는 이름과 나이 변수를 한글로 표현해 포맷팅하는 방법을 보여주었다. f-string 방식은 특히 가독성이 좋아 많이 사용된다.

반올림 함수

- 파이썬에서 숫자를 반올림하는 함수는 주로 round() 함수를 사용한다. 이 함수는 주어진 숫자를 지정된 소수점 자리로 반올림해준다.

```
[ ]:
# 기본적인 사용법
숫자 = 3.14159
반올림된_숫자 = round(숫자)
print(반올림된_숫자)  # 출력: 3

# 소수점 자리 지정
반올림된_숫자 = round(숫자, 2)
print(반올림된_숫자)  # 출력: 3.14

# 다른 예제
숫자 = 2.71828
반올림된_숫자 = round(숫자, 3)
print(반올림된_숫자)  # 출력: 2.718
```

- round() 함수의 두 번째 인자는 선택적이며, 반올림할 소수점 자릿수를 지정한다. 만약 두 번째 인자를 지정하지 않으면 정수로 반올림한다.

TIP〉 round() 함수로 항상 원하는 결과를 얻지는 못한다.

```
[13]: round(2.675,2)
[13]: 2.67
```

- round(2.675, 2)가 기대한 대로 2.68이 아닌 2.67이 나오는 이유는 부동 소수점 숫자의 정확성 문제 때문이다. 파이썬을 포함한 대부분의 프로그래밍 언어는 부동 소수점 숫자를 이진수로 표현하는데, 이 과정에서 정확하게 표현되지 않는 숫자들이 발생할 수 있다.
- 2.675라는 숫자는 내부적으로 약간 다른 값으로 저장되며, 이로 인해 round() 함수가 의도한 대로 동작하지 않을 수 있다. 이를 이해하기 위해 더 자세히 살펴보겠다.
- 파이썬에서 부동 소수점 숫자는 IEEE 754 표준을 따르며, 이 표준은 숫자를 이진수로 표현하기 때문에 일부 소수점 숫자가 정확하게 표현되지 않을 수 있다. 예를 들어, 2.675는 내부적으로 2.67499999999999982236431605997495353221893310546875와 같이 저장될 수 있다. 그래서 round(2.675, 2)를 호출하면 실제로는 round(2.67499999999999982236431605997495353221893310546875, 2)를 호출하는 것과 비슷한 효과가 발생한다.
- 이 문제를 해결하려면 소수점 처리를 좀 더 명확하게 해야 한다. 예를 들어, Decimal 모듈을 사용할 수 있다. Decimal 모듈은 부동 소수점의 정확도 문제를 해결하기 위한 모듈이다.

```
[15]: from decimal import Decimal, ROUND_HALF_UP

숫자 = Decimal('2.675')
반올림된_숫자 = 숫자.quantize(Decimal('0.01'), rounding=ROUND_HALF_UP)
print(반올림된_숫자)  # 출력: 2.68

2.68
```

- 위 예제에서는 Decimal 객체를 사용해 정확한 반올림을 수행했다. quantize() 메서드를 사용해 소수점 두 자리로 반올림하고, ROUND_HALF_UP 옵션을 통해 정확하게 반올림하도록 했다.

3. 튜플

튜플(Tuple)은 파이썬의 내장 자료형 중 하나로, 여러 개의 값을 하나의 변수에 저장할 수 있는 데이터 구조다. 리스트와 유사하지만, 튜플은 변경할 수 없는(immutable) 특징을 가지고 있다. 이를 통해 튜플은 데이터를 안전하게 저장하고자 할 때 유용하다.

튜플의 특징

- 변경 불가능(Immutable): 한 번 생성되면 요소를 추가, 삭제, 수정할 수 없다.
- 인덱싱과 슬라이싱: 튜플은 리스트와 같이 인덱싱과 슬라이싱을 지원하여 요소에 접근할 수 있다.
- 메모리 효율성: 리스트보다 메모리를 적게 사용하며, 요소가 변경되지 않을 경우 튜플을 사용하는 것이 더 효율적이다.

튜플의 생성

- 튜플은 소괄호 ()를 사용하여 생성한다.

```
# 튜플 생성 예시
튜플_예시 = (1, 2, 3)
```

- 한 개의 요소만 있는 튜플을 생성할 때는 요소 뒤에 콤마를 붙인다.

```
# 한 개의 요소를 가진 튜플
한_개_요소_튜플 = (1,)
```

- 튜플은 소괄호 없이도 생성할 수 있다.

```
# 소괄호 없이 튜플 생성
튜플_예시2 = 1, 2, 3
```

튜플의 요소 접근

튜플의 요소는 리스트와 마찬가지로 인덱스를 사용하여 접근할 수 있다. 인덱스는 0부터 시작한다.

```
튜플_예시 = (10, 20, 30)
print(튜플_예시[0])  # 출력: 10
print(튜플_예시[1])  # 출력: 20
print(튜플_예시[2])  # 출력: 30
```

튜플의 불변성

- 튜플은 한 번 생성되면 그 요소를 변경할 수 없다. 따라서, 요소의 추가, 삭제, 변경이 불가능하다.

```
[ ]: 튜플_예시 = (1, 2, 3)
     # 튜플_예시[0] = 10  # 오류 발생: TypeError: 'tuple' object does not support item assignment
```

- 튜플은 주로 데이터가 변경되지 않고 고정되어야 하는 경우에 사용된다. 함수가 여러 값을 반환할 때나 딕셔너리의 키-값 쌍을 나타낼 때 등에 튜플을 활용할 수 있다.

4. 리스트

리스트(List)는 파이썬의 내장 자료형 중 하나로, 여러 개의 값을 하나의 변수에 저장할 수 있는 순차적인 데이터 구조다. 리스트는 가변적(Mutable)이며, 다양한 데이터 타입의 값을 포함할 수 있다. 리스트는 대괄호 []를 사용하여 생성하며, 콤마로 구분된 요소들을 포함한다.

리스트의 생성

```
# 빈 리스트 생성
빈_리스트 = []

# 여러 개의 요소를 가진 리스트 생성
리스트_예시 = [1, 2, 3, 4, 5]
```

- 리스트는 숫자, 문자열, 다른 리스트 등 다양한 데이터 타입의 요소를 가질 수 있다.

```
혼합_리스트 = [1, "안녕", 3.14, [1, 2, 3]]
```

리스트의 요소 접근

- 리스트의 요소는 인덱스를 사용하여 접근할 수 있다. 인덱스는 0부터 시작한다.

```
리스트_예시 = [10, 20, 30, 40, 50]
print(리스트_예시[0])  # 출력: 10
print(리스트_예시[2])  # 출력: 30
```

- 리스트의 끝에서부터 접근하려면 음수 인덱스를 사용할 수 있다.

```
print(리스트_예시[-1])  # 출력: 50
print(리스트_예시[-2])  # 출력: 40
```

리스트의 주요 메서드

- 리스트는 가변적이므로 요소를 추가, 삭제, 변경할 수 있다.
- append(): 리스트의 끝에 요소를 추가한다.
- remove(): 리스트에서 첫 번째로 일치하는 요소를 제거한다.

```
리스트_예시 = [1, 2, 3]

# 요소 변경
리스트_예시[0] = 10
print(리스트_예시)  # 출력: [10, 2, 3]

# 요소 추가
리스트_예시.append(4)
print(리스트_예시)  # 출력: [10, 2, 3, 4]

# 요소 삭제
리스트_예시.remove(2)
print(리스트_예시)  # 출력: [10, 3, 4]
```

- insert(): 지정한 위치에 요소를 추가한다.

```
리스트_예시 = [1, 2, 4]
리스트_예시.insert(2, 3)  # 인덱스 2에 3을 삽입
print(리스트_예시)  # 출력: [1, 2, 3, 4]
```

- pop(): 지정한 위치의 요소를 제거하고 반환한다. 위치를 지정하지 않으면 마지막 요소를 제거하고 반환한다.

```
리스트_예시 = [1, 2, 3]
마지막_요소 = 리스트_예시.pop()
print(마지막_요소)  # 출력: 3
print(리스트_예시)  # 출력: [1, 2]

리스트_예시 = [1, 2, 3]
첫번째_요소 = 리스트_예시.pop(0)
print(첫번째_요소)  # 출력: 1
print(리스트_예시)  # 출력: [2, 3]
```

- clear(): 리스트의 모든 요소를 제거한다.

```
리스트_예시 = [1, 2, 3]
리스트_예시.clear()
print(리스트_예시)  # 출력: []
```

- index(): 리스트에서 첫 번째로 일치하는 요소의 인덱스를 반환한다.

```
리스트_예시 = [1, 2, 3, 2]
인덱스 = 리스트_예시.index(2)
print(인덱스)  # 출력: 1
```

- count(): 리스트에서 특정 요소의 개수를 반환한다.

```
[ ]:
리스트_예시 = [1, 2, 3, 2]
개수 = 리스트_예시.count(2)
print(개수)  # 출력: 2
```

- sort(): 리스트의 요소를 정렬한다.

```
[ ]:
리스트_예시 = [3, 1, 4, 2]
리스트_예시.sort()
print(리스트_예시)  # 출력: [1, 2, 3, 4]

# 역순 정렬
리스트_예시.sort(reverse=True)
print(리스트_예시)  # 출력: [4, 3, 2, 1]
```

- reverse(): 리스트의 요소를 역순으로 배치한다.

```
[ ]:
리스트_예시 = [1, 2, 3]
리스트_예시.reverse()
print(리스트_예시)  # 출력: [3, 2, 1]
```

리스트와 튜플 비교

특징	리스트(List)	튜플(Tuple)
가변성	가변적(Mutable)	불변적(Immutable)
생성 방법	대괄호 []사용	소괄호 ()사용
요소 추가	가능(append(), insert(), extend())	불가능
요소 삭제	가능(remove(), pop(), clear())	불가능
요소 변경	가능	불가능
메모리 사용	상대적으로 더 많이 사용	상대적으로 더 적게 사용
속도	변경이 자주 일어나기 때문에 상대적으로 느림	변경이 없기 때문에 상대적으로 빠름
용도	데이터의 빈번한 변경이 필요한 경우 사용	데이터가 변경되지 않는 경우 사용
메서드	다양한 메서드 제공(append, remove, sort 등)	기본적인 메서드만 제공(count, index 등)
데이터 안전성	낮음(변경 가능)	높음(변경 불가능)

- 리스트는 파이썬에서 매우 유용하게 사용되며, 데이터를 저장하고 다루는 데에 널리 활용된다. 리스트는 동적으로 크기를 조정할 수 있고, 다양한 연산을 지원하여 데이터 처리에 편리함을 제공한다.

TIP〉 ChatGpt 를 활용한 오류 찾는 방법

리스트_예시1 = [3,1,4,2] 가 오류가 난다. 오류를 수정해줘

주어진 리스트 `1리스트_예시 = [3,1,4,2]`에서 오류가 나는 이유는 변수명에 숫자가 먼저 나오는 것이 파이썬 변수명 규칙에 맞지 않기 때문이야. 변수명은 문자로 시작해야 해. 이를 수정하면 다음과 같아.

```python
리스트_예시1 = [3,1,4,2]
```

이렇게 변수명을 수정하면 오류 없이 사용할 수 있다.

5. 반복문

파이썬에서 for 문은 반복(iteration)을 처리하는 데 사용되는 주요 제어 구조 중 하나다. 리스트, 튜플, 문자열, 딕셔너리 등 여러 데이터 구조를 순회(iterate)하면서 특정 작업을 반복적으로 수행할 수 있게 해준다.

반복횟수가 정해져 있을 때 for 반복문

가. 기본 문법

```
for 변수 in 시퀀스:
    실행할 코드
```

- 변수: 반복할 때마다 시퀀스의 각 요소를 담을 변수다.
- 시퀀스: 리스트, 튜플, 문자열, 딕셔너리 등 반복 가능한 객체다.

나. 예제

- **리스트 순회**

```
fruits = ["apple", "banana", "cherry"]
for fruit in fruits:
    print(fruit)
```

- **문자열 순회**

```
for i in "Python":
    print(i)
```

- **range() 함수와 함께 사용**

range() 함수는 일정한 범위의 숫자를 생성해준다.

```
for i in range(5):
    print(i)
```

- **딕셔너리 순회**

딕셔너리를 순회할 때는 기본적으로 키를 순회하지만, items(), keys(), values() 메서드를 사용해 키와 값을 동시에 또는 개별적으로 순회할 수 있다.

- items(): items() 메서드는 딕셔너리의 모든 키-값 쌍을 튜플 형태로 반환한다. 반환된 객체는 딕셔너리의 모든 항목에 대해 (키, 값) 형태의 튜플을 포함하는 뷰 객체다. 이를 통해 딕셔너리의 키와 값을 동시에 순회할 수 있다.

```
student_scores = {"Alice": 90, "Bob": 85, "Charlie": 88}

# 키와 값을 모두 순회
for name, score in student_scores.items():
    print(f"{name}: {score}")
```

- keys(): keys() 메서드는 딕셔너리의 모든 키를 반환한다. 반환된 객체는 키를 포함하는 뷰 객체다. 이를 통해 딕셔너리의 키만을 순회하거나 확인할 수 있다.

```
student_scores = {"Alice": 90, "Bob": 85, "Charlie": 88}

# 키와 값을 모두 순회
for i in student_scores.keys():
    print(i)
```

- values(): values() 메서드는 딕셔너리의 모든 값을 반환한다. 반환된 객체는 값을 포함하는 뷰 객체다. 이를 통해 딕셔너리의 값만을 순회하거나 확인할 수 있다.

```
student_scores = {"Alice": 90, "Bob": 85, "Charlie": 88}

# 키와 값을 모두 순회
for i in student_scores.values():
    print(i)
```

while 반복문

반복 횟수가 명확하지 않고, 조건에 따라 반복할 때 사용한다.

- **코드예제**

```
# 빈 리스트 초기화
단어_리스트 = []

# 사용자에게 안내 메시지 출력
print("단어를 입력하세요. '그만'을 입력하면 종료됩니다.")

# 무한 루프 시작
while True:
    # 사용자로부터 단어 입력 받기
    단어 = input("단어를 입력하세요: ")

```

```
    # 사용자가 '그만'을 입력하면 루프 종료
    if 단어 == '그만':
        break

    # 입력된 단어를 리스트에 추가
    단어_리스트.append(단어)

# 최종 입력된 단어 리스트 출력
print("입력된 단어 리스트:", 단어_리스트)
```

- **주석 설명**
  - # 빈 리스트 초기화: 단어를 저장할 빈 리스트를 생성한다.
  - # 사용자에게 안내 메시지 출력: 단어를 입력받기 위한 안내 메시지를 출력한다.
  - # 무한 루프 시작: '그만'을 입력할 때까지 계속 단어를 입력받기 위해 무한 루프를 시작한다.
  - # 사용자로부터 단어 입력 받기: 사용자로부터 단어를 입력받는다.
  - # 사용자가 '그만'을 입력하면 루프 종료: 사용자가 '그만'을 입력하면 루프를 종료한다.
  - # 입력된 단어를 리스트에 추가: 입력된 단어를 리스트에 추가한다.
  - # 최종 입력된 단어 리스트 출력: 루프가 종료된 후 입력된 단어 리스트를 출력한다.

for vs while 비교

구분	for 반복문	while 반복문
반복 횟수	반복 횟수가 명확할 때 사용	반복 횟수가 명확하지 않고 조건에 따라 반복할 때 사용
반복 대상	반복 가능한 객체 (리스트, 튜플, 문자열, range 등)	조건이 참인 동안 반복
구조	for 변수 in 반복 가능한 객체:	while 조건:
초기화	반복 가능한 객체의 처음부터 끝까지 자동으로 설정	초기화 코드를 직접 작성해야 함
조건 검사	반복 가능한 객체의 끝을 자동으로 감지	조건을 직접 설정해야 함
반복 변수	반복 가능한 객체의 요소를 자동으로 가져옴	필요에 따라 직접 증가 또는 변경해야 함
사용 예	for i in range(5): print(i)	python i = 0 while i 〈 5: print(i) i += 1
주요 사용 상황	정해진 횟수만큼 반복하거나, 리스트 등의 요소를 순회할 때	조건이 참인 동안 계속 반복할 때
종료 조건	반복 가능한 객체의 끝	조건이 거짓이 될 때

6. range() 함수

파이썬의 range() 함수는 일정한 범위의 숫자 시퀀스를 생성하는 데 사용되는 내장 함수다. 주로 for 문과 함께 반복문을 제어하는 데 많이 사용된다. range() 함수는 시작 값부터 끝 값까지, 지정된 간격으로 숫자를 생성해준다.

기본 사용법

- range() 함수는 세 가지 인자를 받을 수 있다: start, stop, step. 이 중 start와 step은 선택 사항이다.

```
range(stop)
range(start, stop)
range(start, stop, step)
```

- start: 숫자 시퀀스의 시작 값이다. 생략하면 기본값은 0이다.
- stop: 숫자 시퀀스의 끝 값이다. 이 값은 포함되지 않는다.
- step: 숫자 시퀀스의 증감 폭이다. 생략하면 기본값은 1이다.

기본 예제

```
# 0부터 4까지의 숫자 생성
for i in range(5):
    print(i)
```

시작 값 지정

```
# 2부터 5까지의 숫자 생성
for i in range(2, 6):
    print(i)
```

증감 폭 지정

```
# 0부터 8까지 2씩 증가하는 숫자 생성
for i in range(0, 10, 2):
    print(i)
```

역순으로 생성

```
[ ]: # 10부터 1까지 2씩 감소하는 숫자 생성
     for i in range(10, 0, -2):
         print(i)
```

리스트로 변환

- range() 객체를 리스트로 변환할 수 있다.

```
[ ]: numbers = list(range(5))
     print(numbers)
```

합계 구하기

- range()와 함께 sum() 함수를 사용하여 합계를 구할 수 있다.

```
[ ]: total = sum(range(1, 11))
     print(total)
```

- range() 함수는 반복문에서 매우 유용하게 사용되며, 숫자 시퀀스를 효율적으로 생성하는 데 도움을 준다. 시작 값, 끝 값, 증감 폭을 자유롭게 설정하여 다양한 형태의 숫자 시퀀스를 생성할 수 있다.

7. 파이썬 딕셔너리

딕셔너리(Dictionary)는 파이썬의 내장 자료형 중 하나로, 키(key)와 값(value) 쌍을 저장하는 데이터 구조다. 딕셔너리는 순서가 없고, 변경 가능하며, 중복된 키를 가질 수 없다. 키는 해시 가능해야 하므로 보통 문자열, 숫자, 튜플 등이 사용되고, 값은 어떤 타입이든 가능하다.

딕셔너리의 생성

- 딕셔너리는 중괄호 { }를 사용하여 생성하며, 각 키와 값 쌍은 콜론(:)으로 구분하고, 쌍은 콤마(,)로 구분한다.

```
# 빈 딕셔너리 생성
빈_딕셔너리 = {}

# 여러 개의 키-값 쌍을 가진 딕셔너리 생성
딕셔너리_예시 = {
    "이름": "홍길동",
    "나이": 30,
    "직업": "프로그래머"
}
```

딕셔너리의 요소 접근

- 딕셔너리의 요소는 키를 사용하여 접근할 수 있다.

```
print(딕셔너리_예시["이름"])  # 출력: 홍길동
print(딕셔너리_예시["나이"])  # 출력: 30
```

딕셔너리의 요소 추가 및 변경

- 딕셔너리에 새로운 키-값 쌍을 추가하거나, 기존 키의 값을 변경할 수 있다.

```
딕셔너리_예시["주소"] = "서울"
print(딕셔너리_예시)  # 출력: {'이름': '홍길동', '나이': 30, '직업': '프로그래머', '주소': '서울'}

딕셔너리_예시["나이"] = 31
print(딕셔너리_예시)  # 출력: {'이름': '홍길동', '나이': 31, '직업': '프로그래머', '주소': '서울'}
```

딕셔너리의 요소 삭제

- 딕셔너리에서 특정 키-값 쌍을 삭제하려면 del 키워드나 pop() 메서드를 사용할 수 있다.

```
del 딕셔너리_예시["직업"]
print(딕셔너리_예시)  # 출력: {'이름': '홍길동', '나이': 31, '주소': '서울'}

# pop() 메서드를 사용한 삭제
주소 = 딕셔너리_예시.pop("주소")
print(딕셔너리_예시)  # 출력: {'이름': '홍길동', '나이': 31}
print(주소)  # 출력: 서울
```

딕셔너리의 주요 메서드

- keys(): 딕셔너리의 모든 키를 반환한다.

```
딕셔너리_예시 = {"이름": "홍길동", "나이": 30, "직업": "프로그래머"}
키들 = 딕셔너리_예시.keys()
print(키들)  # 출력: dict_keys(['이름', '나이', '직업'])
```

- values(): 딕셔너리의 모든 값을 반환한다.

```
값들 = 딕셔너리_예시.values()
print(값들)  # 출력: dict_values(['홍길동', 30, '프로그래머'])
```

- items(): 딕셔너리의 모든 키-값 쌍을 튜플로 반환한다.

```
아이템들 = 딕셔너리_예시.items()
print(아이템들)  # 출력: dict_items([('이름', '홍길동'), ('나이', 30), ('직업', '프로그래머')])
```

- clear(): 딕셔너리의 모든 요소를 제거한다.

```
딕셔너리_예시.clear()
print(딕셔너리_예시)  # 출력: {}
```

딕셔너리를 이용한 for 반복문 예제보기

딕셔너리를 이용하여 학생 정보를 저장하고 for 반복문을 사용하여 데이터를 출력하는 예제를 만들어보겠다. 이 예제에서는 학생들의 이름, 나이, 학번 등의 정보를 딕셔너리에 저장하고, 이를 반복문을 통해 출력할 것이다.

- **학생 정보 딕셔너리 생성**

  - 먼저, 여러 학생의 정보를 담은 딕셔너리를 생성하겠다. 각 학생의 이름을 키(key)로 하고, 나이와 학번을 값(value)으로 저장한다.

```
[ ]:
학생_정보 = {
    "홍길동": {"나이": 20, "학번": "202001"},
    "이순신": {"나이": 22, "학번": "202002"},
    "김유신": {"나이": 21, "학번": "202003"}
}
```

- **for 반복문을 사용하여 학생 정보 출력**

  - 딕셔너리를 for 반복문을 사용하여 순회하며 각 학생의 정보를 출력해보자.

```
[ ]:
# 학생_정보 딕셔너리를 순회하며 각 학생의 정보를 출력
for 이름, 정보 in 학생_정보.items():
    print(f"학생 이름: {이름}")
    print(f"나이: {정보['나이']}")
    print(f"학번: {정보['학번']}")
    print("-" * 20)  # 구분선을 출력
```

이 예제를 통해 딕셔너리를 사용하여 학생 정보를 저장하고, for 반복문을 통해 데이터를 순회하면서 출력하는 방법을 알 수 있다.

8. 함수란?

파이썬에서 함수는 특정 작업을 수행하는 코드 블록을 의미한다. 함수는 코드의 재사용성을 높이고, 코드의 가독성을 향상시키며, 복잡한 문제를 더 작은 단위로 분할하여 해결하는 데 도움을 준다.

함수 정의

함수를 정의하려면 def 키워드를 사용한다. 함수는 함수 이름과 괄호 안에 전달받을 매개변수 목록을 포함하며, 함수 본문은 콜론(:)으로 시작하고 들여쓰기 된 코드 블록으로 구성된다.

TIP〉 함수정의

```
def 함수이름(매개변수1, 매개변수2, ...):
    # 함수 본문
    실행할 코드
    return 반환값
```

def는 영어단어 define (정의하다)의 줄임말이다.

함수의 이점

- 재사용성: 한 번 정의한 함수를 여러 번 사용할 수 있어 코드 중복을 줄인다.
- 가독성: 함수 이름과 매개변수로 인해 코드의 의도를 명확히 알 수 있다.
- 모듈화: 복잡한 문제를 더 작은 단위로 나누어 관리할 수 있다.

예제〉 함수로 구구단 만들기

구구단 함수는 입력된 숫자를 매개변수로 받아, 1부터 9까지의 곱셈 결과를 출력한다. 예를 들어, 구구단(5)를 호출하면 다음과 같은 결과가 출력된다.

```
[1]:
def 구구단(숫자):
    for i in range(1, 10):
        결과 = 숫자 * i
        print(f"{숫자} x {i} = {결과}")

# 예제 호출
구구단(5)
```

```
5 x 1 = 5
5 x 2 = 10
5 x 3 = 15
5 x 4 = 20
5 x 5 = 25
5 x 6 = 30
5 x 7 = 35
5 x 8 = 40
5 x 9 = 45
```

9. 연습문제

Chatgpt를 활용하여 배우지 않은 함수를 스스로 학습하고, 프로그램을 만들어 보자.

문제 1: 가위바위보 게임 만들기

- **설명:** 사용자와 컴퓨터가 가위바위보 게임을 할 수 있는 프로그램을 만들어보자. 사용자가 입력한 값과 컴퓨터가 랜덤으로 선택한 값을 비교해서 승패를 가리는 게임이다.

- **동작설명**

  - choices리스트에 "가위", "바위", "보"를 정의한다.
  - random.choice(choices)로 컴퓨터의 선택을 무작위로 결정한다.
  - 사용자에게 입력을 받는다.
  - 사용자의 입력이 choices에 없으면 "잘못된 선택입니다."를 출력한다.
  - 컴퓨터의 선택과 사용자의 선택을 비교하여 비겼는지, 이겼는지, 졌는지를 출력한다.

문제 2: 숫자 맞추기 게임

- **설명:** 컴퓨터가 랜덤으로 선택한 숫자를 사용자가 맞추는 게임이다. 사용자가 맞출 때까지 힌트를 제공하면서 계속 시도하게 한다.

- **동작 설명**

  - random.randint(1, 100)으로 1부터 100 사이의 숫자를 무작위로 선택한다.
  - while루프를 사용하여 사용자가 숫자를 맞출 때까지 반복한다.
  - 사용자가 입력한 숫자와 컴퓨터가 선택한 숫자를 비교하여 힌트를 제공한다.
  - 사용자가 맞추면 "정답입니다!"를 출력하고 프로그램이 종료된다.

문제 3: 간단한 계산기

- **설명:** 두 숫자와 연산자를 입력받아 덧셈, 뺄셈, 곱셈, 나눗셈을 수행하는 간단한 계산기를 만들어보자.
- **동작 설명**

  - 사용자로부터 두 개의 숫자와 연산자를 입력받는다.
  - 입력된 연산자에 따라 덧셈, 뺄셈, 곱셈, 나눗셈을 수행한다.
  - 결과를 출력한다. 잘못된 연산자가 입력되면 오류 메시지를 출력한다.

문제 4: 단어 빈도수 계산기

- **설명:** 사용자가 입력한 문장에서 각 단어가 몇 번 등장하는지 계산하는 프로그램을 만들어보자.
- **동작 설명**

  - 사용자로부터 문장을 입력받는다.
  - 문장을 단어별로 분리하여 리스트로 만든다.
  - 각 단어의 빈도수를 계산하여 frequency 딕셔너리에 저장한다.
  - 각 단어와 그 빈도수를 출력한다.

문제 5: 숫자 피라미드 출력하기

- **설명:** 사용자가 입력한 높이에 따라 숫자로 이루어진 피라미드를 출력하는 프로그램을 만들어보자.
- **동작 설명**

  - 사용자로부터 피라미드의 높이를 입력받는다.
  - for루프를 사용하여 1부터 입력된 높이까지 반복한다.
  - 각 줄마다 공백과 숫자를 조합하여 피라미드 형태로 출력한다.

3

생성형 AI

1. 생성형 AI란 무엇인가?
2. 생성형 AI의 활용 분야
3. 생성형 AI의 윤리적 고려사항
4. ChatGpt 활용해 보기

3. 생성형 AI

1. 생성형 AI란 무엇인가?

생성형 AI는 주어진 입력 데이터를 바탕으로 새로운 콘텐츠를 생성하는 인공지능을 말한다. 여기에는 텍스트, 이미지, 오디오, 비디오 등의 다양한 형태의 콘텐츠가 포함된다. 생성형 AI의 핵심 기술 중 하나는 트랜스포머 모델로, 이는 데이터를 처리하고 학습하는 데 매우 효율적이다.

생성형 AI의 주요 기술

- **트랜스포머(Transformer) 모델**

  트랜스포머 모델은 Google의 연구원들이 개발한 모델로, 자연어 처리 작업에서 혁신적인 발전을 이루었다. 이 모델은 입력 데이터의 각 요소 간의 관계를 효율적으로 학습할 수 있는 셀프 어텐션 메커니즘을 사용한다.

- **사전 훈련(Pre-training)과 미세 조정(Fine-tuning)**

  생성형 AI 모델은 대규모 데이터셋을 사용해 사전 훈련을 수행한 후, 특정 작업에 맞게 미세 조정된다. 사전 훈련 단계에서는 모델이 언어의 일반적인 패턴을 학습하며, 미세 조정 단계에서는 특정 작업에 맞춰 모델을 조정한다.

- **대규모 언어 모델**

  GPT-3와 같은 대규모 언어 모델은 수십억 개의 매개변수를 통해 방대한 양의 데이터를 학습하며, 매우 높은 수준의 언어 이해와 생성 능력을 보여준다.

2. 생성형 AI의 활용 분야

생성형 AI는 다양한 분야에서 혁신적인 응용 가능성을 제공한다. 알아두면 좋은 주요 활용 분야는 다음과 같다:

- 교육: 생성형 AI는 개인화된 학습 경험을 제공할 수 있다. 예를 들어, 학생들은 특정 주제에 대해 질문하면 AI가 즉시 답변을 제공하거나 추가 학습 자료를 추천할 수 있다.

- 콘텐츠 생성: 블로그 글, 기사, 소설, 시 등 다양한 형태의 텍스트를 생성할 수 있다. 이는 콘텐츠 제작 시간을 단축시키고 창의적인 작업을 지원하는 데 유용하다.
- 코딩 및 개발: AI는 프로그래밍 코드 생성 및 디버깅을 도울 수 있다. 이를 통해 개발자들은 효율적으로 작업을 진행할 수 있으며, 특히 초보자들에게 유용하다.
- 고객 서비스: 챗봇 형태로 사용되어 24시간 고객 지원을 제공할 수 있다. 이는 기업이 고객 문의를 신속하게 처리하는 데 도움이 된다.
- 연구와 데이터 분석: AI는 방대한 양의 데이터를 분석하고 패턴을 발견하는 데 뛰어난 성능을 발휘한다. 이를 통해 연구자들은 더 깊이 있는 통찰을 얻을 수 있다.

3. 생성형 AI의 윤리적 고려사항

생성형 AI의 발전과 함께 윤리적 고려사항도 중요하다. 주요 윤리적 문제는 다음과 같다.

- 오용 가능성: 생성형 AI가 잘못된 정보나 해로운 콘텐츠를 생성할 수 있는 가능성이 있다. 이를 방지하기 위해 엄격한 검토와 관리가 필요하다.
- 프라이버시: AI 모델이 민감한 데이터를 학습하는 경우 프라이버시 침해 문제가 발생할 수 있다. 데이터를 안전하게 보호하는 방법을 마련해야 한다.
- 편향성: AI 모델이 학습한 데이터에 내재된 편향성을 그대로 반영할 수 있다. 이를 최소화하기 위한 노력이 필요하다.

가. LLM(대규모 언어 모델)이란?

생성형 AI 중 LLM(대규모 언어 모델)은 방대한 양의 텍스트 데이터를 기반으로 학습하여 자연어를 이해하고 생성하는 인공지능 모델을 말한다. 이러한 모델들은 GPT-3, BERT, T5 등 다양한 종류가 있으며, 각기 다른 특성과 용도를 가진다. LLM은 텍스트 데이터를 바탕으로 인간처럼 자연스러운 언어를 생성하고, 다양한 언어 처리 작업을 수행할 수 있다.

1) LLM의 동작 방식

- **데이터 수집 및 전처리**
  - LLM은 방대한 양의 텍스트 데이터를 수집하여 학습에 사용한다. 이 데이터는 책, 웹사이트, 기사 등 다양한 출처에서 가져온다.
  - 수집된 데이터를 정제하고 전처리하여 모델 학습에 적합한 형태로 변환한다.
- **모델 학습**
  - LLM은 대규모 신경망 구조를 가지고 있다. 이 신경망은 여러 층의 인공 뉴런으로 구성되어 있으며, 각 층은 입력 데이터를 처리하여 다음 층으로 전달한다.
  - 모델은 주어진 텍스트 데이터를 입력받아, 단어 간의 연관성과 문맥을 학습한다. 이를 통해 단어의 의미와 문장 구조를 이해하게 된다.
  - 예를 들어, "고양이가 나무에 올라갔다"라는 문장을 학습하면, '고양이', '나무', '올라갔다'라는 단어의 관계와 의미를 이해할 수 있다.
- **텍스트 생성**
  - 학습된 LLM은 입력된 텍스트에 기반하여 새로운 텍스트를 생성할 수 있다. 이를 통해 다양한 작업을 수행할 수 있다.
  - 예를 들어, 사용자가 "기후 변화에 대해 설명해줘"라고 요청하면, LLM은 기후 변화에 대한 방대한 지식을 바탕으로 관련된 문장을 생성할 수 있다.
  - LLM은 문맥을 고려하여 가장 적절한 단어와 문장을 예측하고 생성한다. 이를 통해 자연스럽고 일관성 있는 텍스트를 생성할 수 있다.
- **피드백 및 조정**
  - LLM이 생성한 텍스트에 대해 사용자가 피드백을 제공하면, 이를 바탕으로 모델을 개선할 수 있다.
  - 피드백을 통해 잘못된 부분을 수정하고, 더 나은 결과를 얻기 위해 모델을 재학습시킬 수 있다.

2) 예시로 보는 LLM의 동작

- **질문 답변**
  - 사용자: "피타고라스의 정리를 설명해줘."
  - LLM: "피타고라스의 정리는 직각삼각형의 빗변의 제곱이 다른 두 변의 제곱의 합과 같다는 수학적 정리다."

- **텍스트 요약**
  - 입력 텍스트: "자연어 처리는 인공지능의 한 분야로, 언어를 이해하고 생성하는 기술이다. 이는 기계 번역, 감정 분석, 대화형 AI 등에 활용된다." 요약해줘
  - LLM: "자연어 처리는 인공지능의 한 분야로, 언어를 이해하고 생성하는 기술이다."
- **번역**
  - 사용자: "이 문장을 영어로 번역해줘: '안녕하세요, 저는 학생입니다.'"
  - LLM: "Hello, I am a student."
  - LLM은 이러한 방식으로 다양한 언어 처리 작업을 수행할 수 있다.

나. 주요 LLM

아래에 사용된 이미지는 Dall-E 생성형 AI로 제작된 이미지이다. (ChatGpt)안에 있는 텍스트만 수정했다.

- 프롬프트: "안경낀 귀여운 강아지가 LLM 모델을 컴퓨터로 사용하는 모습을 그려줘. 컴퓨터 모니터에는 (chatgpt)라고 써 있어.뒤에 배경은 강아지 집으로 만들어줘"

1) GPT (Generative Pre-trained Transformer)

- 개발사: OpenAI
- 특징: 자연어 이해와 생성을 위한 대규모 모델. GPT-3는 1750억 개의 매개변수를 가진다. 대화, 글쓰기, 번역, 요약 등 다양한 작업을 수행할 수 있다.
- 주요 기능: 텍스트 생성, 언어 번역, 질문 답변, 문서 요약
- 장점: 뛰어난 자연어 처리 능력, 다양한 작업에 적용 가능, 높은 정확도와 유연성
- 현재는 ChatGPT Omni, 혹은 GPT-4o,는 OpenAI의 최신 플래그십 모델이 출시되었다.

2) BERT (Bidirectional Encoder Representations from Transformers)

- 개발사: Google AI
- 특징: 문장의 양방향 문맥을 이해하는 모델. 주로 문장 수준의 이해 작업에 강점이 있다.
- 주요 기능: 문장 분류, 질문 답변, 감정 분석, 자연어 추론
- 장점: 높은 정확도의 자연어 이해, 다양한 NLP 작업에 적용 가능

3) T5 (Text-to-Text Transfer Transformer)

- 개발사: Google Research
- 특징: 모든 NLP 문제를 텍스트-텍스트 형식으로 변환하여 해결하는 접근 방식을 사용한다.
- 주요 기능: 번역, 요약, 질문 답변, 텍스트 생성
- 장점: 유연한 텍스트-텍스트 접근 방식, 다양한 언어 작업에 적용 가능

4) RoBERTa (Robustly optimized BERT approach)

- 개발사: Facebook AI
- 특징: BERT를 최적화하고 확장한 모델. 더 많은 데이터를 사용하고 학습 절차를 개선하여 성능을 향상시켰다.
- 주요 기능: 문장 분류, 감정 분석, 자연어 추론
- 장점: 향상된 성능, 높은 정확도의 자연어 이해

5) XLNet

- 개발사: Google Brain 및 Carnegie Mellon University
- 특징: BERT와 유사하지만, 자가회귀 모델을 사용하여 더 다양한 문맥을 고려한다.
- 주요 기능: 문장 완성, 감정 분석, 텍스트 생성
- 장점: 높은 성능, 다양한 문맥을 고려한 자연어 처리

6) Copilot

- 개발사: GitHub 및 OpenAI
- 특징: GPT-3 기반 코드 자동 완성 도구. 개발자가 코드 작성 중 실시간으로 제안을 받을 수 있다.
- 주요 기능: 코드 자동 완성, 함수 및 클래스 생성, 주석 작성
- 장점: 개발 속도 향상, 코드 품질 개선, 반복 작업 자동화

7) Gemini

- 개발사: Google DeepMind
- 특징: 자연어 처리와 강화 학습을 결합한 모델. 상황에 따라 학습하여 다양한 작업을 수행할 수 있다.
- 주요 기능: 자연어 이해 및 생성, 강화 학습을 통한 적응형 학습
- 장점: 강화 학습을 통한 지속적인 성능 개선, 다양한 응용 분야에 적용 가능

8) LLaMA (Large Language Model Meta AI)

- 개발사: Meta(Facebook AI Research)
- 특징: 효율적인 학습과 운영을 목표로 설계된 모델. 최신 연구 결과를 반영하여 성능을 최적화했다.
- 주요 기능: 텍스트 생성 및 요약, 질문 답변, 대화형 AI
- 장점: 효율적인 학습과 운영, 다양한 언어 및 문화에 대한 높은 이해력

이러한 모델들은 각각의 특징과 강점을 바탕으로 다양한 분야에서 활용될 수 있다.

다. ChatGpt를 빅데이터 수업에 사용하는 이유

- **실시간 질문 응답**

학생들이 수업 중에나 과제를 할 때 실시간으로 질문을 하면 즉각적으로 답변해줄 수 있어. 특히 복잡한 개념이나 코드 오류를 해결하는 데 큰 도움이 된다.

- **코딩 예제 제공**

다양한 빅데이터 관련 코드 예제를 바로 제공할 수 있어. 예를 들어, 데이터 전처리, 시각화, 모델링 등의 예제를 실습할 때 유용하게 사용할 수 있다.

- **맞춤형 학습**

학생들이 각자 이해하기 어려워하는 부분에 대해 맞춤형으로 설명해줄 수 있어. 예를 들어, 특정 개념을 여러 가지 방식으로 설명하거나 추가 자료를 제공하는 등 학생 개개인의 학습 스타일에 맞춰서 도와줄 수 있다.

- **자동화된 과제 피드백**

학생들이 제출한 과제나 프로젝트에 대해 즉각적인 피드백을 줄 수 있어. 코드 리뷰나 분석 결과에 대한 피드백을 통해 학생들이 더 빠르게 배우고 개선할 수 있도록 도와줄 수 있다.

- **자료 정리 및 요약**

수업 자료나 논문 등을 요약해주거나 중요한 포인트를 정리해주는 데 유용해. 이렇게 하면 학생들이 중요한 내용을 빠르게 이해하고 기억할 수 있도록 도와줄 수 있다.

- **토론 및 토의 지원**

  학생들이 그룹 프로젝트나 토론을 할 때, ChatGPT를 활용해서 다양한 관점을 제시하고 토의를 활성화할 수 있어. 이를 통해 더 깊이 있는 학습을 유도할 수 있다.

다른 LLM 모델도 훌륭 하지만 이 책에서는 ChatGpt를 활용하여 수업하겠다.

라. ChatGPT의 역사

ChatGPT는 OpenAI의 GPT(Generative Pre-trained Transformer) 시리즈의 일환으로 개발되었다. 이 시리즈는 몇 가지 주요 단계로 나눌 수 있다:

- GPT (2018년): 첫 번째 GPT 모델은 2018년에 공개되었다. 이 모델은 트랜스포머 아키텍처를 기반으로 하며, 대규모 텍스트 데이터를 통해 사전 훈련된 후 특정 작업에 맞게 미세 조정된다. GPT는 자연어 생성과 이해 능력을 크게 향상시켰지만, 여전히 일부 한계가 있었다.
- GPT-2 (2019년): GPT-2는 이전 버전보다 훨씬 더 큰 모델로, 15억 개 이상의 매개변수를 가지고 있었다. 이 모델은 더욱 자연스럽고 연관성 있는 텍스트를 생성할 수 있었으며, 다양한 NLP 작업에서 뛰어난 성능을 보였다. GPT-2의 공개는 큰 관심을 끌었고, 모델의 오용 가능성에 대한 논란도 있었다.
- GPT-3 (2020년): GPT-3는 1750억 개의 매개변수를 갖춘 모델로, 이전 버전보다 훨씬 더 강력한 성능을 자랑했다. GPT-3는 다양한 언어 작업에서 뛰어난 성능을 보였으며, 인간과 매우 유사한 텍스트를 생성할 수 있었다. GPT-3의 출시로 생성형 AI의 가능성이 크게 확장되었다.
- GPT-4 및 ChatGPT (2023년): GPT-4는 더욱 정교한 모델로, 다양한 작업에서 이전 버전보다 향상된 성능을 제공했다. ChatGPT는 이 모델을 기반으로 특정 사용 사례에 맞게 조정되었으며, 대화형 AI로서의 역할을 강화했다.
- 2024년 출시 된 ChatGPT Omni, 혹은 GPT-4o,는 OpenAI의 최신 플래그십 모델로 텍스트, 이미지, 음성 입력을 모두 처리할 수 있는 다중모달(Multimodal) 인공지능이다.

마. ChatGpt 적용하기

ChatGPT는 OpenAI에서 개발한 언어 모델로, 다양한 주제에 대해 대화하고 정보를 제공하는 인공지능 도구다. 텍스트 기반 대화에 특화되어 있어 질문에 대한 답변, 정보 제공, 조언, 심지어 창의적인 글쓰기까지 다양한 용도로 사용될 수 있다.

특히 빅데이터를 공부하는 학생들에게는 강력한 학습 도구가 될 수 있다. 데이터 분석, 코딩 문제 해결, 이론적 개념 이해 등 여러 분야에서 도움을 줄 수 있다. 이제, ChatGPT를 더 효과적으로 활용하기 위해 Customize ChatGPT 부분을 설정해 보자.

ChatGpt에 회원 가입을 한 후 본인의 로고를 클릭하면 아래와 같은 메뉴가 나타난다. Customize ChatGPT를 클릭한다.

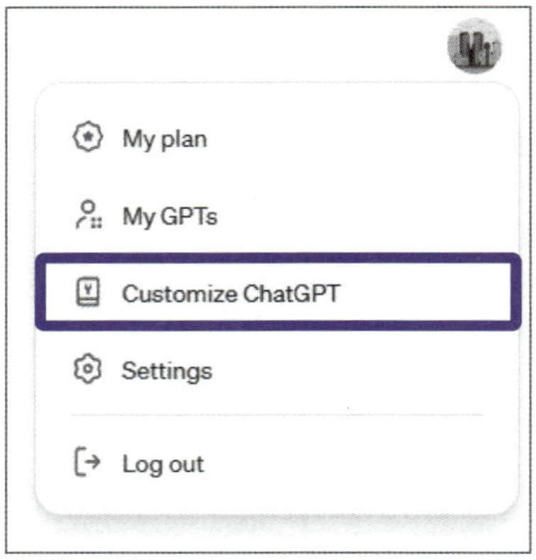

- **Customize ChatGPT**

① What would you like ChatGPT to know about you to provide better responses?

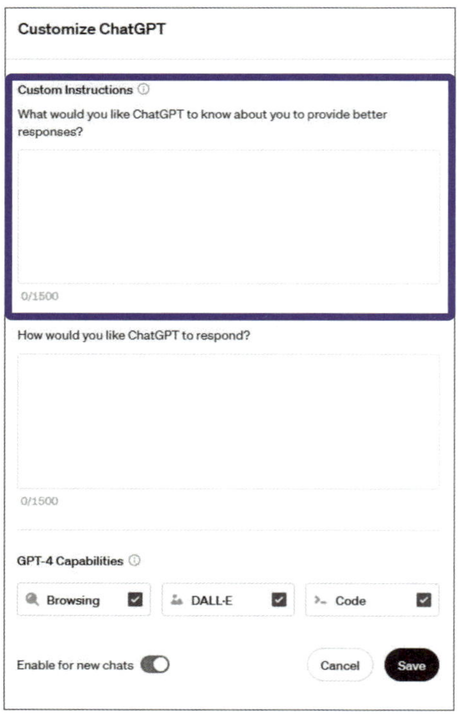

- 이 부분은 ChatGPT가 ChatGPT를 사용하는 사람에 대해 알면 유용할 정보를 입력하는 곳이다. 빅데이터를 공부하는 학생이라면 다음과 같은 내용을 포함할 수 있다:
- 학습 목표: 예를 들어, "나는 빅데이터 분석 기법을 이해하고 싶다" 또는 "파이썬을 사용한 데이터 시각화 기술을 배우고 싶다"라고 명시할 수 있다.
- 학습 수준: 자신의 현재 수준을 알려주면 좋다. "나는 빅데이터 분석을 처음 배우는 초보자다" 또는 "나는 이미 R과 Python을 다룰 줄 아는 중급자다" 같은 식으로 쓰면 된다.
- 관심 분야: 빅데이터 내에서도 특히 관심 있는 분야를 적어봐. "나는 머신러닝에 관심이 많다" 또는 "나는 데이터 전처리 기술에 대해 더 배우고 싶다"라고 할 수 있다.
- 선호하는 학습 스타일: "나는 구체적인 예시를 통해 배우는 것을 좋아한다" 또는 "나는 이론적 설명이 많으면 좋다" 같은 정보를 추가할 수 있다.

예시)

- 나는 빅데이터 분석을 공부하는 대학생이다.
- 파이썬과 사용한 데이터 분석에 관심이 많다.
- 데이터 전처리, 시각화, 머신러닝 알고리즘에 대해 더 배우고 싶다.
- 이론적인 설명보다는 실습과 예제를 통해 배우는 것을 선호한다.

② How would you like ChatGPT to respond?

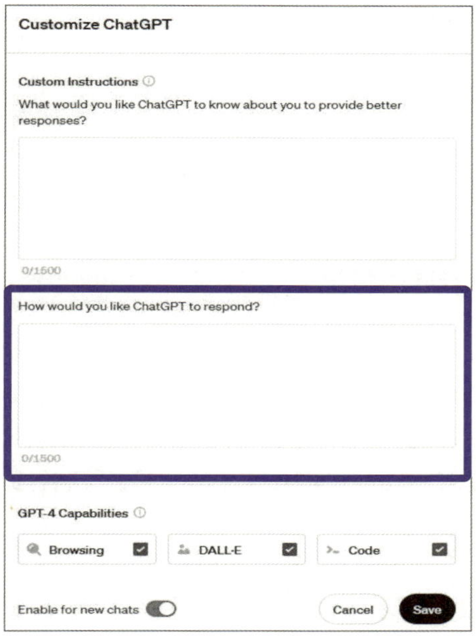

- 이 부분은 ChatGPT의 응답 스타일을 설정하는 곳이다. 빅데이터를 공부하는 학생으로서 ChatGPT가 어떻게 대답해주면 좋을지 생각해보자:
- 명확하고 간결한 설명: "답변이 명확하고 간결했으면 좋겠다. 복잡한 용어를 쉽게 설명해줘."
- 구체적인 예시 제공: "각 개념마다 구체적인 예시를 들어줬으면 한다. 실습을 통해 배우는 것을 선호해."
- 단계별로 설명: "복잡한 주제는 단계별로 나눠서 설명해줘. 하나씩 이해하고 넘어갈 수 있게."
- 코딩 예제 포함: "가능하면 파이썬 코드 예제를 함께 제공해줘. 실제로 코딩하면서 배울 수 있게."
- 참고 자료 제공: "더 깊이 공부할 수 있는 참고 자료나 링크도 함께 알려줬으면 좋겠다."

이렇게 설정하면 ChatGPT가 너에게 맞춤형으로 더 유용한 답변을 제공할 수 있게 될 것이다.

예시)

- 명확하고 간결하게 설명해줘.
- 각 개념마다 구체적인 예시를 들어줘.
- 복잡한 주제는 단계별로 나눠서 설명해줘.
- 가능하면 파이썬 코드 예제를 포함해줘.
- 10살 아이도 이해 할 수 있게 쉽게 예를 들어서 설명해줘.

바. 프롬프트란 무엇인가?

프롬프트(prompt)는 ChatGPT와 같은 언어 모델에 특정한 작업이나 질문을 수행하도록 입력하는 텍스트를 말한다. 프롬프트는 모델이 제공할 응답의 맥락을 설정하고, 원하는 정보를 얻기 위해 중요한 역할을 한다. 여기서는 프롬프트의 개념, 작성 방법, 그리고 효과적인 프롬프트 작성 팁에 대해 자세히 알아보자.

- **기본 프롬프트**

  - ChatGPT를 사용하는 가장 간단한 방법은 간단한 프롬프트를 제공하는 것입니다. 예를 들어 다음과 같이 할 수 있다.

  · "오늘 날씨가 어때요?"

  · "프랑스의 수도는 어디인가요?"

  · "사랑에 관한 시를 써주세요."

  - 이러한 프롬프트는 ChatGPT가 간단한 질문에 답하거나 텍스트를 생성하도록 요청하는 데 적합하다.

- **프롬프트를 잘 사용 하려면?**

  - 프롬프트는 ChatGPT와 같은 AI 모델에 질문을 하거나 작업을 요청하는 텍스트 입력이다. 프롬프트는 단순한 질문에서부터 복잡한 설명까지 다양할 수 있다. 프롬프트의 질과 정확성에 따라 모델의 응답도 크게 달라질 수 있다.

- **명확하고 구체적인 요청**

  - 프롬프트는 명확하고 구체적으로 작성해야 한다. 원하는 답변의 유형과 내용을 분명히 전달하면 더 정확한 답변을 받을 수 있다.

  · 예시: "파이썬으로 데이터프레임을 생성하는 코드를 작성해줘."

- **맥락 제공**

  - 필요한 배경 정보나 맥락을 제공해야 한다. 상황과 목적을 설명하면 더 관련성 있는 답변을 받을 수 있다.

  · 예시: "나는 빅데이터 강의를 하고 있어. 학생들에게 데이터 시각화를 설명할 자료가 필요해."

- **단계별 요청**
  - 복잡한 요청은 단계별로 나누어서 제시해야 한다. 이렇게 하면 더 체계적이고 이해하기 쉬운 답변을 받을 수 있다.
  - · 예시: “1. 데이터를 수집하는 방법을 알려줘. 2. 수집한 데이터를 전처리하는 방법을 설명해줘.”

- **역할 지정**
  - ChatGPT에게 특정 역할을 부여하면 답변이 더 목표에 맞을 수 있다.
  - · 예시: “너는 내 데이터 분석 프로젝트 멘토야. 프로젝트 계획을 어떻게 세울지 조언해줘.”

- **예시 포함**
  - 원하는 답변의 형태나 스타일에 대한 예시를 포함하면 더 명확한 답변을 받을 수 있다.
  - · 예시: “파이썬으로 데이터 시각화를 설명하는 예제 코드를 보여줘.”

- **후속 질문 준비**
  - 대화를 이어가기 위해 후속 질문을 준비해 두면 좋다.
  - · 예시: “첫 번째 답변 후, ‘이 방법의 장단점은 무엇인가?’ 라고 물어봐.”

- **간결하고 정확하게**
  - 필요 이상의 정보를 포함하지 않고, 간결하고 정확하게 작성해야 한다. 불필요한 정보는 혼란을 줄 수 있다.
  - · 예시: “데이터 시각화를 위한 라이브러리 추천해줘.”

- **긍정적이고 건설적인 어조**
  - 긍정적이고 건설적인 어조를 사용하면 더 좋은 반응을 얻을 수 있다.
  - · 예시: “좋은 조언 부탁해.”

- **반복 피하기**
  - 같은 내용을 반복하지 않도록 주의해야 한다. 반복적인 내용은 혼란을 줄 수 있다.
  - · 예시: “파이썬으로 데이터를 분석하는 기본적인 방법을 알려줘.”

- **피드백 반영**

  - 이전 답변에 대한 피드백을 주고, 이를 반영하여 새로운 요청을 하면 더 나은 답변을 받을 수 있다.

    · 예시: "이전에 제공한 코드에서 몇 가지 문제점이 있어. 이를 수정하는 방법을 알려줘."

예시)

- 질문 형식

  "빅데이터의 정의를 설명해줘."

  "빅데이터 분석에서 사용되는 주요 도구 세 가지는 무엇이니?"

- 명령어 형식

  "다음 텍스트를 요약해줘: '빅데이터는 ...'"

  "다음 데이터를 시각화하는 파이썬 코드를 작성해줘: [데이터]"

  "판다스에서 describe() 함수를 예를 들어 설명해줘."

- 맥락 제공 형식

  "나는 대학에서 빅데이터를 공부하는 학생이야. 빅데이터의 장단점을 설명해줘."

  "나는 데이터 분석 프로젝트를 준비 중이야. 데이터 전처리 단계에서 주의할 점을 알려줘."

  프롬프트는 ChatGPT의 성능을 최대한으로 끌어내기 위한 중요한 도구다. 명확하고 구체적인 프롬프트를 작성하면 원하는 정보를 효과적으로 얻을 수 있을 것이다.

4. ChatGpt 활용해 보기

가. ChatGpt 프롬프트에 아래 내용을 입력한다.

프롬프트 예제)

- 학생성적을 예제로 데이터분석 공부를 할거야, 라이브러리를 불러오고, 인덱스는 1반부터 5반까지 과목은 국어,영어,수학,체육을 딕셔너리 형태로 만들어줘. 각 코드 마다 주석을 달아줘.
  (학생들과 교제의 예제는 다를 수 있습니다.)

나. ChatGpt의 결과물을 확인하고, 코드를 복사한다.

python Copy code

```python
import pandas as pd  # pandas 라이브러리를 임포트

# 학생 성적 데이터를 딕셔너리 형태로 정의
data_dict = {
    "1반": {"국어": 85, "영어": 78, "수학": 92, "체육": 95},
    "2반": {"국어": 88, "영어": 82, "수학": 90, "체육": 97},
    "3반": {"국어": 90, "영어": 85, "수학": 94, "체육": 93},
    "4반": {"국어": 92, "영어": 79, "수학": 91, "체육": 90},
    "5반": {"국어": 87, "영어": 80, "수학": 88, "체육": 96}
}

# 딕셔너리를 판다스 데이터프레임으로 변환하고 전치(transpose)하여 각 반을 행(ind
df = pd.DataFrame(data_dict).T

# 데이터프레임 출력
df
```

다. 쥬피터 랩에 붙여넣기 한 후 결과를 확인한다.

[67]:

```python
import pandas as pd  # pandas 라이브러리를 임포트

# 학생 성적 데이터를 딕셔너리 형태로 정의
data_dict = {
    "1반": {"국어": 85, "영어": 78, "수학": 92, "체육": 95},
    "2반": {"국어": 88, "영어": 82, "수학": 90, "체육": 97},
    "3반": {"국어": 90, "영어": 85, "수학": 94, "체육": 93},
    "4반": {"국어": 92, "영어": 79, "수학": 91, "체육": 90},
    "5반": {"국어": 87, "영어": 80, "수학": 88, "체육": 96}
}

# 딕셔너리를 판다스 데이터프레임으로 변환하고 전치(transpose)하여 각 반을 행(index)으로 설정
df = pd.DataFrame(data_dict).T

# 데이터프레임 출력
df
```

[67]:

	국어	영어	수학	체육
1반	85	78	92	95
2반	88	82	90	97
3반	90	85	94	93
4반	92	79	91	90
5반	87	80	88	96

ChatGpt 창에서 그래프에 한글 폰트를 적용하고 싶을 때

① koreanize-matplotlib 구글에서 검색한다.

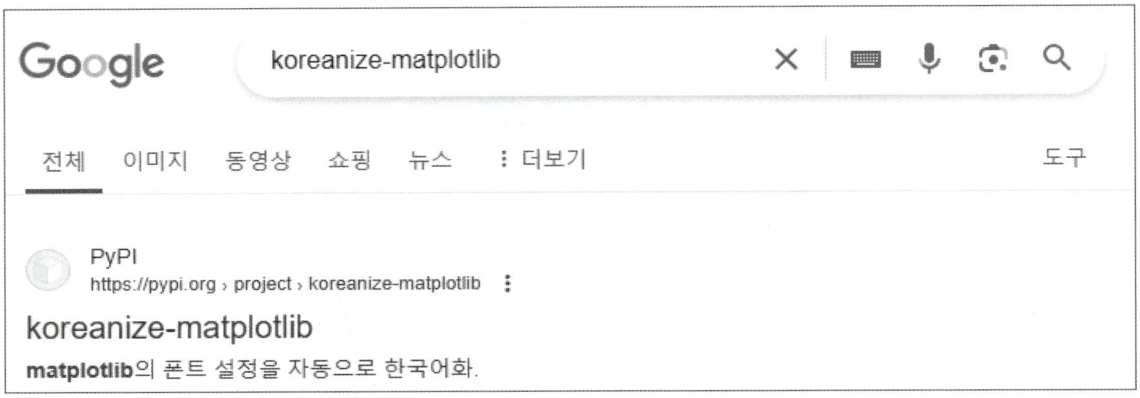

② Download files를 클릭한다.

③ koreanize_matplotlib-0.1.1-py3-none-any.whl를 다운로드 한다.

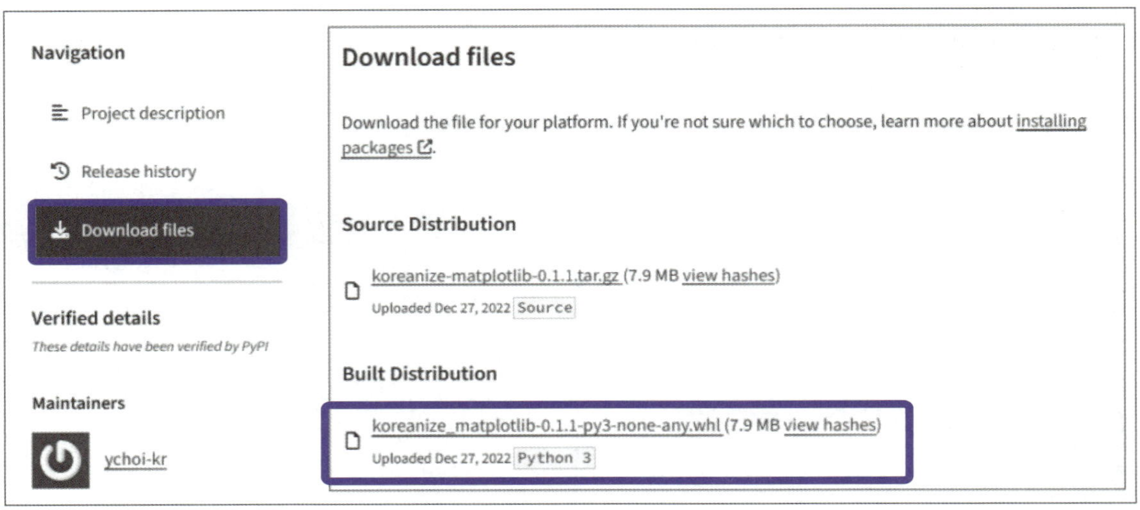

④ ChatGpt 프롬프트 창에 다운받은 파일을 업로드 한 후

TIP〉 ChatGpt 프롬프트에 입력내용

Code interpreter를 활용하여 이 whl file 을 다운로드 한 후, 너의 가상환경에서 설치해줘, 한국어 사용 설정을 한 후 한국어를 차트에 표시해 줘.

이제, 한국어를 사용하여 차트를 표시할 수 있다.

현재의 대화창에서만 가능하고, 대화창을 빠져나가면, 다시 설정해야 한다.

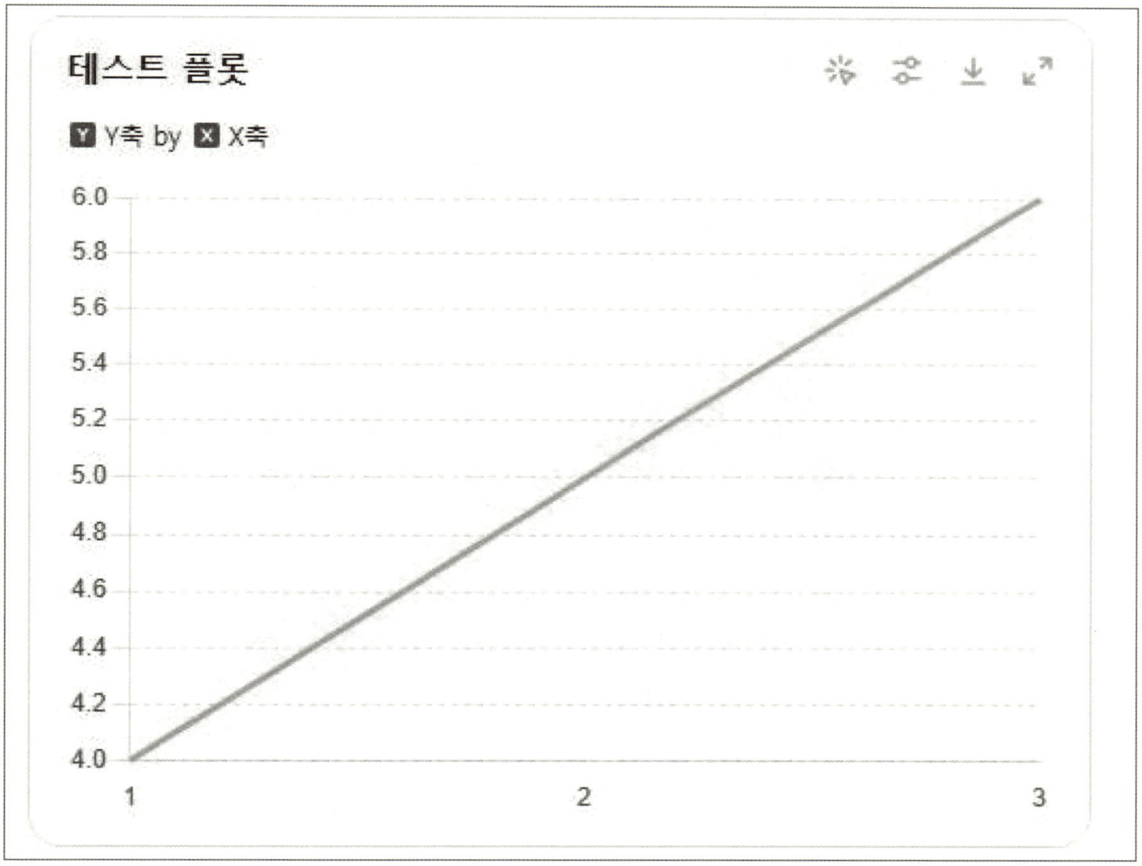

4

데이터 분석을 위한 파이썬 라이브러리

1. NumPy
2. Pandas
3. Matplotlib
4. Seaborn

4. 데이터 분석을 위한 파이썬 라이브러리

라이브러리는 특정 작업을 수행하기 위해 재사용 가능한 코드 모음이다. 파이썬에서는 다양한 라이브러리가 있어, 데이터를 처리하고 분석하거나, 웹 개발, 머신 러닝 등 다양한 분야에서 활용할 수 있다.

예를 들어 도서관은 책들이 모여 있는 장소이다. 우리가 공부를 하거나 새로운 것을 배울 때 도서관에 가서 책을 빌릴 수 있다. 각 책은 특정한 주제나 내용을 다루고 있어서, 우리가 필요할 때 그 책을 찾아서 읽으면 된다.

라이브러리는 컴퓨터 프로그램에서 우리가 필요할 때 사용할 수 있는 "코드 책들"이 모여 있는 장소라고 생각하면 된다. 우리가 프로그램을 만들 때, 필요한 기능이나 도구가 이미 정리되어 있는 라이브러리를 불러와서 사용할 수 있다.

데이터 분석을 위한 파이썬 라이브러리는 데이터 수집, 정제, 변환, 분석 및 시각화를 위해 사용된다. 주요 라이브러리로는 NumPy, Pandas, Matplotlib, Seaborn 등이 있다. 이 라이브러리들은 각각의 특성과 강점을 가지고 있어, 다양한 데이터 분석 작업에 최적화되어 있다.

이 도서관은 프로그래밍 라이브러리를 비유적으로 나타내고 있다.

- Math: 수학 책장(NumPy)에서 책을 꺼내어 복잡한 계산을 해결하는 사람.
- Data: 데이터 책장(Pandas)에서 책을 꺼내어 표 형식의 데이터를 정리하고 분석하는 사람.
- Visualization: 시각화 책장(Matplotlib)에서 책을 꺼내어 아름다운 그래프와 차트를 만드는 사람.
- Machine Learning: 머신 러닝 책장(Scikit-learn)에서 책을 꺼내어 데이터를 기반으로 예측하는 방법을 배우는 사람.

이처럼 라이브러리는 특정 작업을 쉽게 할 수 있도록 도와주는 도구 상자처럼 활용할 수 있다.

1. NumPy

개념

NumPy는 수치 데이터를 효율적으로 다룰 수 있는 파이썬 라이브러리로, 다차원 배열 객체와 다양한 수학 함수를 제공한다. 데이터 분석, 과학 계산, 머신러닝 등에서 기본적으로 사용되는 라이브러리다.

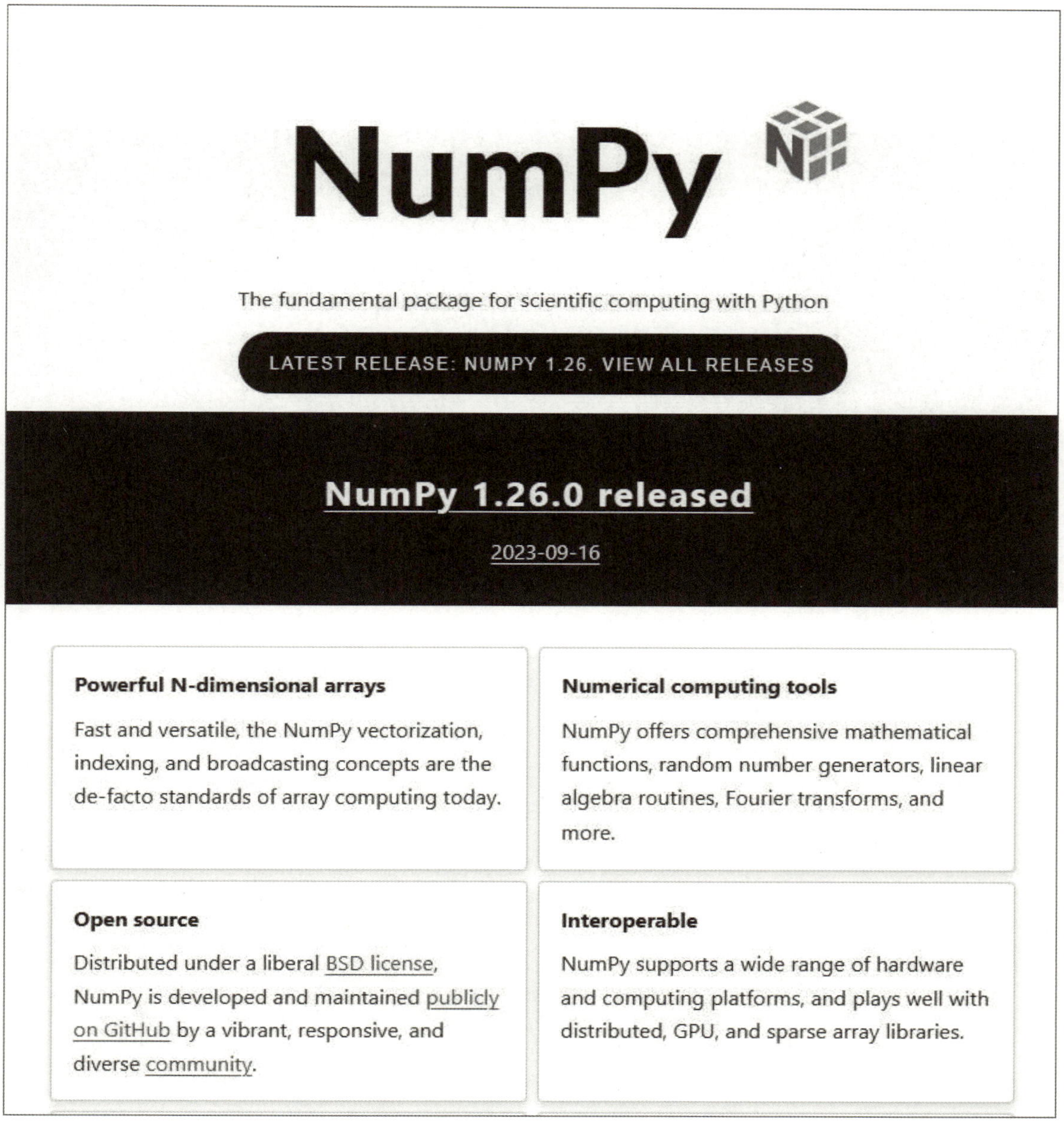

주요 기능

- 다차원 배열 객체(ndarray): 고성능 다차원 배열을 제공하며, 벡터 및 행렬 연산을 지원한다.
- 수학 함수: 다양한 수학 함수와 통계 함수를 제공하여 배열 연산을 간편하게 수행할 수 있다.
- 브로드캐스팅: 배열 간의 크기 차이를 자동으로 조정하여 연산을 수행할 수 있다.
- 파일 I/O: 배열 데이터를 파일로 저장하고 불러오는 기능을 제공한다.

예제

```python
import numpy as np

# 배열 생성
a = np.array([1, 2, 3])
b = np.array([4, 5, 6])

# 배열 덧셈
print(a + b)  # 출력: [5 7 9]
```

2. Pandas

개념

- Pandas는 데이터 조작과 분석을 위한 파이썬 라이브러리로, 테이블 형태의 데이터를 다루는 데 최적화되어 있다. 특히 데이터 프레임(dataframe)이라는 구조를 통해 데이터를 쉽게 조작하고 분석할 수 있다.

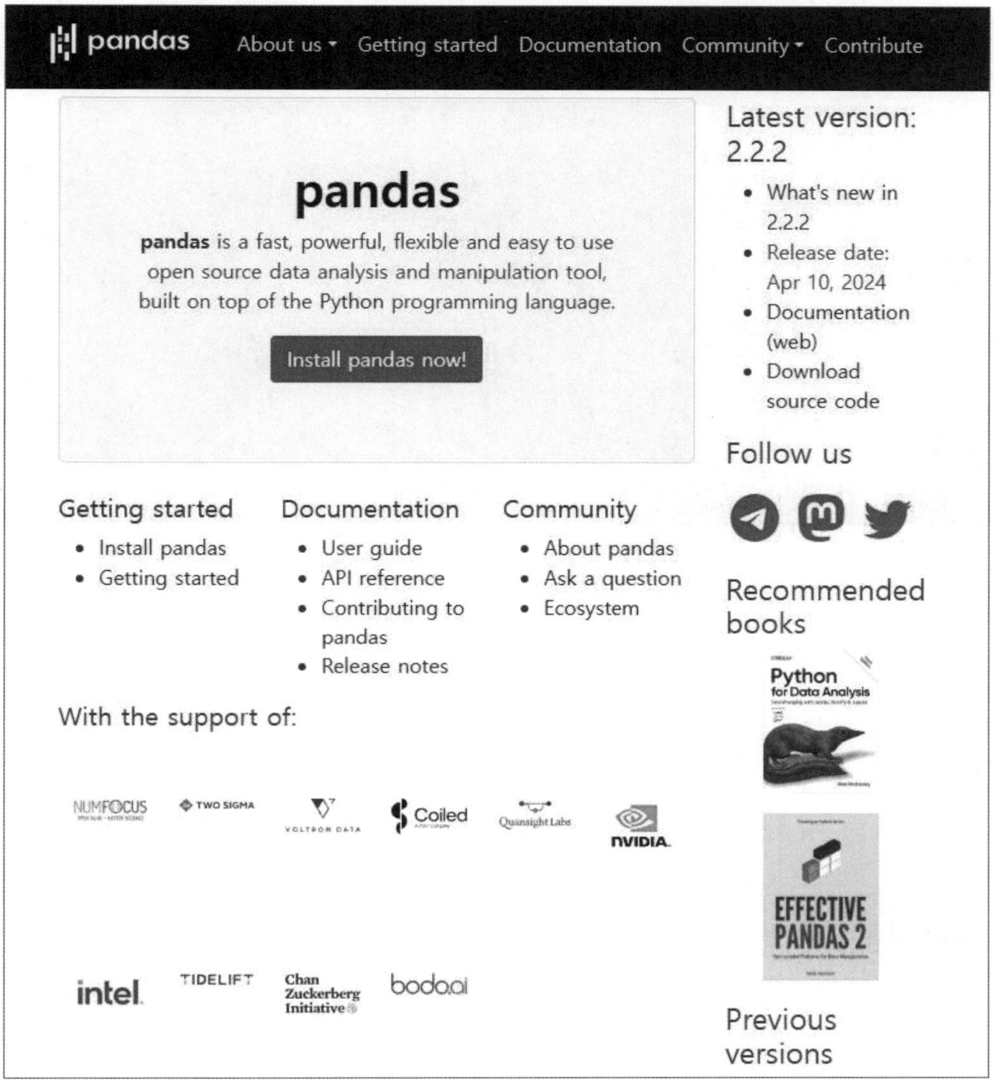

주요 기능

- 데이터 프레임과 시리즈: 테이블 형태의 데이터를 쉽게 다룰 수 있는 데이터 구조를 제공한다.
- 데이터 정제 및 변환: 누락된 데이터 처리, 데이터 병합, 그룹화 등의 기능을 제공한다.
- 파일 I/O: CSV, Excel, SQL 등 다양한 형식의 데이터를 읽고 쓸 수 있다.
- 시간 시리즈 분석: 날짜와 시간을 다루는 다양한 기능을 제공한다.

예제

```python
import pandas as pd

# 데이터프레임 생성
data = {'이름': ['앨리스', '밥', '찰리'], '나이': [25, 30, 35]}
df = pd.DataFrame(data)

# 데이터프레임 출력
print(df)
```

3. Matplotlib

개념

- Matplotlib은 데이터 시각화를 위한 파이썬 라이브러리로, 다양한 종류의 그래프와 차트를 그릴 수 있다. 데이터 분석 결과를 시각적으로 표현하는 데 많이 사용된다.

한국어 폰트 설정

- koreanize-matplotlib 패키지는 파이썬의 인기 있는 데이터 시각화 라이브러리인 Matplotlib에서 한글 폰트를 쉽게 사용할 수 있게 해주는 도구다. 이 패키지를 사용하면 한글 텍스트가 포함된 그래프를 깨지지 않게 표시할 수 있다.
- 참고자료: https://pypi.org/project/koreanize-matplotlib/

쥬피터노트북에서 설치

```
[ ]: !pip install koreanize-matplotlib
```

① 불러오기

koreanize-matplotlib을 사용하여 한글이 포함된 그래프를 생성하는 방법은 매우 간단하다. Matplotlib로 그래프를 그린 후, koreanize-matplotlib을 import하여 폰트를 설정하면 된다.

```
[ ]: import koreanize_matplotlib
```

한국어 폰트 설정 전	한국어 폰트 설정 후
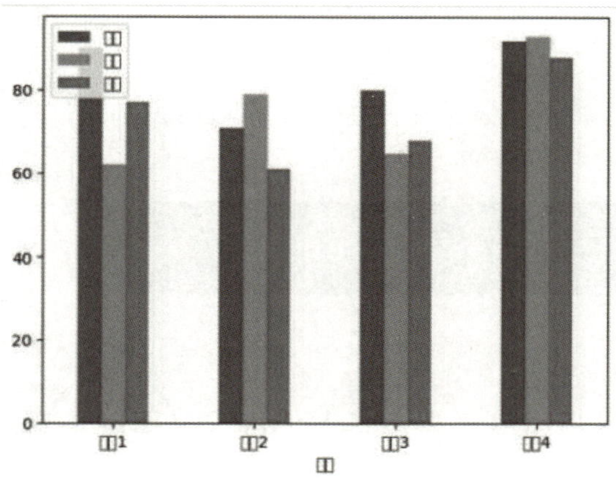	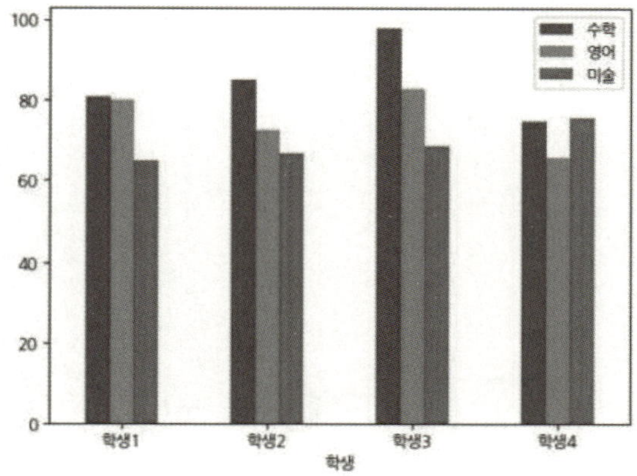

TIP〉 그래프에 음수 표시

koreanize-matplotlib는 그래프에서 음수를 포함한 모든 값을 지원한다. 이 패키지는 기본적으로 Matplotlib의 폰트 설정을 간편하게 변경하여 한글이 깨지지 않도록 하는 역할을 하기 때문에, 숫자 값 자체의 범위(음수, 양수 등)에 영향을 미치지 않는다. 음수 값이 포함된 그래프도 한글 폰트를 적용하여 문제 없이 그릴 수 있다.

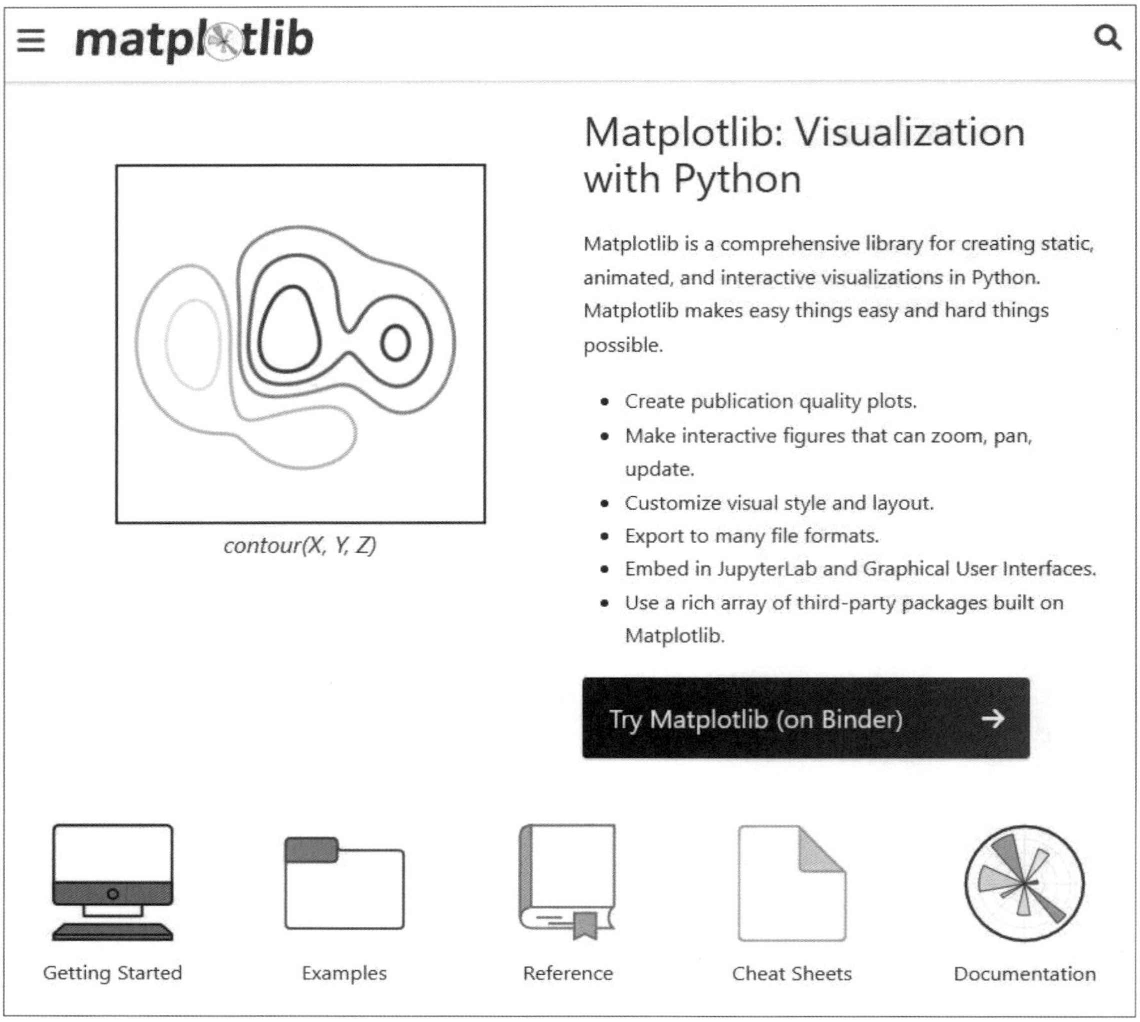

주요 기능

- 기본 플롯: 라인 플롯, 바 차트, 히스토그램, 산점도 등 다양한 그래프를 그릴 수 있다.
- 커스터마이징: 그래프의 축, 레이블, 색상, 스타일 등을 자유롭게 설정할 수 있다.
- 서브플롯: 하나의 그림에 여러 개의 플롯을 배치할 수 있다.
- 인터랙티브 모드: 인터랙티브하게 그래프를 조작할 수 있다.

예제

python 코드 복사

```
import matplotlib.pyplot as plt

# 데이터 준비
x = [1, 2, 3, 4]
y = [10, 20, 25, 30]

# 그래프 그리기
plt.plot(x, y)
plt.xlabel('X축')
plt.ylabel('Y축')
plt.title('간단한 라인 그래프')
plt.show()
```

4. Seaborn

개념

- Seaborn은 Matplotlib을 기반으로 한 데이터 시각화 라이브러리로, 통계 그래프를 쉽게 그릴 수 있다. 보다 복잡한 시각화를 간단한 코드로 구현할 수 있도록 다양한 기능을 제공한다.

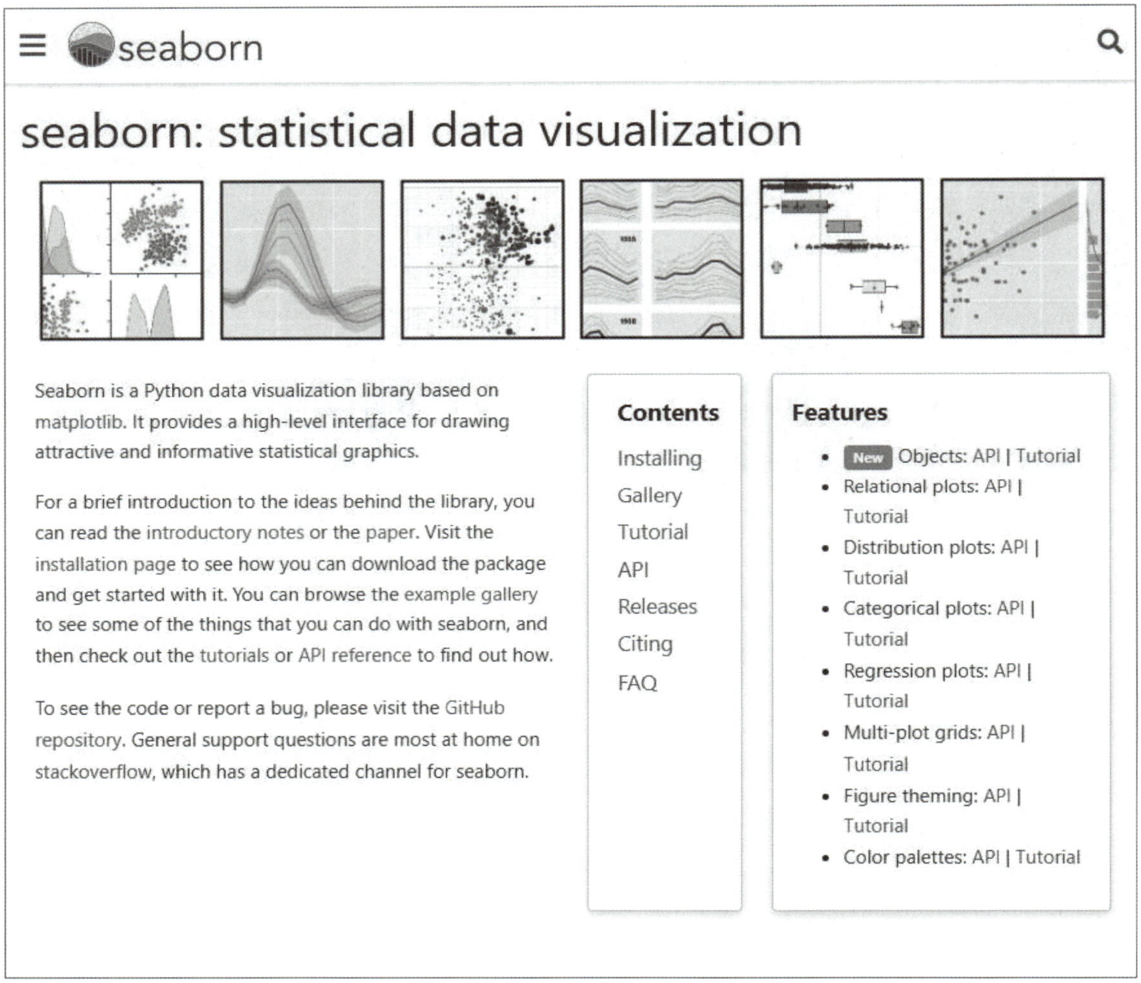

주요 기능

- -급 그래프: 카테고리형 데이터 시각화, 분포형 데이터 시각화, 행렬형 데이터 시각화 등 다양한 고급 그래프를 제공한다.
- 테마 설정: 시각적으로 일관된 테마와 스타일을 제공하여 그래프를 더욱 깔끔하게 표현할 수 있다.
- 통계적 데이터 시각화: 데이터의 통계적 관계를 시각화할 수 있는 다양한 플롯을 제공한다.
- Matplotlib 통합: Matplotlib와 함께 사용할 수 있어 기존의 Matplotlib 기능을 확장할 수 있다.

이러한 라이브러리들은 데이터 분석의 각 단계에서 강력한 도구로 활용될 수 있다. NumPy와 Pandas는 데이터 처리와 조작에, Matplotlib과 Seaborn은 데이터 시각화에 특히 유용하다.

예제

python 코드 복사

```python
import seaborn as sns
import matplotlib.pyplot as plt

# 데이터셋 로드
df = sns.load_dataset('iris')

# 페어플롯 그리기
sns.pairplot(df, hue='species')
plt.show()
```

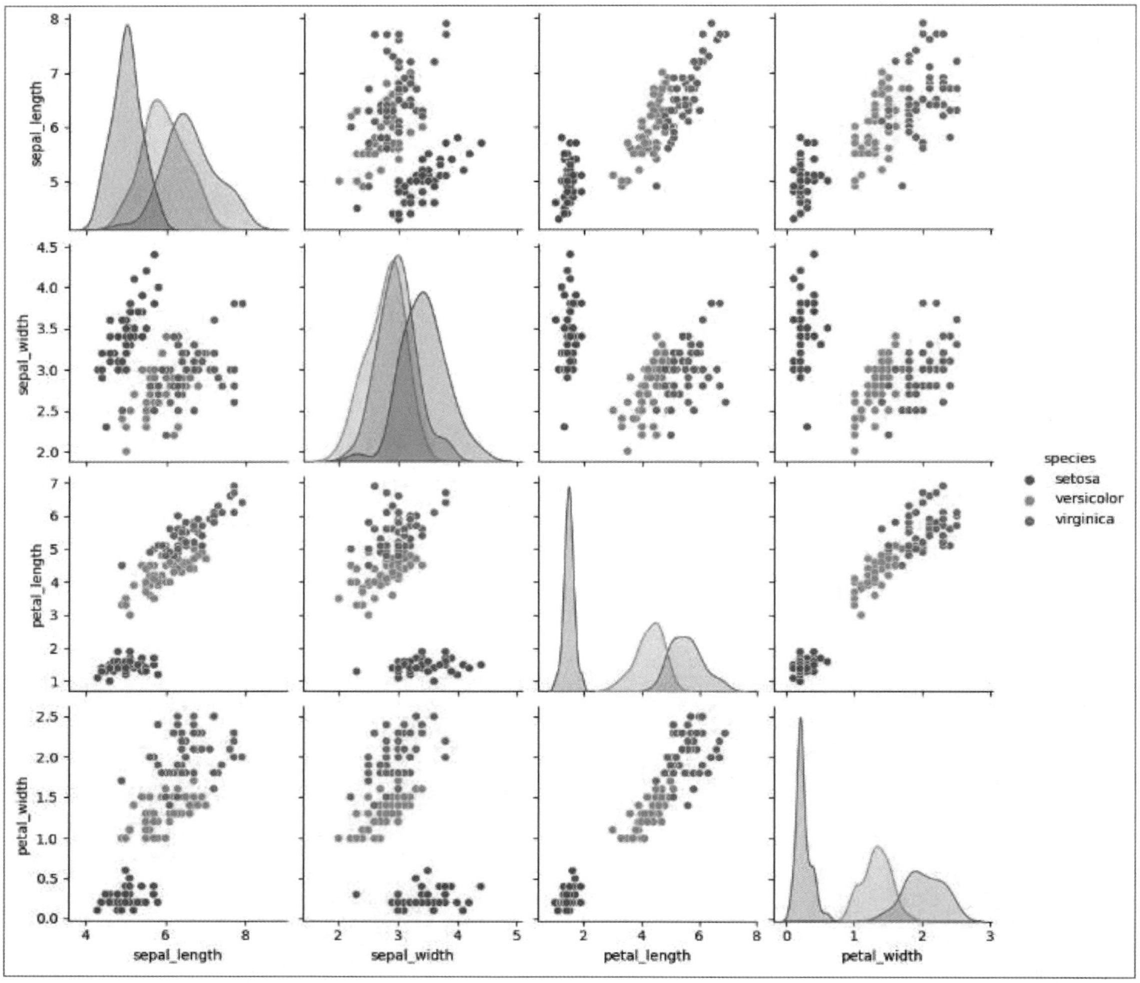

Matplotlib과 Seaborn의 차이점

항목	Matplotlib	Seaborn
기본 개요	기본적인 시각화 라이브러리	고급 시각화 라이브러리, Matplotlib 기반
유연성	매우 유연하고 세밀한 조정 가능	기본 스타일이 일관되고, 간단한 코드로 사용 가능
사용 편의성	복잡한 그래프를 그릴 때 설정이 번거로울 수 있음	통계적 그래프를 간단히 그릴 수 있음
목적	모든 종류의 그래프 및 세밀한 설정 가능	통계적 데이터 시각화에 특화
통합성	개별 설정이 필요	Pandas DataFrame과 잘 통합
기본 스타일	사용자가 세밀하게 설정해야 함	기본적으로 미적 요소가 잘 조정됨
플롯 종류	선 그래프, 막대 그래프, 히스토그램 등 다양한 종류	회귀선, 분포도, 카테고리 플롯 등 통계적 그래프

Matplotlib와 Seaborn을 함께 사용할 때의 장점

가. 유연성과 간편함의 조합

- **Seaborn의 간편한 스타일링**
  - Seaborn은 기본적으로 세련되고 일관된 스타일을 제공하여, 복잡한 설정 없이도 미적으로 뛰어난 그래프를 그릴 수 있다.
- **Matplotlib의 유연성**
  - Seaborn으로 생성한 그래프에 Matplotlib의 기능을 추가하면, 세밀한 조정과 커스터마이징이 가능하다. Seaborn으로 기본 그래프를 그리고, Matplotlib로 세부 요소를 조정할 수 있다.

나. 통계적 그래프와 일반 그래프의 결합

- **Seaborn의 통계적 기능**
  - Seaborn은 회귀선, 히트맵, 분포도 등 통계적 데이터 시각화에 강점을 가지고 있다.
- **Matplotlib의 광범위한 플롯 옵션**
  - Matplotlib은 다양한 종류의 플롯(선 그래프, 막대 그래프 등)을 제공하므로, Seaborn의 통계적 플롯과 결합하여 더욱 풍부한 시각화를 할 수 있다.

다. 코드의 간결성과 확장성

- **Seaborn의 간결한 코드**
  - 복잡한 그래프도 비교적 간단한 코드로 작성할 수 있다.
- **Matplotlib의 확장성**
  - Seaborn으로 생성한 플롯을 Matplotlib 객체로 취급하여, 추가적인 스타일링이나 기능(예: 레이블 추가, 텍스트 삽입)을 쉽게 적용할 수 있다.

라. 기본 스타일링과 세밀한 조정

- **Seaborn의 기본 스타일링**
  - Seaborn은 기본 스타일이 잘 조정되어 있어, 특별한 설정 없이도 미적인 그래프를 생성할 수 있다.

- **Matplotlib의 세밀한 조정**
  - Matplotlib을 사용하여 Seaborn 그래프의 세부 요소(축, 틱, 라벨, 색상 등)를 더 세밀하게 조정할 수 있다.

기본개념 이해하기

- **데이터프레임 VS 시리즈**
  - pandas라이브러리는 데이터 조작과 분석을 위한 강력한 도구를 제공하며, 이 중 가장 중요한 두 가지 데이터 구조는 데이터프레임(DataFrame)과 시리즈(Series)이다.

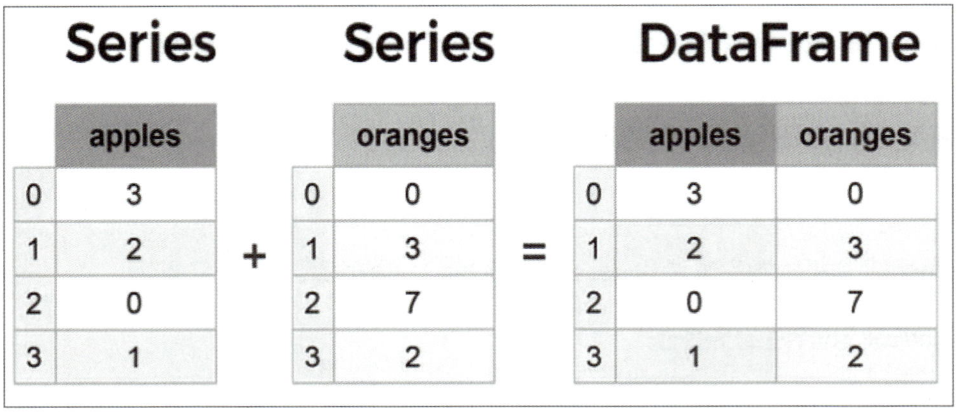

데이터프레임(DataFrame)

- **정의:** 데이터프레임은 2차원 데이터 구조로, 행과 열로 이루어진 테이블이다. 엑셀 스프레드시트나 SQL 테이블과 비슷한 형태를 가지고 있다.
- **구성:** 행과 열로 구성되며, 각 열은 시리즈 객체로 구성된다.
- **특징**
  - 각 열은 서로 다른 데이터 타입을 가질 수 있다.(예: 정수, 문자열, 부동 소수점).
  - 인덱스를 통해 행에 접근하고, 열 이름을 통해 열에 접근할 수 있다.
  - 데이터 분석 및 조작을 위한 다양한 메서드를 제공한다.

시리즈(Series)

- **정의:** 시리즈는 1차원 배열과 같은 데이터 구조로, 데이터의 순차적인 리스트다.
- **구성:** 인덱스와 값으로 구성된다.
- **특징**
  - 하나의 데이터 타입을 가진다.
  - 인덱스를 통해 각 요소에 접근할 수 있다.
  - 데이터 조작을 위한 다양한 메서드를 제공한다.

데이터프레임과 시리즈 비교

특징	데이터프레임(DataFrame)	시리즈(Series)
차원	2차원	1차원
구성	행과 열	인덱스와 값
여러 데이터 타입	열마다 다를 수 있음	하나의 데이터 타입
접근 방식	열 이름과 행 인덱스	인덱스

TIP〉Pandas_Cheat_Sheet

Pandas Cheat Sheet는 Pandas 라이브러리의 주요 기능과 명령어를 간략하게 정리한 참고 자료다. 데이터 분석가와 과학자들이 데이터 조작 및 분석 작업을 효율적으로 수행할 수 있도록 도와준다. Pandas Cheat Sheet는 Pandas의 다양한 기능을 한 눈에 파악할 수 있게 해주며, 자주 사용되는 명령어와 그 사용 예제를 포함하고 있다.

- 검색어 Pandas_Cheat_Sheet

5

ChatGpt로 데이터프레임 연습하기

1. ChatGpt로 예제 만들기
2. iloc 사용설명서
3. 특정 컬럼을 인덱스로 설정하기
4. loc 사용설명서

5. ChatGpt로 데이터프레임 연습하기

1. ChatGpt로 예제 만들기

ChatGpt 프롬프트로 샘플데이터 만들기

"국어,영어,수학,과학 과목과 학생이름 5명을 한글이름으로 성적데이터프레임을 만들어줘"

[1]:

```
import pandas as pd

# 학생 이름 리스트
학생이름 = ['김철수', '이영희', '박민수', '최수정', '홍길동']

# 성적 데이터
성적 = {
    '학생이름': 학생이름,
    '국어': [85, 90, 78, 92, 88],
    '영어': [88, 79, 85, 90, 86],
    '수학': [92, 80, 89, 95, 90],
    '과학': [90, 85, 88, 92, 91]
}

# 데이터프레임 생성
df = pd.DataFrame(성적)

# 데이터프레임 출력
df
```

[1]:

	학생이름	국어	영어	수학	과학
0	김철수	85	88	92	90
1	이영희	90	79	80	85
2	박민수	78	85	89	88
3	최수정	92	90	95	92
4	홍길동	88	86	90	91

(내용은 달라질 수 있음)

2. iloc 사용설명서

iloc는 pandas 데이터프레임에서 정수 기반의 인덱싱을 사용하여 행과 열을 선택하는 방법이다. iloc는 데이터프레임의 행과 열을 위치를 기반으로 선택할 때 사용된다.

```
[2]:
# 특정 행 선택
첫번째_행 = df.iloc[0]
display(첫번째_행)

# 특정 열 선택
첫번째_열 = df.iloc[:, 0]
display(첫번째_열)

# 특정 행과 열 선택
특정_셀 = df.iloc[0, 1]
display(특정_셀)

# 여러 행과 열 선택
여러_행과_열 = df.iloc[0:2, 0:2]
display(여러_행과_열)

# 슬라이싱
슬라이싱 = df.iloc[0:3, :]
display(슬라이싱)
```

학생이름 김철수 •••

3. 특정 컬럼을 인덱스로 설정하기

set_index는 pandas 라이브러리의 메서드로, 데이터프레임의 특정 열을 인덱스로 설정하는 데 사용된다. 이 메서드는 기존의 인덱스를 대체하거나 새로운 인덱스를 추가할 수 있다.

```
[3]:
df_학생이름 = df.set_index('학생이름')
df_학생이름
```

[3]:

학생이름	국어	영어	수학	과학
김철수	85	88	92	90
이영희	90	79	80	85
박민수	78	85	89	88
최수정	92	90	95	92
홍길동	88	86	90	91

4. loc 사용설명서

loc는 pandas 라이브러리에서 데이터프레임을 인덱싱하고 슬라이싱할 때 사용되는 중요한 접근 방식 중 하나다. loc는 라벨 기반의 인덱싱을 사용하여 행과 열을 선택한다. 이는 인덱스 이름이나 컬럼 이름을 통해 데이터를 선택하는 것을 의미한다.

[4]:
```
# 특정 행 선택
김철수_성적 = df_학생이름.loc['김철수']
display(김철수_성적)

# 특정 열 선택
국어_성적 = df_학생이름.loc[:, '국어']
display(국어_성적)

# 특정 행과 열 선택
김철수_국어 = df_학생이름.loc['김철수', '국어']
display(김철수_국어)

# 여러 행과 열 선택
성적_선택 = df_학생이름.loc[['김철수', '이영희'], ['국어', '영어']]
display(성적_선택)

# 슬라이싱
성적_슬라이싱 = df_학생이름.loc['김철수':'박민수']
display(성적_슬라이싱)

# 조건에 따른 선택
국어_90이상 = df_학생이름.loc[df_학생이름['국어']>=90]
display(국어_90이상)
```

```
국어 85 •••
```

loc vs iloc

기능	loc	iloc
줄임말	label-based location	integer location
기반 인덱싱	라벨 기반 인덱싱	정수 기반 인덱싱
인덱스 유형	라벨 또는 불리언 시리즈	정수 인덱스
지원 형식	데이터프레임, 시리즈	데이터프레임, 시리즈
조건 필터링	지원	지원하지 않음
사용 예	df.loc['행라벨', '열라벨']	df.iloc[행번호, 열번호]

6

대한민국 인구 통계 분석

6. 대한민국 인구 통계 분석

1. 프로젝트 개요

이번 프로젝트는 대한민국 인구통계 데이터를 분석하여 학생들이 데이터 분석 과정 전반을 경험할 수 있도록 설계되었다. 학생들은 데이터를 이해하고, 전처리하며, 분석하고, 그 결과를 보고서로 작성하는 일련의 과정을 통해 데이터 분석 능력을 체계적으로 학습하게 된다. 학습 목표를 중심으로 프로젝트 개요를 정리하겠다.

- 데이터 수집
- 데이터 정제 및 가공
- 데이터 시각화
- 연습문제

학습목표

- 대한민국 인구통계 데이터를 이해하고 시각화할 수 있다.
- 데이터 전처리 기법을 적용하여 깨끗한 데이터셋을 만들 수 있다.
- 다양한 통계적 분석 기법을 사용하여 인사이트를 도출할 수 있다.
- 데이터 분석 결과를 효과적으로 보고서로 작성할 수 있다.
- 실제 데이터 프로젝트를 통해 문제 해결 능력을 향상시킬 수 있다.

가. 대한민국 인구통계 데이터를 이해하고 시각화할 수 있다.

먼저 학생들은 대한민국 인구통계 데이터의 기본 구조와 내용을 이해하게 된다. 이를 위해 데이터를 탐색하고, 각 변수의 의미를 파악하며, 데이터의 전반적인 분포와 특성을 파악하는 과정을 거친다. 이 과정에서 다양한 시각화 기법을 사용하여 데이터를 시각적으로 표현하고, 이를 통해 데이터의 주요 패턴과 트렌드를 쉽게 이해할 수 있도록 한다.

나. 데이터 전처리 기법을 적용하여 깨끗한 데이터셋을 만들 수 있다.

데이터 분석에서 가장 중요한 단계 중 하나는 데이터 전처리이다. 학생들은 원시 데이터를 정리하고, 누락된 값이나 이상치를 처리하며, 데이터를 분석하기 적합한 형태로 변환하는 과정을 학습하게 된다. 이를 통해 실제 분석에 사용할 수 있는 깨끗하고 일관된 데이터셋을 만드는 능력을 기른다. 이 과정에서 파이썬의 다양한 데이터 전처리 라이브러리를 활용하여 실습을 진행한다.

다. 다양한 통계적 분석 기법을 사용하여 인사이트를 도출할 수 있다.

전처리가 완료된 데이터셋을 바탕으로 학생들은 다양한 통계적 분석 기법을 적용하여 데이터로부터 의미 있는 인사이트를 도출한다. 기술 통계, 가설 검정, 상관 분석 등 기본적인 통계 기법을 사용하여 데이터를 분석하고, 이를 통해 인구 구조의 변화, 인구 밀도, 성별 및 연령별 분포 등의 중요한 정보를 추출한다. 이 과정에서 학생들은 데이터에 기반한 의사결정 능력을 향상시킨다.

라. 데이터 분석 결과를 효과적으로 보고서로 작성할 수 있다.

데이터 분석의 최종 목표는 분석 결과를 명확하고 설득력 있게 전달하는 것이다. 학생들은 분석 결과를 체계적으로 정리하여 보고서를 작성하는 방법을 배운다. 이를 위해 데이터 시각화 결과와 통계적 분석 결과를 효과적으로 조합하여 보고서에 포함시키는 법을 학습하고, 글의 구조와 논리 전개에 주의를 기울인다. 또한, 다양한 시각적 요소를 활용하여 보고서를 시각적으로도 매력 있게 만드는 방법을 익힌다.

마. 실제 데이터 프로젝트를 통해 문제 해결 능력을 향상시킬 수 있다.

마지막으로 학생들은 실제 데이터 프로젝트를 통해 앞서 배운 이론과 기법들을 종합적으로 적용해본다. 프로젝트의 주제는 대한민국 인구통계 데이터와 관련된 특정 문제를 설정하고, 이를 해결하기 위한 데이터 분석 과정을 수행하는 것이다. 예를 들어, 특정 지역의 인구 구조 변화를 분석하거나, 연령별 인구 분포와 경제적 요인의 상관관계를 조사하는 등의 주제를 다룰 수 있다. 이를 통해 학생들은 실제 문제를 데이터 기반으로 해결하는 경험을 쌓고, 문제 해결 능력을 크게 향상시킬 수 있다.

이번 프로젝트를 통해 학생들은 데이터 분석의 전체 과정을 체계적으로 학습하고, 실질적인 데이터 분석 능력을 기르게 된다. 이를 통해 향후 다양한 분야에서 데이터를 활용한 문제 해결 능력을 발휘할 수 있을 것이다.

2. 데이터 수집

가. 구글에서 “위키백과 대한민국 인구통계”를 검색 후 아래 링크를 클릭한다.

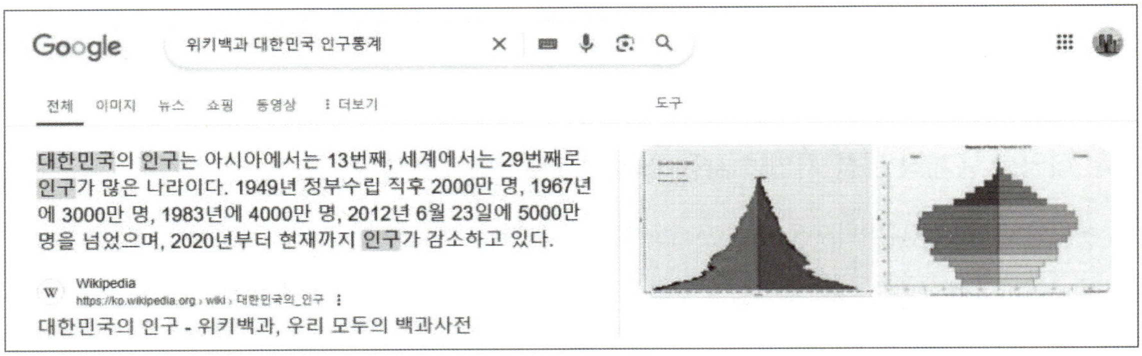

나. url을 복사한다.

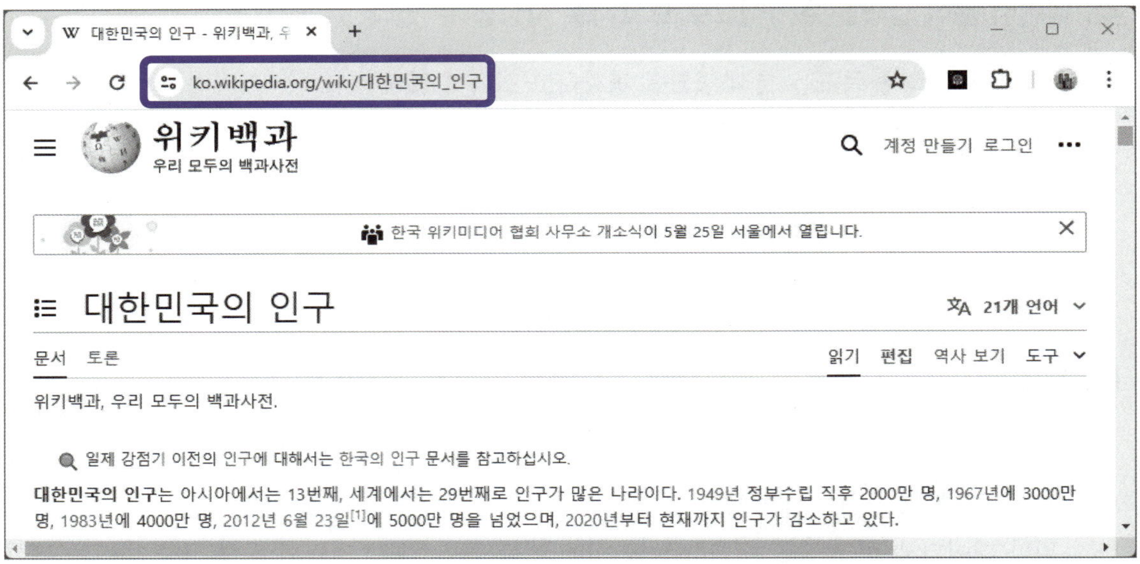

다. 쥬피터 랩으로 불러온다.

pd.read_html 함수를 사용하여 주어진 URL의 웹페이지에서 테이블 데이터를 읽어오는 코드를 실행하면, 결과는 데이터프레임들의 리스트로 반환된다. 주어진 코드는 이 리스트의 길이를 반환하여 해당 웹페이지에서 몇 개의 테이블이 추출되었는지 확인할 수 있다.

```
[2]: import pandas as pd
     import matplotlib.pyplot as plt
     import koreanize_matplotlib
     url
     ='https://ko.wikipedia.org/wiki/%EB%8C%80%ED%95%9C%EB%AF%BC%EA%B5%AD%EC%9D%98_%EC%9D%B8%EA%B5%AC'
     df = pd.read_html(url)
     len(df)

[2]: 34
```

- 이 코드는 Wikipedia 페이지에서 테이블 데이터를 추출한다. pd.read_html 함수는 해당 URL에서 HTML 테이블들을 찾아서 각각을 pandas 데이터프레임으로 변환한다.
- 여기서 len(df)는 추출된 테이블들의 개수를 나타낸다. 즉, 주어진 URL에서 몇 개의 테이블이 있는지를 확인하는 코드이다.
- pd.concat([df[4], df[5]]) 코드는 두 개의 데이터프레임을 세로로 결합하여 하나의 데이터프레임으로 만드는 함수다. 이 함수는 pandas 라이브러리에서 제공하는 함수로, 여러 데이터프레임을 하나로 합칠 때 유용하다.
- 광복 이전의 데이터 df[4], 광복 이후의 데이터df[5]를 불러 온 후 합쳐준다.

```
[4]: df = pd.concat([df[4],df[5]],ignore_index=True)
     df.head()
```

[4]:

	연도 (년)	추계인구 (명)	출생자수 (명)	사망자수 (명)	자연증가 수(명)	조출생률 (1000명당)	조사망률 (1000명당)	자연증가율 (1000명당)	합계출산율
0	1925	12997611	558897	359042	199855	43.0	27.6	15.4	6.59
1	1926	13052741	511667	337948	173719	39.2	25.9	13.3	NaN
2	1927	13037169	534524	353818	180706	41.0	27.1	13.9	NaN
3	1928	13105131	566142	357701	208441	43.2	27.3	15.9	NaN
4	1929	13124279	566969	414366	152603	43.2	31.6	11.6	NaN

- **ignore_index=True:**
  - 결합 후 인덱스를 다시 부여하여 중복을 피할 수 있다.
  - df.to_csv('data/인구통계.csv') 코드는 pandas 라이브러리를 사용하여 데이터프레임 df를 data 폴더에 CSV 파일로 저장하는 코드이다.
  - 쥬피터 랩에 data 폴더가 없다면 에러가 난다. 경로설정에 주의 하자.

- **데이터 저장**

  - df.to_csv('data/인구통계.csv', index=False, encoding='utf-8-sig')는 pandas DataFrame을 CSV 파일로 저장하는 함수이다.

```
[5]: df.to_csv('data/인구통계.csv', index=False,  encoding='utf-8-sig')
```

  - to_csv('data/인구통계.csv')
    DataFrame을 CSV 파일로 저장하는 메서드이다.
    'data/인구통계.csv'는 저장할 파일의 경로와 이름이다.
    'data' 폴더에 인구통계.csv라는 이름으로 파일을 저장한다.

  - index=False
    인덱스를 CSV 파일에 포함하지 않도록 설정한다.
    DataFrame의 행 인덱스를 파일에 저장하지 않으며, 데이터 열만 저장된다.

  - encoding='utf-8-sig'
    파일을 저장할 때 사용할 인코딩을 지정한다.
    'utf-8-sig'는 UTF-8 인코딩에 Byte Order Mark (BOM)를 추가한 인코딩이다. 이 인코딩을 사용하면, CSV 파일을 Microsoft Excel에서 열 때 한글이 깨지지 않는다.

3. 데이터 정재 및 가공

가. 데이터 불러오기

- df = pd.read_csv('data/인구통계.csv')와 df.head() 코드는 CSV 파일을 데이터프레임으로 읽어오고, 데이터프레임의 처음 몇 행을 출력하는 역할을 한다.

```
[6]: # CSV 파일을 데이터프레임으로 읽어옴
df = pd.read_csv('data/인구통계.csv')

# 데이터프레임의 처음 5행을 출력
df.head()
```

[6]:

	연도 (년)	추계인구 (명)	출생자수 (명)	사망자수 (명)	자연증가 수(명)	조출생률 (1000명당)	조사망률 (1000명당)	자연증가율 (1000명당)	합계출산율
0	1925	12997611	558897	359042	199855	43.0	27.6	15.4	6.59
1	1926	13052741	511667	337948	173719	39.2	25.9	13.3	NaN
2	1927	13037169	534524	353818	180706	41.0	27.1	13.9	NaN
3	1928	13105131	566142	357701	208441	43.2	27.3	15.9	NaN
4	1929	13124279	566969	414366	152603	43.2	31.6	11.6	NaN

주요 포인트

- **pd.read_csv('data/인구통계.csv')**
  - pandas 라이브러리의 read_csv 함수를 사용하여 지정된 경로의 CSV 파일을 읽어와서 데이터프레임 df에 저장한다.
  - 파일 경로는 'data/인구통계.csv'로, 해당 위치에 있는 CSV 파일을 읽어온다.
  - CSV 파일의 내용이 데이터프레임으로 변환되며, 파일의 첫 번째 행은 열 이름(헤더)로 간주된다.
- **df.head()**
  - 데이터프레임 df의 처음 5행을 반환한다.
  - head() 함수는 기본적으로 처음 5개의 행을 보여주지만, 원하는 행의 수를 인자로 전달하여 변경할 수 있다. 예를 들어, df.head(10)은 처음 10행을 반환한다.
  - 데이터를 빠르게 확인하고, 데이터프레임의 구조와 내용을 이해하는 데 유용하다.

info() 함수

- info() 함수는 pandas 라이브러리에서 데이터프레임의 구조적 정보를 요약하여 보여주는 유용한 함수다. 이 함수를 사용하면 데이터프레임의 전반적인 개요를 빠르게 파악할 수 있다.

```
[8]: df.info()

<class 'pandas.core.frame.DataFrame'>
RangeIndex: 99 entries, 0 to 98
Data columns (total 9 columns):
 #   Column          Non-Null Count  Dtype
---  ------          --------------  -----
 0   연도 (년)          99 non-null     int64
 1   추계인구(명)         99 non-null     int64
 2   출생자수(명)         99 non-null     int64
 3   사망자수(명)         99 non-null     int64
 4   자연증가수(명)        99 non-null     int64
 5   조출생률 (1000명당)   99 non-null     float64
 6   조사망률 (1000명당)   99 non-null     float64
 7   자연증가율 (1000명당)  99 non-null     float64
 8   합계출산율           71 non-null     float64
dtypes: float64(4), int64(5)
memory usage: 7.1 KB
```

주요 기능

- **클래스 타입**
  - 데이터프레임이 속한 클래스 타입을 보여준다. 일반적으로 〈class 'pandas.core.frame.DataFrame'〉로 표시된다.

- **행의 개수와 인덱스 범위**
  - 데이터프레임의 총 행 수와 인덱스 범위를 표시한다. 예를 들어, RangeIndex: 99 entries, 0 to 98는 데이터프레임에 99개의 행이 있으며 인덱스가 0부터 98까지임을 나타낸다.

- **열의 개수와 정보**
  - 데이터프레임에 포함된 열의 수와 각 열에 대한 정보를 제공한다. 정보는 열 번호, 열 이름, null이 아닌 값의 개수, 데이터 타입 순으로 표시된다.

- **데이터 타입 요약**
  - 데이터프레임에 있는 각 데이터 타입의 열 수를 요약하여 보여준다. 예를 들어, dtypes: float64(4), int64(5)는 데이터프레임에 float64 타입의 열이 4개, int64 타입의 열이 5개 있음을 의미한다.

- **메모리 사용량**
  - 데이터프레임이 사용하는 메모리의 총량을 표시한다. 이는 대용량 데이터를 다룰 때 메모리 사용량을 최적화하는 데 도움이 된다.

나. 데이터 전처리

- **df.isnull().sum()**
  - df.isnull().sum() 코드는 데이터프레임 df의 각 열에 대해 결측치(null 값)의 개수를 계산하여 반환한다. 이 함수는 데이터 분석 및 전처리 과정에서 결측치가 어디에 있는지 빠르게 파악하는 데 유용하다. 합계출산율에 28개의 결측치가 확인 된다.

```
[31]:  1 df.isnull().sum()

[31]: 연도 (년)              0
      추계인구(명)             0
      출생자수(명)             0
      사망자수(명)             0
      자연증가수(명)            0
      조출생률 (1000명당)       0
      조사망률 (1000명당)       0
      자연증가율 (1000명당)      0
      합계출산율              28
```

- **df[df.isnull().any(axis=1)]**

  - df[df.isnull().any(axis=1)]코드는 pandas 데이터프레임 df에서 결측치가 포함된 행들을 필터링하여 새로운 데이터프레임을 반환 한다.

```
[47]:  1 df[df.isnull().any(axis=1)]
```

  - any(axis=1)는 각 행(row)에 대해 True 값이 하나라도 있는지를 확인한다.
  - axis=1은 행을 기준으로 동작한다는 의미이다. 즉, 행의 각 열 중 하나라도 null 값이 있으면 True를 반환한다.
  - 1926년부터 1959년까지의 합계출산율 데이터가 없는 것을 확인 할 수 있다.

TIP〉

isna와 isnull은 pandas 라이브러리에서 동일한 기능을 수행하는 두 가지 메서드다. 둘 다 데이터프레임이나 시리즈에서 결측값(NaN)을 찾는 데 사용된다. 이 메서드들은 서로 다른 이름을 가지고 있지만, 동일한 결과를 반환한다.

※ 결측치(누락된 데이터)를 처리하는 데 사용되는 pandas 라이브러리의 주요 메서드.

1. isna(), isnull()
   결측치를 확인하는 메서드다. 두 메서드는 동일한 기능을 한다.
2. notna(), notnull()
   결측치가 아닌 값을 확인하는 메서드다. 두 메서드는 동일한 기능을 한다.
3. dropna()
   결측치를 포함하는 행 또는 열을 삭제하는 메서드다.
4. fillna()
   결측치를 특정 값으로 대체하는 메서드다.

- **인덱스를 '연도 (년)'으로 설정하기**

  - df.set_index('연도 (년)', inplace=True)는 pandas DataFrame의 '연도 (년)' 열을 인덱스로 설정하면서 원본 DataFrame을 직접 수정하는 방법이다. 이를 통해 DataFrame을 효과적으로 다룰 수 있다.
  - inplace=True는 pandas의 메서드에서 사용되는 옵션으로, 해당 메서드가 호출될 때 원본 객체를 직접 수정하라는 의미이다. 이 옵션을 사용하면 메서드는 변경된 새로운 객체를 반환하지 않고, 원본 객체 자체를 수정한다.

TIP〉 주의 사항

'연도 (년)' 과 '연도(년)' 는 다른 컬럼이다.
띄어쓰기에 주의 하기 바란다.

```
[22]:  df.set_index('연도 (년)', inplace=True)
       df.head()
```

[22]:

연도 (년)	추계인구 (명)	출생자수 (명)	사망자수 (명)	자연증가수(명)	조출생률 (1000명당)	조사망률 (1000명당)	자연증가율 (1000명당)	합계출산율
1925	12997611	558897	359042	199855	43.0	27.6	15.4	6.59
1926	13052741	511667	337948	173719	39.2	25.9	13.3	NaN
1927	13037169	534524	353818	180706	41.0	27.1	13.9	NaN
1928	13105131	566142	357701	208441	43.2	27.3	15.9	NaN
1929	13124279	566969	414366	152603	43.2	31.6	11.6	NaN

- **합계출산율 결측치 살펴보기**

  - 1925년부터 1960년까지의 합계출산율에서 결측치를 제외한 데이터를 살펴보자.

```
[32]:  df['합계출산율'].loc[1925:1960].dropna()

[32]:  연도 (년)
       1925    6.59
       1930    6.41
       1935    6.60
       1940    6.56
       1944    6.78
       1950    5.05
       1955    6.33
       1960    6.16
       Name: 합계출산율, dtype: float64
```

- **1925년부터 1960년까지 합계출산율 평균 구하기**

  - 결측치를 평균값으로 대체하면 데이터의 변동성이 감소할 수 있으나, 여기에서는 데이터의 전체적인 분포를 크게 왜곡하지 않는 범위 내에서 평균값을 적용 하겠다.

```
[36]:  round(df['합계출산율'].loc[1925:1960].dropna().mean(),2)

[36]:  6.31
```

- 필터링: df['합계출산율'].loc[1925:1960]
  df['합계출산율']는 DataFrame df에서 '합계출산율' 열을 선택한다.
  .loc[1925:1960]는 인덱스가 1925년부터 1960년까지의 데이터를 선택한다.
- 결측치 제거: .dropna()
  선택된 데이터에서 결측치(NaN)를 제거한다.
  평균 계산: .mean()
  결측치를 제거한 데이터의 평균을 계산한다.
- 반올림: round(..., 2)
  계산된 평균 값을 소수점 둘째 자리까지 반올림한다.
- 결측치처리
  df.fillna()는 pandas DataFrame에서 결측치(NaN)를 특정 값으로 대체하는 데 사용되는 메서드이다.
  이 메서드는 다양한 옵션을 제공하여 결측치를 효율적으로 처리할 수 있다.
- 1925년부터 1960년 합계출산율의 평균인 6.31을 적용하였다.

```
[42]: df.fillna(round(df['합계출산율'].loc[1925:1960].dropna().mean(),2),inplace=True)
      df.head()
```

[42]:

연도 (년)	추계인구 (명)	출생자수 (명)	사망자수 (명)	자연증가수(명)	조출생률 (1000명당)	조사망률 (1000명당)	자연증가율 (1000명당)	합계출산율
1925	12997611	558897	359042	199855	43.0	27.6	15.4	6.59
1926	13052741	511667	337948	173719	39.2	25.9	13.3	6.31
1927	13037169	534524	353818	180706	41.0	27.1	13.9	6.31
1928	13105131	566142	357701	208441	43.2	27.3	15.9	6.31
1929	13124279	566969	414366	152603	43.2	31.6	11.6	6.31

- **추가과제:** 결측치를 한국전쟁 이전과 이후를 분리하여 처리 해보자.

다. 데이터 분석

- **describe()**

- describe() 함수는 pandas 데이터프레임 또는 시리즈의 기술 통계 요약을 제공한다. 이 함수는 수치형 데이터의 주요 통계 정보를 요약하여 보여준다. 기본적으로 수치형 데이터에 대해 다음과 같은 통계 정보를 제공한다.
- df['합계출산율'].describe()는 '합계출산율' 열에 대한 기초 통계량을 요약한 것이다.

```
[46]: 1 df['합계출산율'].describe()

[46]: count    99.000000
      mean      3.761949
      std       2.286663
      min       0.720000
      25%       1.472000
      50%       3.770000
      75%       6.310000
      max       6.780000
      Name: 합계출산율, dtype: float64
```

- **count:** 99.000000: '합계출산율' 열에서 결측치를 제외한 값의 개수다. 즉, 99개의 유효한 데이터가 있다.
- **mean:** 3.761949: '합계출산율'의 평균값이다. 모든 값을 더한 후, 유효한 값의 개수로 나눈 값이다.
- **std:** 2.286663: '합계출산율' 값의 표준편차다. 데이터가 평균값을 중심으로 얼마나 퍼져 있는지를 나타낸다.
- **min:** 0.720000: '합계출산율'의 최솟값이다.
- **25%:** 1.472000: '합계출산율' 값의 1사분위수 (Q1)이다. 데이터의 하위 25% 값보다 큰 값을 나타낸다.
- **50% (Median, 중앙값):** 3.770000: '합계출산율' 값의 중앙값이다. 데이터를 크기 순으로 정렬했을 때 중앙에 위치하는 값이다.
- **75%:** 6.310000: '합계출산율' 값의 3사분위수 (Q3)이다. 데이터의 상위 25% 값보다 작은 값을 나타낸다.
- **max:** 6.780000: '합계출산율'의 최댓값이다.

이 통계 정보는 합계출산율 데이터의 분포와 특성을 이해하는 데 도움이 된다. 예를 들어, 평균값이 3.76이라는 것은 일반적으로 여성 한 명당 약 3.76명의 출생아를 가지는 것을 의미하고, 표준편차가 2.28 이라는 것은 데이터의 변동성이 크다는 것을 의미한다.

TIP〉 상자 수염 그림(Box and Whisker Plot)은 데이터 분포를 시각적으로 표현한 것이다.

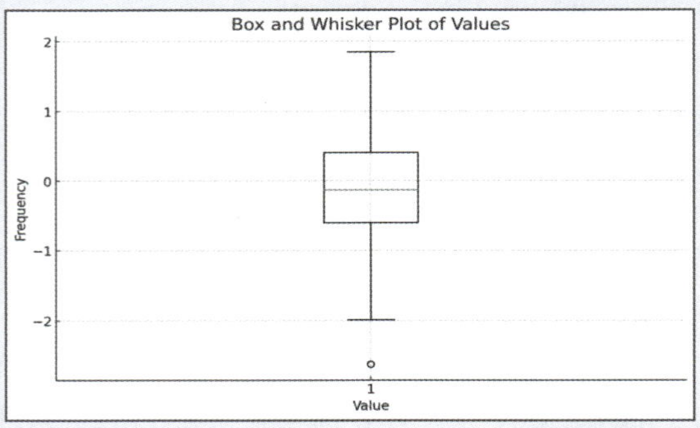

- 상자: 1사분위수(Q1)와 3사분위수(Q3) 사이의 범위를 나타낸다. 상자의 중앙선은 중앙값(중위수, 50%)을 나타낸다.

- 수염: 상자의 끝에서 데이터의 최솟값과 최댓값을 연결하는 선이다. 보통 수염의 끝은 Q1 - 1.5IQR 또는 Q3 + 1.5IQR로 정의된다(IQR은 Q3-Q1).
- 점: 수염 밖의 점들은 이상치(outliers)로 간주된다.

```
plaintext                                  Copy code

             value
count  100.000000  # 데이터 개수
mean    -0.103847  # 평균값
std      0.908168  # 표준편차
min     -2.619745  # 최솟값
25%     -0.600906  # 1사분위수 (하위 25%)
50%     -0.126956  # 중앙값 (50%)
75%      0.405952  # 3사분위수 (상위 25%)
max      1.852278  # 최댓값
```

라. 데이터 시각화

- **판다스를 이용해 연도별 출생자수 차트 그리기**

```
[79]:
import matplotlib.pyplot as plt

# 데이터프레임의 '출생자수(명)' 열을 시각화한다
# 그래프 크기를 설정한다.
df.plot(y='출생자수(명)', figsize=(12, 6))

# 그래프 제목을 설정한다
plt.title('연도별 출생자수 변화')

# x축 라벨을 설정한다
plt.xlabel('연도')

# y축 라벨을 설정한다
plt.ylabel('출생자수(명)')

# 그리드를 표시한다
plt.grid(True)

# 그래프를 화면에 출력한다
plt.show()
```

- **이 코드를 실행하면 출생자수(명) 열의 연도별 변화를 시각화할 수 있다.**
  - 데이터프레임의 '출생자수(명)' 열을 시각화한다
    df.plot 메서드를 사용하여 데이터프레임의 '출생자수(명)' 열을 시각화한다.
  - 그래프 크기 설정
    figsize 매개변수를 사용하여 그래프의 크기를 설정한다.
  - 그래프 제목 설정
    plt.title 메서드를 사용하여 그래프의 제목을 설정한다.
  - x축 라벨 설정
    plt.xlabel 메서드를 사용하여 x축의 라벨을 설정한다.
  - y축 라벨 설정
    plt.ylabel 메서드를 사용하여 y축의 라벨을 설정한다.
  - 그리드 표시
    plt.grid 메서드를 사용하여 그래프에 그리드를 표시한다.
  - 그래프를 화면에 출력
    plt.show() 메서드를 사용하여 그래프를 화면에 출력한다.

• 출생자수와 사망자수 한 그래프로 그리기

- df.plot 메서드를 사용하여 데이터프레임의 '출생자수(명)'와 '사망자수(명)' 열을 동시에 시각화한다.

[83]:
```python
import matplotlib.pyplot as plt

# 데이터프레임의 '출생자수(명)'와 '사망자수(명)' 열을 동시에 시각화한다
# 그래프 크기를 설정한다.
df.plot(y=['출생자수(명)','사망자수(명)'], figsize=(12, 6))

# 그래프 제목을 설정한다
plt.title('연도별 출생자수 변화')

# x축 라벨을 설정한다
plt.xlabel('연도')

# y축 라벨을 설정한다
plt.ylabel('출생자수(명)')

# 그리드를 표시한다
plt.grid(True)

# 그래프를 화면에 출력한다
plt.show()
```

TIP〉

• 과학적표기법

- 1e6은 과학적 표기법(Scientific Notation)을 사용하여 숫자 1,000,000을 표현한 것이다. 과학적 표기법은 매우 큰 숫자나 매우 작은 숫자를 간결하게 표현하기 위해 사용된다.

- 과학적 표기법의 구조
  과학적 표기법은 다음과 같은 구조를 가진다.
- a x 10b
  여기서 a는 계수(coefficient)이고, 10b는 10의 거듭제곱이다.
- 1e6의 의미
  1e6에서 1은 계수(coefficient)이고, e6은 10의 6제곱(1,000,000)을 의미한다. 따라서 1e6은 1 x 106 으로 해석되어, 이는 1,000,000을 나타낸다.

- **사용 사례**
  - 과학적 표기법은 다음과 같은 경우에 유용하게 사용된다.
  - 큰 수나 작은 수의 표현: 매우 큰 수나 매우 작은 수를 간단하고 명확하게 표현할 수 있다.
  - 계산의 편리성: 수학적 계산에서 매우 큰 수나 작은 수를 다룰 때 계산을 더 편리하게 할 수 있다.
  - 프로그래밍 및 데이터 과학: 많은 프로그래밍 언어와 데이터 과학 도구에서 과학적 표기법을 지원하여 수치를 간결하게 표현하고 다룰 수 있다.

- **한국전쟁 전후 시각화 해보기**

- 데이터 슬라이싱: df.loc[1945:1955]를 사용하여 1945년부터 1955년까지의 데이터를 슬라이싱한다.

[101]:

```
import matplotlib.pyplot as plt

# 1945년부터 1955년까지의 데이터를 슬라이싱한다
subset_df = df.loc[1945:1955]

# 슬라이싱한 데이터를 사용하여 '출생자수(명)'와 '사망자수(명)'를 시각화한다
subset_df.plot(y=['출생자수(명)', '사망자수(명)'], figsize=(12, 6))

# 그래프 제목을 설정하고 제목과 그래프 간의 간격을 설정한다.
plt.title('연도별 출생자수 변화', pad=15)

# x축 라벨을 설정한다
plt.xlabel('연도')

# y축 라벨을 설정한다
plt.ylabel('출생자수(명)')

# 그리드를 표시한다
plt.grid(True)

# 그래프를 화면에 출력한다
plt.show()
```

```
<Figure size 1200x600 with 1 Axes> •••
```

- 결과물 출력

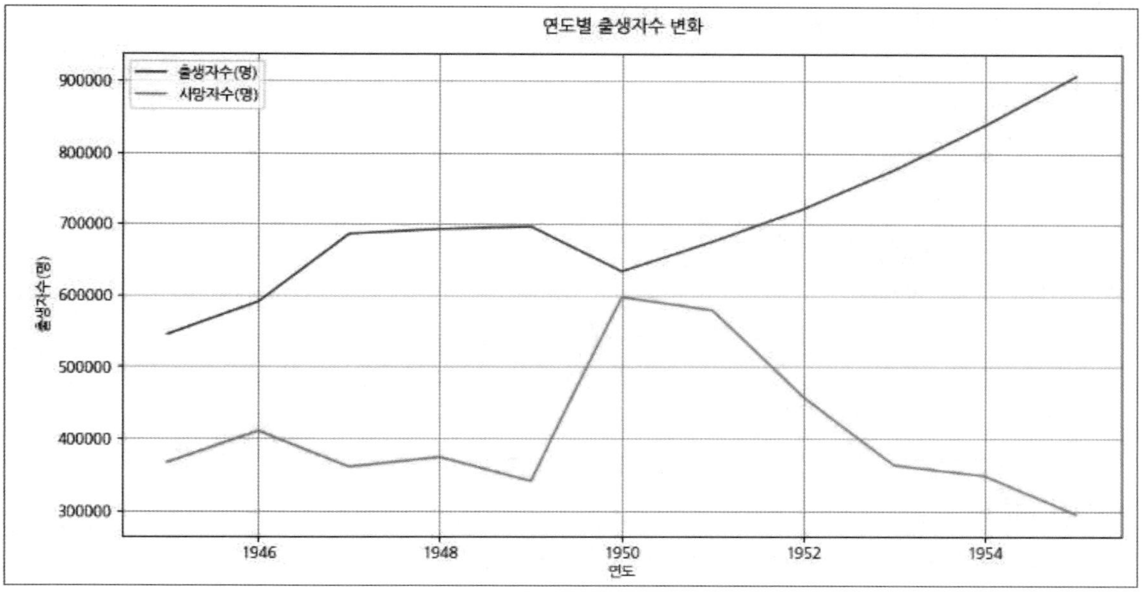

• 사망자수가 출생자수를 앞지른 년도

- pandas의 query 메서드를 사용하여 사망자수가 출생자수를 초과한 데이터를 필터링하는 코드

```
[113]:
# '사망자수(명)'가 '출생자수(명)'보다 크거나 같은 데이터를 필터링한다
# 이 때, 열 이름에 공백이나 특수 문자가 포함되어 있으므로 빽틱(`)으로 열 이름을 감싸준다
df.query("`사망자수(명)` >= `출생자수(명)`")
```

[113]:

연도 (년)	추계인구 (명)	출생자수 (명)	사망자수 (명)	자연증가수 (명)	조출생률 (1000명당)	조사망률 (1000명당)	자연증가율 (1000명당)	합계출산율
2020	51836239	272337	304948	-32611	5.3	5.9	-0.6	0.837
2021	51744876	260562	317680	-57118	5.1	6.2	-1.1	0.808
2022	51628117	249186	372939	-123753	4.9	7.3	-2.4	0.778
2023	51430018	229971	352721	-122750	4.5	6.9	-2.4	0.720

- 데이터 필터링: query 메서드를 사용하여 '사망자수(명)'가 '출생자수(명)'보다 크거나 같은 데이터를 필터링한다. 이 때, 열 이름에 공백이나 특수 문자가 포함되어 있으므로 빽틱(`)으로 열 이름을 감싸준다. (Tab 키 위에 있음.)

TIP〉 빽틱(`)을 사용해야 하는 이유

query 메서드를 사용할 때, 열 이름에 공백, 괄호, 하이픈, 슬래시 등의 특수 문자가 포함된 경우에는 열 이름을 빽틱()으로 감싸줘야 한다. 이는 query메서드가 내부적으로 문자열을 'eval' 함수로 평가하기 때문에, 파이썬 식별자 규칙을 따르지 않는 열 이름을 정확히 인식하기 위해 필요하다.(키보드의 Tab키 위에 있다.)

TIP〉 eval 함수란?

eval 함수는 파이썬 내장 함수 중 하나로, 문자열로 표현된 파이썬 표현식을 실제 코드로 실행하여 그 결과를 반환하는 함수이다. eval 함수는 문자열을 받아들이고, 그 문자열을 파이썬 코드로 해석하여 실행한 결과를 돌려준다.

시각화 비교

- **Matplotlib와 pandas의 DataFrame.plot 메서드의 차이점**
  - Matplotlib는 저수준의 데이터 시각화 라이브러리로, 매우 세밀한 커스터마이징이 가능하지만, 코드가 길어질 수 있다.
  - DataFrame.plot은 pandas 데이터프레임과 통합되어 있으며, 더 간단하고 빠르게 기본적인 시각화를 할 수 있다. 커스터마이징 옵션은 제한적이지만, 대부분의 기본적인 시각화에는 충분하다.

기능/특징	Matplotlib	DataFrame.plot(pandas)
기본 목적	저수준의 데이터 시각화 라이브러리	고수준의 데이터 시각화 메서드
사용 방법	import matplotlib.pyplot as plt	df.plot()
지원 그래프 종류	다양한 그래프 유형(바, 라인, 히스토그램 등)	라인, 바, 히스토그램 등
커스터마이징	고도로 커스터마이징 가능	기본적인 커스터마이징 가능
코드 길이	상대적으로 길다	상대적으로 짧다
데이터프레임 통합	통합되어 있지 않음	pandas DataFrame과 통합
- 라인 그래프 그리기	plt.plot(x, y)	df.plot(kind='line')
- 바 차트 그리기	plt.bar(x, y)	df.plot(kind='bar')
- 히스토그램 그리기	plt.hist(x)	df.plot(kind='hist')
축 설정	수동으로 설정	자동으로 설정
제목, 레이블 등 설정	수동으로 설정	자동으로 설정 가능
여러 플롯 생성	수동으로 설정(Subplots 등)	df.plot(subplots=True)가능
범례	수동으로 설정	자동으로 설정
기본 패키지	기본적으로 설치 필요	pandas에 내장
추가 패키지 필요 여부	없음	pandas 설치 시 포함

4. 연습문제

- 데이터를 불러온 후 연도별 혼인건수와 이혼건수에 대해 아래와 같이 그래프를 그려보자.

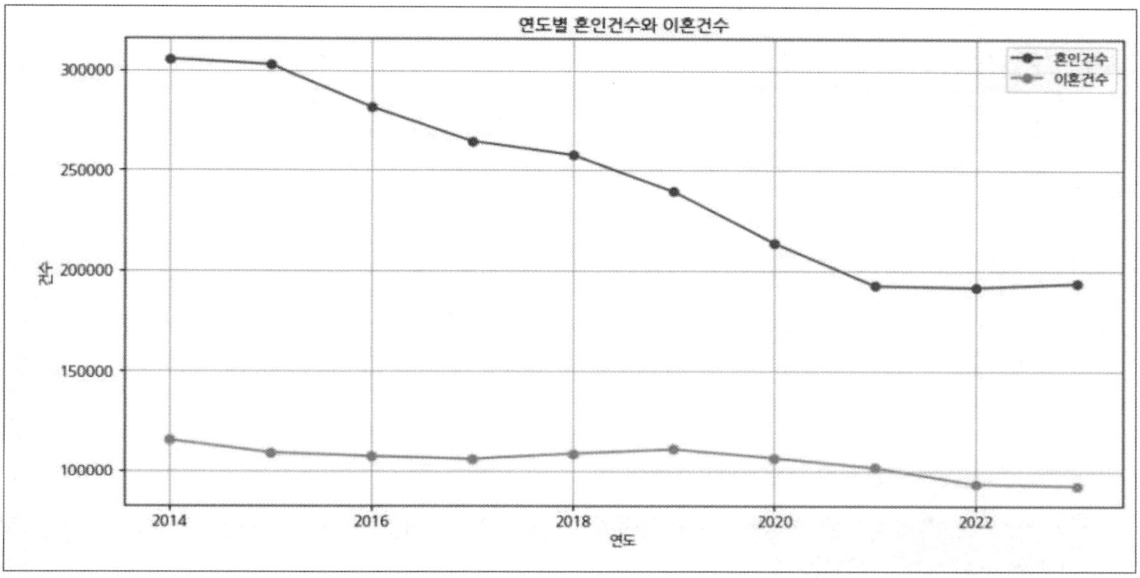

① 구글에서 통계청 인구동향조사를 검색한다.

② 하단 통계표 목록에서 "인구동향조사"클릭

③ 월.분기.연간 인구동향(출생, 사망, 혼인, 이혼) 클릭

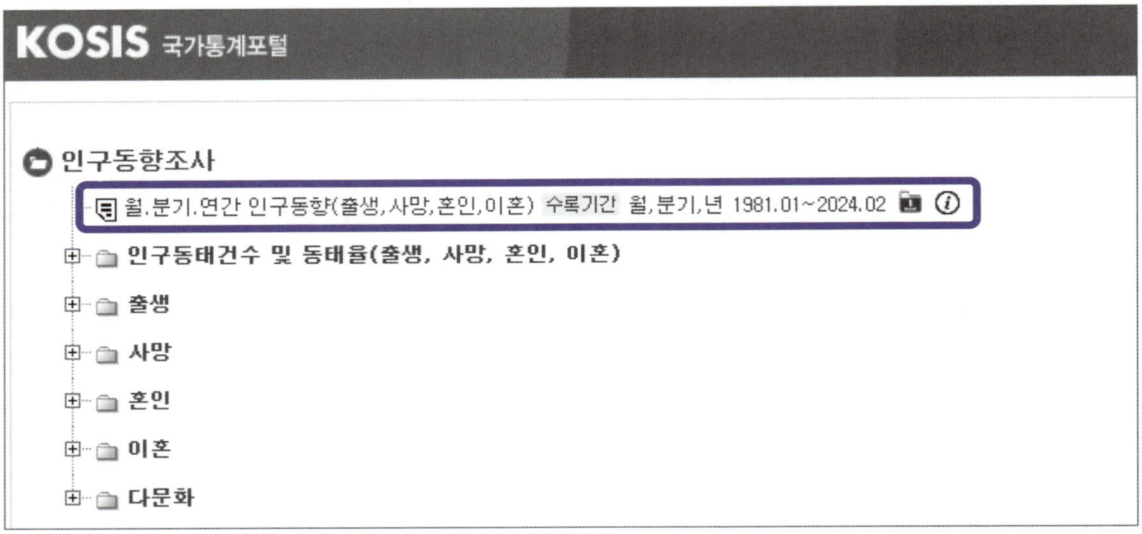

④ 우측 끝에 조회를 클릭한 후 조건을 설정한다.

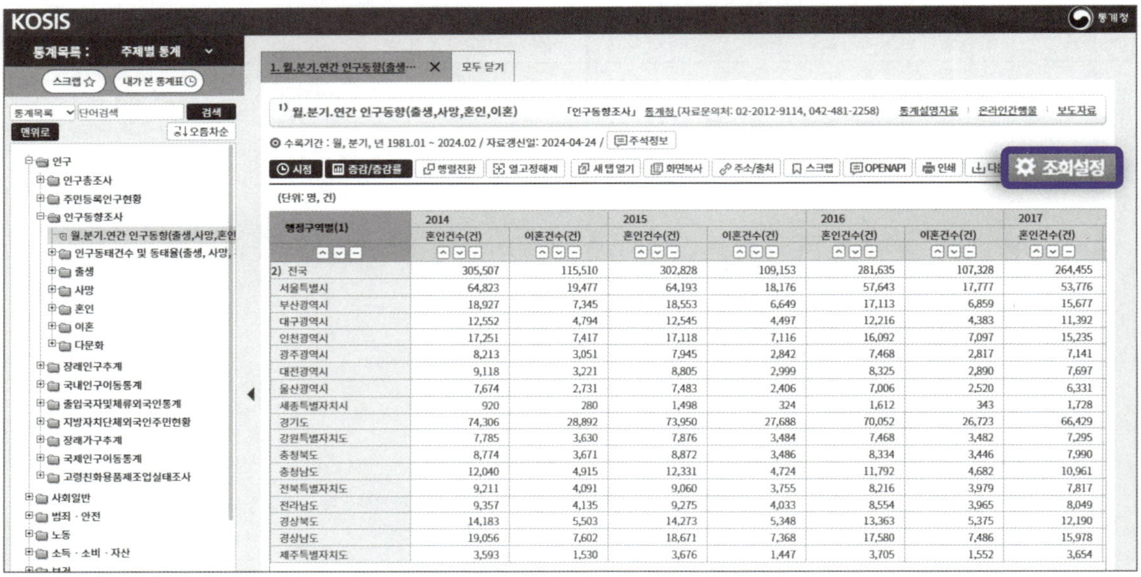

⑤ 종류별은 혼인건수와 이혼건수를 선택

⑥ 시점은 최근 10년간 데이터를 조회

⑦ 데이터를 아래와 같이 확인하고 다운로드를 한다.

⑧ 데이터를 불러온다. 오류 발생시 chatgpt를 활용하여 오류를 수정한다.

```
[39]: import pandas as pd
      pd.read_excel('data/월.분기.연간_인구동향_출생_사망_혼인_이혼__20240526211322.xls')
```

[39]:

	행정구역별(1)	2014	2014.1	2015	2015.1	2016	2016.1	2017	2017.1	2018	...	2019	2019.1	2020	2020.1	2021	2021.1
0	행정구역별(1)	혼인건수(건)	이혼건수(건)	혼인건수(건)	이혼건수(건)	혼인건수(건)	이혼건수(건)	혼인건수(건)	이혼건수(건)	혼인건수(건)	...	혼인건수(건)	이혼건수(건)	혼인건수(건)	이혼건수(건)	혼인건수(건)	이혼건수(건)
1	전국	305507	115510	302828	109153	281635	107328	264455	106032	257622	...	239159	110831	213502	106500	192507	101673

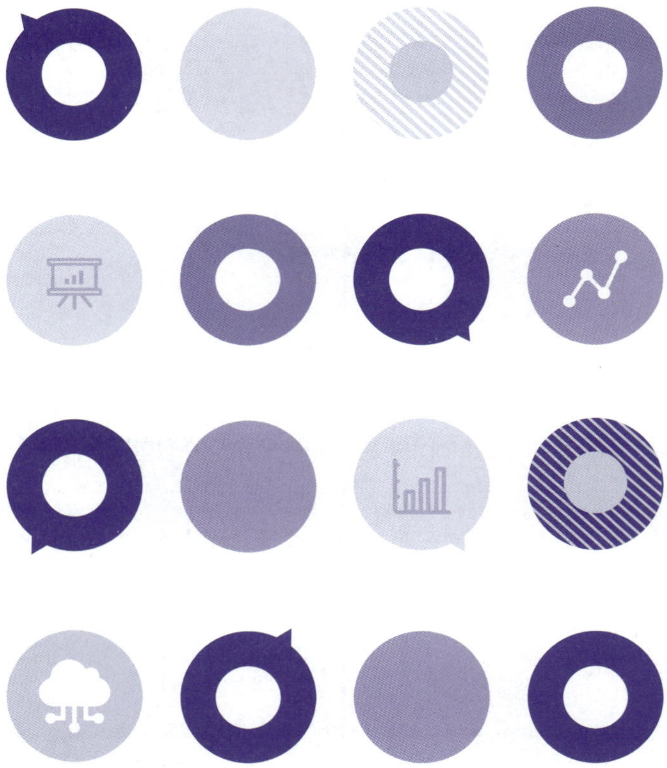

7

세계 행복 지수 데이터 분석하기

1. 프로젝트 개요
2. 학습목표
3. 데이터 수집
4. 데이터 불러오기
5. 데이터 분석하기
6. 상관 계수 분석
7. 연습문제

7. 세계 행복 지수 데이터 분석하기

World Happiness Report는 전 세계 각국의 행복 지수를 측정하고 이를 다양한 요인과 함께 분석한 데이터셋이다. 이 보고서는 세계 행복 지수의 변화를 이해하고, 각국의 정책 및 사회적 요인들이 행복에 어떻게 영향을 미치는지 분석하는 데 사용된다.

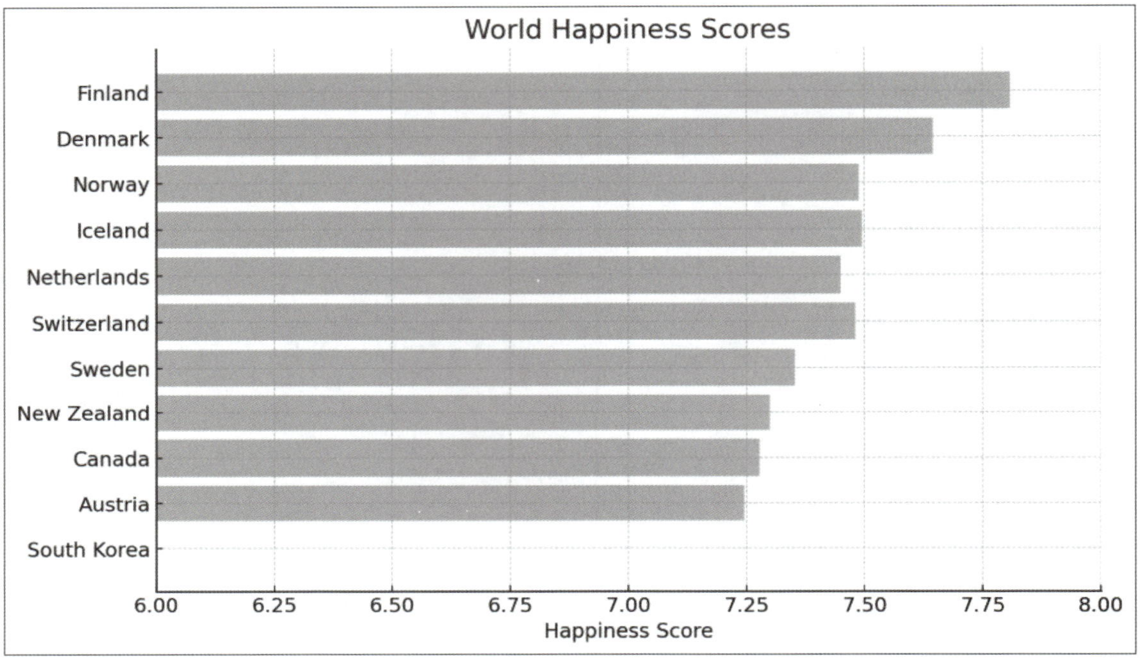

1. 프로젝트 개요

Kaggle에서 제공하는 World Happiness Report 2024 데이터셋을 활용하여 데이터를 분석하고 시각화하는 프로젝트를 진행할 것이다. 이 프로젝트의 목표는 세계 각국의 행복도를 이해하고, 어떤 요인들이 행복에 영향을 미치는지 파악하는 것이다. 이를 통해 데이터 분석의 기본 개념을 배우고, 실제 데이터를 다루는 경험을 쌓을 수 있다.

Kaggle 사이트란?

Kaggle은 데이터 사이언스와 머신 러닝 커뮤니티를 위한 플랫폼으로, 데이터 분석 및 모델 개발을 위한 다양한 도구와 리소스를 제공한다. 사용자들은 Kaggle에서 데이터셋을 찾고, 분석 및 예측 모델을 개발하며, 전 세계의 데이터 사이언스 대회에 참가할 수 있다.

Kaggle은 주로 다음과 같은 기능을 제공한다.

- 데이터셋(Datasets): 다양한 주제의 방대한 데이터셋을 제공하여, 사용자들이 데이터를 다운로드하고 분석에 활용할 수 있다.
- 대회(Competitions): 기업과 단체가 주최하는 데이터 분석 및 머신 러닝 대회에 참가하여 문제를 해결하고, 상금을 획득할 수 있다.
- 커널(Kernel): Jupyter 노트북 환경을 제공하여, 사용자들이 웹 브라우저에서 바로 코드를 작성하고 실행할 수 있다.
- 토론(Discussions): 데이터 사이언스와 머신 러닝에 관련된 다양한 주제를 토론하고, 지식을 공유할 수 있는 포럼을 제공한다.
- 코스(Course): 초보자부터 전문가까지 다양한 수준의 사용자들을 위한 데이터 사이언스 및 머신 러닝 강좌를 제공하여, 학습을 지원한다.

이 플랫폼은 데이터 사이언스 커뮤니티가 협력하고, 학습하며, 혁신적인 솔루션을 개발하는 데 중요한 역할을 한다. Kaggle은 사용자들에게 실전 경험을 쌓을 수 있는 기회를 제공하며, 데이터 사이언스 및 머신 러닝 분야에서 경력을 발전시키는 데 도움을 준다.

예를 통한 Kaggle 살펴보기

축구 게임과 Kaggle

- **축구 팀 구성하기**
  - 축구 게임을 할 때, 여러 팀이 있고 각 팀은 선수들로 구성돼 있다. 선수들의 키, 체력, 스피드 등 여러 정보를 가지고 팀을 만든다.
  - Kaggle에서는 이런 정보를 "데이터셋"이라고 부른다. 예를 들어, 축구 선수들의 키, 체력, 스피드 같은 정보를 모아놓은 파일을 Kaggle에서 찾을 수 있다.

- **훈련하기**
  - 축구 팀이 좋은 성적을 내기 위해서 훈련을 한다. 어떤 훈련을 할지 계획하고, 그 결과를 평가하는 과정을 Kaggle에서는 "모델 훈련"이라고 한다. 데이터를 이용해 컴퓨터가 패턴을 배우도록 하는 과정이다.
- **경기 참가하기**
  - 훈련을 마친 팀은 경기에 나가서 다른 팀과 겨룬다. 성적이 좋으면 상도 받을 수 있다. Kaggle에서도 "대회"가 열린다. 데이터 분석 대회에 참가해서 다른 사람들과 실력을 겨루고, 성적이 좋으면 상금이나 명예를 얻을 수 있다.

2. 학습목표

가. 데이터셋 탐색 및 이해

- World Happiness Report 2024 데이터셋의 구조와 내용을 이해하고, 각 변수의 의미를 파악한다.

나. 데이터 정제 및 전처리

- 결측값 처리, 데이터 타입 변환 등 데이터 정제 및 전처리 과정을 수행한다.

다. 기초 통계 분석

- 주요 변수들의 기초 통계량(평균, 중앙값, 분산 등)을 계산하고, 각 변수의 분포를 파악한다.

라. 상관관계 분석

- 행복도와 다른 변수들 간의 상관관계를 분석하여, 어떤 요인들이 행복에 영향을 미치는지 파악한다.

마. 데이터 시각화

- 데이터 시각화 도구를 활용하여 분석 결과를 시각적으로 표현하고, 인사이트를 도출한다.

3. 데이터 수집

kaggle에 접속 후 회원 가입을 하면 데이터 셋을 불러올 수 있다.

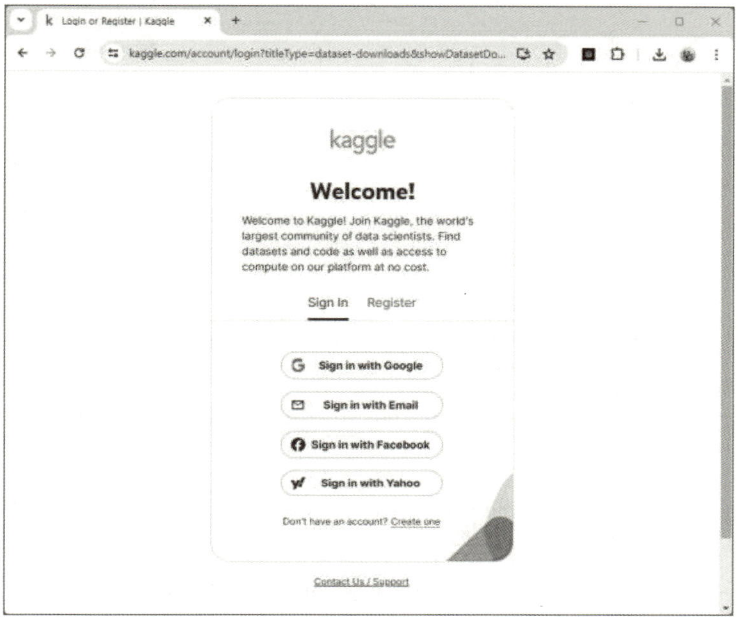

kaggle 메뉴에서 Datasets 항목을 클릭한다.

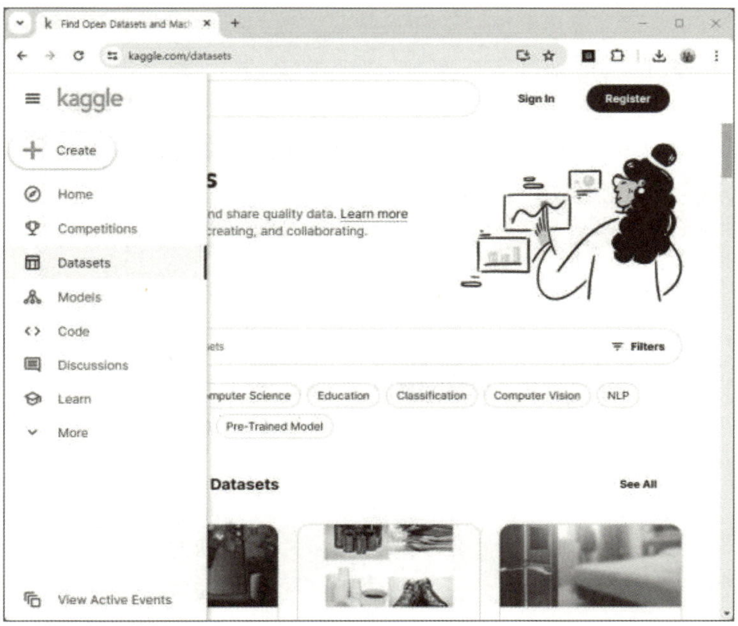

2024년 행복지수 데이터셋을 불러오기 위해 Datasets 검색창에 World Happiness Report 2024 라고 입력하고 항목이 보이면 클릭한다.

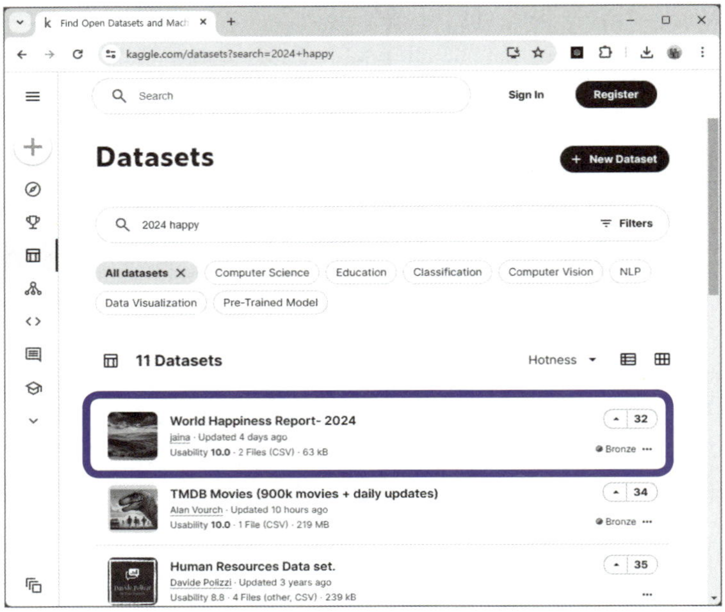

다운로드 아이콘을 클릭 해서 데이터셋을 다운로드 한 후 쥬피터 랩에서 data라는 폴더를 만든 후 다운받은 데이터셋을 집어 넣는다.

- 데이터셋은 “World-happiness-report-2024.csv”

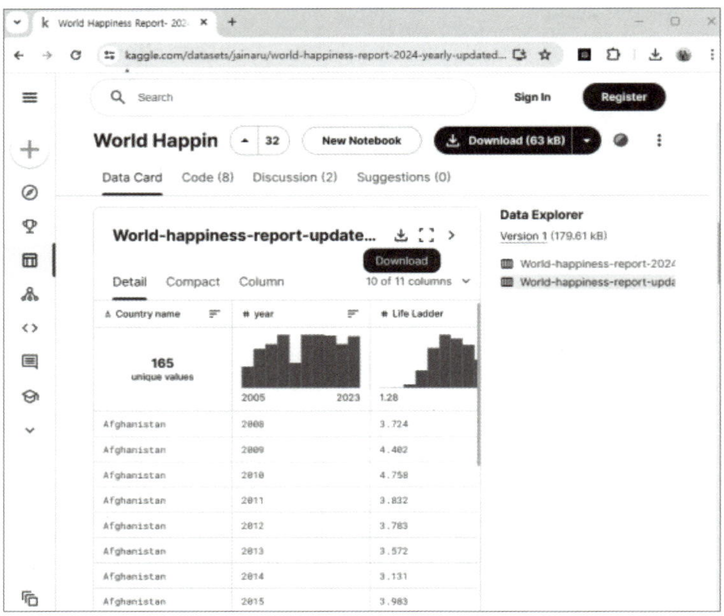

4. 데이터 불러오기

[1]:
```python
# 필요한 라이브러리 임포트
import koreanize_matplotlib  # 한글 폰트 적용을 위한 라이브러리
import seaborn as sns  # 시각화를 위한 라이브러리
import matplotlib.pyplot as plt  # 시각화를 위한 라이브러리
import pandas as pd  # 데이터 처리를 위한 라이브러리

# 데이터 불러오기
happiness_data_path = 'data/World-happiness-report-2024.csv'  # 데이터 파일 경로 지정
happiness_data = pd.read_csv(happiness_data_path)

happiness_data.head()
```

[1]:

	Country name	Regional indicator	Ladder score	upperwhisker	lowerwhisker	Log GDP per capita	Social support	Healthy life expectancy	Freedom to make life choices	Generosity	Perceptions of corruption	Dystop residu
0	Finland	Western Europe	7.741	7.815	7.667	1.844	1.572	0.695	0.859	0.142	0.546	2.0
1	Denmark	Western Europe	7.583	7.665	7.500	1.908	1.520	0.699	0.823	0.204	0.548	1.8
2	Iceland	Western Europe	7.525	7.618	7.433	1.881	1.617	0.718	0.819	0.258	0.182	2.0
3	Sweden	Western Europe	7.344	7.422	7.267	1.878	1.501	0.724	0.838	0.221	0.524	1.6
4	Israel	Middle East and North Africa	7.341	7.405	7.277	1.803	1.513	0.740	0.641	0.153	0.193	2.2

가. 각 컬럼의 의미

[6]:
```python
happiness_data.columns
```

```
[6]: Index(['Country name', 'Regional indicator', 'Ladder score', 'upperwhisker',
       'lowerwhisker', 'Log GDP per capita', 'Social support',
       'Healthy life expectancy', 'Freedom to make life choices', 'Generosity',
       'Perceptions of corruption', 'Dystopia + residual'],
      dtype='object')
```

TIP〉 ChatGpt에게 각 컬럼들의 의미 물어보기

아래는 세계 행복지수 보고서에 쓰인 컬럼이다. 왼쪽에는 영문, 오른쪽에는 국문으로 설명한 후 테이블로 보여주세요.

['Country name', 'Regional indicator', 'Ladder score', 'upperwhisker', 'lowerwhisker', 'Log GDP per capita', 'Social support', 'Healthy life expectancy', 'Freedom to make life choices', 'Generosity', 'Perceptions of corruption', 'Dystopia + residual']

영문 컬럼 명칭	국문 설명
Country name	국가 이름
Regional indicator	지역 지표
Ladder score	행복 점수
upperwhisker	상한값
lowerwhisker	하한값
Log GDP per capita	1인당 GDP 로그 값
Social support	사회적 지원
Healthy life expectancy	건강 기대 수명
Freedom to make life choices	삶의 선택에 대한 자유
Generosity	관대함
Perceptions of corruption	부패 인식
Dystopia + residual	디스토피아 + 잔여 값

나. happiness_data.info() 메서드

happiness_data.info() 메서드는 Pandas 라이브러리에서 제공하는 메서드로, 데이터프레임의 요약 정보를 출력해준다. 이 메서드는 데이터프레임의 구조를 빠르게 파악하고, 데이터의 상태를 이해하는 데 매우 유용하다.

```
[9]:  1 happiness_data.info()

<class 'pandas.core.frame.DataFrame'>
RangeIndex: 143 entries, 0 to 142
Data columns (total 12 columns):
 #   Column                        Non-Null Count  Dtype
---  ------                        --------------  -----
 0   Country name                  143 non-null    object
 1   Regional indicator            143 non-null    object
 2   Ladder score                  143 non-null    float64
 3   upperwhisker                  143 non-null    float64
 4   lowerwhisker                  143 non-null    float64
 5   Log GDP per capita            140 non-null    float64
 6   Social support                140 non-null    float64
 7   Healthy life expectancy       140 non-null    float64
 8   Freedom to make life choices  140 non-null    float64
 9   Generosity                    140 non-null    float64
 10  Perceptions of corruption     140 non-null    float64
 11  Dystopia + residual           140 non-null    float64
dtypes: float64(10), object(2)
memory usage: 13.5+ KB
```

주요 포인트

- Non-Null Count: 각 컬럼에 대해 비어있지 않은 값의 수를 나타낸다. 예를 들어, Country name 컬럼에는 143개의 값이 모두 채워져 있지만, Log GDP per capita부터 Dystopia + residual 컬럼까지는 140개의 값만 채워져 있다.
- 데이터 타입 (Dtype): 각 컬럼의 데이터 타입을 나타낸다. Country name과 Regional indicator는 문자열(object) 타입이고, 나머지 컬럼들은 실수(float64) 타입이다.

5. 데이터 분석하기

가. happiness_data.isna().sum()

happiness_data.isna().sum()는 Pandas 라이브러리를 사용하여 데이터프레임의 결측값(NA/null)의 개수를 컬럼별로 합산하는 명령이다.

```
[11]:  1 happiness_data.isna().sum()

[11]: Country name                   0
      Regional indicator             0
      Ladder score                   0
      upperwhisker                   0
      lowerwhisker                   0
      Log GDP per capita             3
      Social support                 3
      Healthy life expectancy        3
      Freedom to make life choices   3
      Generosity                     3
      Perceptions of corruption      3
      Dystopia + residual            3
      dtype: int64
```

- **결측값이 있는 컬럼:** Log GDP per capita, Social support, Healthy life expectancy, Freedom to make life choices, Generosity, Perceptions of corruption, Dystopia + residual 컬럼에는 각각 3개의 결측값이 있다.

나. happiness_data[happiness_data['Social support'].isna()]

happiness_data[happiness_data['Social support'].isna()]는 Pandas 라이브러리에서 사용하는 명령어로, 특정 컬럼(Social support)에 결측값이 있는 행들을 필터링하여 선택하는 역할을 한다.

```
[13]: happiness_data[happiness_data['Social support'].isna()]
```

[13]:

	Country name	Regional indicator	Ladder score	upperwhisker	lowerwhisker	Log GDP per capita	Social support	Healthy life expectancy	Freedom to make life choices	Generosity	Perceptions of corruption
61	Bahrain	Middle East and North Africa	5.959	6.153	5.766	NaN	NaN	NaN	NaN	NaN	NaN
87	Tajikistan	Commonwealth of Independent States	5.281	5.361	5.201	NaN	NaN	NaN	NaN	NaN	NaN
102	State of Palestine	Middle East and North Africa	4.879	5.006	4.753	NaN	NaN	NaN	NaN	NaN	NaN

- **결측값이 있는 컬럼:** Log GDP per capita, Social support, Healthy life expectancy, Freedom to make life choices, Generosity, Perceptions of corruption,Dystopia + residual 컬럼에 결측값이 존재한다.
- **결측값이 있는 행:** Bahrain (61), Tajikistan (87), State of Palestine (102) 세 국가의 행에서 여러 컬럼에 결측값이 존재한다.

happiness_data.shape는 Pandas 데이터프레임에서 사용되는 속성으로, 데이터프레임의 행(row)과 열(column)의 수를 튜플 형태로 반환한다. 이 속성을 사용하면 데이터프레임의 크기를 쉽게 파악할 수 있다.

```
[21]: happiness_data.shape

[21]: (143, 12)
```

- **행의 수:** 데이터프레임에 143개의 행이 있다.
- **열의 수:** 데이터프레임에 12개의 열이 있다.

happiness_data = happiness_data.dropna()는 결측값이 포함된 행을 제거한 후 그 결과를 다시 happiness_data에 저장하여 원본 데이터프레임을 업데이트한다.

```
[23]: happiness_data = happiness_data.dropna()
      happiness_data.shape

[23]: (140, 12)
```

결측치 제거전과 제거후의 행의 수를 비교해 보면 3개의 결측값이 포함된 행이 제거되었음을 알 수 있다.

다. 인덱스 재설정

```
[29]:
# 인덱스를 재설정하고 기존 인덱스를 드롭
# drop=True는 기존 인덱스 컬럼을 삭제하고 새로운 순차 인덱스를 생성
happiness_data.reset_index(drop=True, inplace=True)

# 새로운 인덱스를 1부터 시작하도록 설정
# 데이터프레임의 인덱스에 1을 더한다.
happiness_data.index = happiness_data.index + 1

happiness_data[:2]
```

[29]:

	Country name	Regional indicator	Ladder score	upperwhisker	lowerwhisker	Log GDP per capita	Social support	Healthy life expectancy	Freedom to make life choices	Generosity	Perceptions of corruption	Dystop residu
1	Finland	Western Europe	7.741	7.815	7.667	1.844	1.572	0.695	0.859	0.142	0.546	2.0
2	Denmark	Western Europe	7.583	7.665	7.500	1.908	1.520	0.699	0.823	0.204	0.548	1.8

각 줄의 의미

① happiness_data.reset_index(drop=True, inplace=True)

- reset_index()메서드는 데이터프레임의 인덱스를 재설정하여 새로운 순차 인덱스를 생성한다.
- drop=True는 기존 인덱스를 드롭하여 새로운 인덱스 컬럼을 생성하지 않도록 한다.
- inplace=True는 원본 데이터프레임을 수정하여 새로운 인덱스를 적용한다.

② happiness_data.index = happiness_data.index + 1

- 이 코드는 데이터프레임의 인덱스 값을 1씩 증가시켜, 인덱스를 1부터 시작하도록 설정한다.
- 기본적으로 reset_index()는 0부터 시작하는 인덱스를 생성하므로, 여기에 1을 더하여 인덱스를 1부터 시작하게 한다.

라. 기술 통계 사용하기

describe()는 Pandas 라이브러리에서 제공하는 메서드로, 데이터프레임이나 시리즈(Series)의 기본적인 기술 통계(descriptive statistics)를 계산하여 요약 정보를 제공한다. 이 메서드는 데이터의 주요 통계치를 빠르게 파악할 수 있도록 도와준다.

happiness_data 데이터프레임에서 Regional indicator 컬럼을 기준으로 그룹화한 후, 각 그룹에 대해 Ladder score 컬럼의 기술 통계(descriptive statistics)를 출력한다.

```
[49]:
# 'Regional indicator' 컬럼을 기준으로 그룹화
# 그룹화된 각 그룹에 대해 'Ladder score' 컬럼의 기술 통계(descriptive statistics)를 계산
happiness_data.groupby('Regional indicator')['Ladder score'].describe()
```

[49]:

Regional indicator	count	mean	std	min	25%	50%	75%	max
Central and Eastern Europe	17.0	6.170941	0.494803	5.304	5.87700	6.2570	6.49100	6.822
Commonwealth of Independent States	9.0	5.567111	0.500692	4.873	5.18500	5.7140	5.81600	6.195
East Asia	6.0	5.934333	0.398773	5.316	5.76525	6.0155	6.05950	6.503
Latin America and Caribbean	19.0	6.143368	0.376936	5.607	5.83200	6.1880	6.35900	6.955
Middle East and North Africa	15.0	5.170733	1.328907	2.707	4.30400	4.9750	6.23000	7.341
North America and ANZ	4.0	6.927750	0.151476	6.725	6.85625	6.9645	7.03600	7.057
South Asia	6.0	3.895667	1.177069	1.721	3.88900	3.9760	4.50625	5.158
Southeast Asia	9.0	5.551889	0.779519	4.341	5.13900	5.9750	6.04300	6.523
Sub-Saharan Africa	35.0	4.329686	0.704075	3.186	3.67350	4.3770	4.87750	5.816
Western Europe	20.0	6.841650	0.538030	5.934	6.40225	6.8660	7.30625	7.741

각 줄의 의미

① happiness_data.groupby('Regional indicator')

- happiness_data데이터프레임을 Regional indicator컬럼을 기준으로 그룹화한다.
- 동일한 지역 지표를 가진 행들끼리 그룹으로 묶인다.

② ['Ladder score']

- 각 그룹에서 Ladder score컬럼을 선택한다.
- 그룹화된 데이터프레임의 각 그룹에 대해 Ladder score컬럼만을 대상으로 작업을 수행한다.

③ describe()

- describe()메서드는 선택된 컬럼에 대한 기술 통계를 계산한다.
- 기술 통계에는 평균(mean), 표준편차(std), 최소값(min), 1사분위수(25%), 중앙값(50%), 3사분위수(75%), 최대값(max) 등이 포함된다.

마. 한국이 속해 있는 East Asia 분석해 보기

[53]:
```
# 'Regional indicator' 컬럼의 값이 'East Asia'인 행들을 필터링하여 선택
happiness_data[happiness_data['Regional indicator'] == 'East Asia']

```

[53]:

	Country name	Regional indicator	Ladder score	upperwhisker	lowerwhisker	Log GDP per capita	Social support	Healthy life expectancy	Freedom to make life choices	Generosity	Perceptions of corruption	Dystc resic
31	Taiwan Province of China	East Asia	6.503	6.597	6.410	1.842	1.346	0.650	0.649	0.068	0.202	1.
51	Japan	East Asia	6.060	6.144	5.976	1.786	1.354	0.785	0.632	0.023	0.219	1.
52	South Korea	East Asia	6.058	6.148	5.968	1.815	1.178	0.770	0.555	0.126	0.158	1.
60	China	East Asia	5.973	6.061	5.885	1.497	1.239	0.629	0.704	0.132	0.164	1.
76	Mongolia	East Asia	5.696	5.783	5.610	1.353	1.511	0.400	0.501	0.237	0.055	1.
85	Hong Kong S.A.R. of China	East Asia	5.316	5.403	5.229	1.909	1.184	0.857	0.485	0.147	0.402	0.

바. 시각화 하기

happiness_data 데이터프레임에서 'East Asia' 지역에 해당하는 데이터만 필터링한 후, 각 국가의 행복 점수(Ladder score)를 막대 그래프로 시각화해 보자.

[58]:
```
# 'East Asia' 지역에 해당하는 데이터만 필터링
# 'Regional indicator' 컬럼이 'East Asia'인 행들을 선택하여 새로운 데이터프레임 생성
EastAsia = happiness_data[happiness_data['Regional indicator'] == 'East Asia']

# 필터링된 데이터프레임을 막대 그래프로 시각화
# 'Country name' 컬럼을 x축으로, 'Ladder score' 컬럼을 y축으로 설정하여 막대 그래프 생성
# y축의 범위(ylim)는 5에서 7 사이로 설정
ax = EastAsia.plot.bar(x='Country name', y='Ladder score', ylim=(5, 7))

# 그래프 제목과 축 레이블 설정
plt.title('Ladder Score of East Asia Countries')
plt.xlabel('Country')
plt.ylabel('Ladder Score')

# x축의 글씨를 가로로 배치하고 폰트 크기 설정
plt.xticks(rotation=45, ha='right', fontsize=10)

# 레이블 간격 조정
plt.subplots_adjust(bottom=0.25)

# 그래프 표시
plt.show()
```

```
<Figure size 640x480 with 1 Axes> •••
```

① **EastAsia.plot.bar(x='Country name', y='Ladder score', ylim=(5, 7))**

- 필터링된 EastAsia데이터프레임을 막대 그래프로 시각화한다.
- x='Country name': x축에 'Country name' 컬럼의 값을 설정한다.
- y='Ladder score': y축에 'Ladder score' 컬럼의 값을 설정한다.
- ylim=(5, 7): y축의 범위를 5에서 7 사이로 설정한다.

② **plt.xticks(rotation=45, ha='right', fontsize=10)**

- rotation=45: x축 레이블을 45도 회전하여 겹치지 않도록 한다.
- ha='right': 레이블을 오른쪽 정렬하여 가독성을 높인다.
- fontsize=10: 레이블의 폰트 크기를 10으로 설정한다.

③ **plt.subplots_adjust(bottom=0.25)**

- 그래프의 하단 여백을 조정하여 레이블이 잘리지 않도록 한다.
- bottom=0.25는 하단 여백을 25%로 설정하는 것이다.

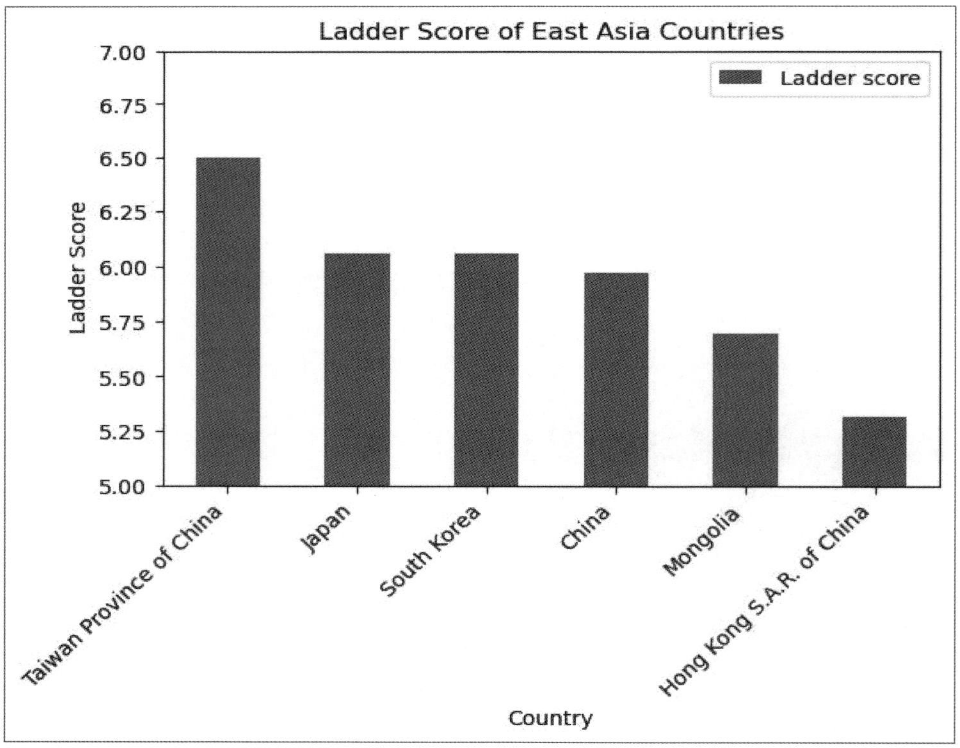

사. East Asia에서 가장 행복지수가 높은 대만과 한국을 비교해 보자.

```
[61]: # 'Country name' 컬럼의 값이 'Taiwan Province of China' 과 'South Korea'인 행들을 필터링하여 선택
      happiness_data.query("`Country name` == ['Taiwan Province of China','South Korea']")
```

[61]:

	Country name	Regional indicator	Ladder score	upperwhisker	lowerwhisker	Log GDP per capita	Social support	Healthy life expectancy	Freedom to make life choices	Generosity	Perceptions of corruption	Dystop resid
31	Taiwan Province of China	East Asia	6.503	6.597	6.410	1.842	1.346	0.65	0.649	0.068	0.202	1.7
52	South Korea	East Asia	6.058	6.148	5.968	1.815	1.178	0.77	0.555	0.126	0.158	1.4

각 줄의 의미

- **happiness_data.query("Country name == ['Taiwan Province of China', 'South Korea']")**
  - query() 메서드는 문자열 표현식을 사용하여 데이터프레임을 필터링하는 메서드이다.
  - Country name 컬럼에서 값이 'Taiwan Province of China' 과 'South Korea'인 행들을 선택하는 조건식을 작성한다.
  - 이 조건식은 Country name 컬럼의 값이 주어진 리스트에 포함된 행들에 대해 True를 반환한다.
  - 문자열 표현식 내에서 컬럼 이름에 공백이 포함되어 있으므로, 백틱(```)으로 컬럼 이름을 감싸야 한다. (백틱은 키보드의 Tab키 위에 있다.)

인사이트 분석

① Ladder score (행복 점수)

- 대만(6.503)이 한국(6.058)보다 높다.
- 대만은 전반적으로 행복 지수가 더 높다.

② Log GDP per capita (1인당 GDP)

- 두 나라 모두 비슷한 수준(대만 1.842, 한국 1.815)을 보인다.
- 경제적 수준에서 큰 차이는 없다.

③ Social support (사회적 지원)

- 대만(1.346)이 한국(1.178)보다 높다.
- 사회적 지원 시스템이 대만에서 더 잘 구축되어 있을 가능성이 있다.

④ Healthy life expectancy (건강 기대 수명)

- 한국(0.77)이 대만(0.65)보다 높다.
- 건강 관리 시스템이 한국에서 더 잘 되어 있음을 시사한다.

⑤ Freedom to make life choices (삶의 선택 자유)

- 대만(0.649)이 한국(0.555)보다 높다.
- 대만에서는 개인의 삶의 선택에 대한 자유가 더 높게 느껴진다.

⑥ Generosity (관대함)

- 한국(0.126)이 대만(0.068)보다 높다.
- 한국인들이 더 관대하게 느껴지는 경향이 있다.

⑦ Perceptions of corruption (부패 인식)

- 대만(0.202)이 한국(0.158)보다 높다.
- 대만에서 부패가 더 심각하게 인식되고 있음을 시사한다.

한국의 행복지수를 높이기 위한 정책 제안

① 사회적 지원 강화

- 대만의 사례에서 보듯이, 사회적 지원이 강화되면 전체 행복지수가 올라갈 수 있다. 이는 복지 제도 개선, 사회 안전망 확대 등을 통해 실현할 수 있다.
- 예를 들어, 실업급여의 확대, 사회 복지 시설의 접근성 향상, 노인 및 취약 계층에 대한 지원 강화 등이 필요하다.

② 삶의 선택 자유 증진

- 삶의 선택 자유를 높이기 위해 개인의 권리를 보장하고, 규제를 완화하며, 다양성을 존중하는 문화를 조성할 필요가 있다.
- 직장 내 유연 근무제 도입, 창업 지원 프로그램 강화, 교육 시스템 개혁 등이 이러한 자유를 증진하는 데 도움이 될 수 있다.

③ 건강 관리 시스템 강화

- 건강 기대 수명이 이미 높지만, 이를 더욱 개선하기 위해 예방 의료 서비스 강화, 정신 건강 지원 프로그램 확대, 건강한 생활 습관을 장려하는 정책을 시행할 수 있다.

④ 부패 인식 개선

- 부패에 대한 인식을 낮추기 위해 투명한 정부 운영과 강력한 반부패 정책이 필요하다.
- 공공기관의 투명성 강화, 시민 참여 확대, 부패 신고 시스템의 효율적 운영 등이 중요하다.

⑤ 지역 사회 활성화

- 지역 사회의 참여와 협력을 촉진하여 공동체 의식을 강화하고, 이를 통해 사회적 지원을 자연스럽게 증진시킬 수 있다.
- 지역 사회 활동 지원, 자원 봉사 활성화, 커뮤니티 센터 확대 등이 포함될 수 있다.

6. 상관 계수 분석

happiness_data 데이터프레임에서 수치형 데이터만 선택하여, 각 수치형 컬럼 간의 상관 계수를 계산해 보자.

```
[65]:
# 수치형 데이터만 선택하여 새로운 데이터프레임 생성
# select_dtypes(include='number')는 데이터프레임에서 숫자형 데이터 타입만 선택하는 메서드다.
happiness_data_corr = happiness_data.select_dtypes(include='number').corr()

# 계산된 상관 계수 행렬 출력
happiness_data_corr
```

[65]:

	Ladder score	upperwhisker	lowerwhisker	Log GDP per capita	Social support	Healthy life expectancy	Freedom to make life choices	Generosity	Perceptions of corruption	Dystopia + residual
Ladder score	1.000000	0.999700	0.999718	0.768504	0.813542	0.759659	0.644451	0.130038	0.451829	0.533542
upperwhisker	0.999700	1.000000	0.998836	0.761804	0.811550	0.751042	0.646309	0.129602	0.448847	0.542267
lowerwhisker	0.999718	0.998836	1.000000	0.774531	0.814992	0.767506	0.642291	0.130446	0.454480	0.524816
Log GDP per capita	0.768504	0.761804	0.774531	1.000000	0.726843	0.830256	0.414886	-0.059405	0.444227	-0.029118
Social support	0.813542	0.811550	0.814992	0.726843	1.000000	0.706924	0.484641	0.079466	0.250870	0.159484
Healthy life expectancy	0.759659	0.751042	0.767506	0.830256	0.706924	1.000000	0.401082	0.007148	0.399026	0.051538
Freedom to make life choices	0.644451	0.646309	0.642291	0.414886	0.484641	0.401082	1.000000	0.224323	0.344197	0.250792
Generosity	0.130038	0.129602	0.130446	-0.059405	0.079466	0.007148	0.224323	1.000000	0.172666	0.036423
Perceptions of corruption	0.451829	0.448847	0.454480	0.444227	0.250870	0.399026	0.344197	0.172666	1.000000	0.000964
Dystopia + residual	0.533542	0.542267	0.524816	-0.029118	0.159484	0.051538	0.250792	0.036423	0.000964	1.000000

각 줄의 의미

① **happiness_data.select_dtypes(include='number')**

- select_dtypes(include='number')메서드는 happiness_data데이터프레임에서 수치형 데이터 타입(예: int64, float64)만을 선택한다.
- 이를 통해 수치형 컬럼들만을 포함하는 새로운 데이터프레임을 생성한다.

② **corr()**

- .corr()메서드는 선택된 수치형 데이터프레임의 각 컬럼 간의 피어슨 상관 계수를 계산한다.
- 상관 계수는 두 변수 간의 선형 상관 관계를 나타내며, −1에서 1 사이의 값을 가진다. 1에 가까울수록 양의 상관 관계, −1에 가까울수록 음의 상관 관계, 0에 가까울수록 상관 관계가 없음을 의미한다.

피어슨 상관 계수

피어슨 상관 계수(Pearson Correlation Coefficient)는 두 변수 간의 선형 상관 관계를 측정하는 통계적 지표다. 이는 −1에서 1 사이의 값을 가지며, 다음과 같은 특징이 있다.

- 1에 가까운 값: 두 변수 간에 강한 양의 상관 관계가 있다.
- −1에 가까운 값: 두 변수 간에 강한 음의 상관 관계가 있다.
- 0에 가까운 값: 두 변수 간에 상관 관계가 거의 없다.

가. 상관 관계 시각화 하기

상관 계수를 시각적으로 표현하는 방법은 히트맵(Heatmap)을 사용하는 것이다. Seaborn 라이브러리를 사용하여 상관 계수 행렬을 시각화할 수 있다.

```
[69]:
import seaborn as sns
import matplotlib.pyplot as plt

# 상관 계수 행렬을 히트맵으로 시각화
# sns.heatmap() 함수는 데이터를 히트맵으로 시각화하는 함수다.
sns.heatmap(happiness_data_corr, annot=True, cmap='coolwarm')

# 히트맵 표시
plt.show()
```

[69]:
```python
import seaborn as sns
import matplotlib.pyplot as plt

# 상관 계수 행렬을 히트맵으로 시각화
# sns.heatmap() 함수는 데이터를 히트맵으로 시각화하는 함수다.
sns.heatmap(happiness_data_corr, annot=True, cmap='coolwarm')

# 히트맵 표시
plt.show()
```

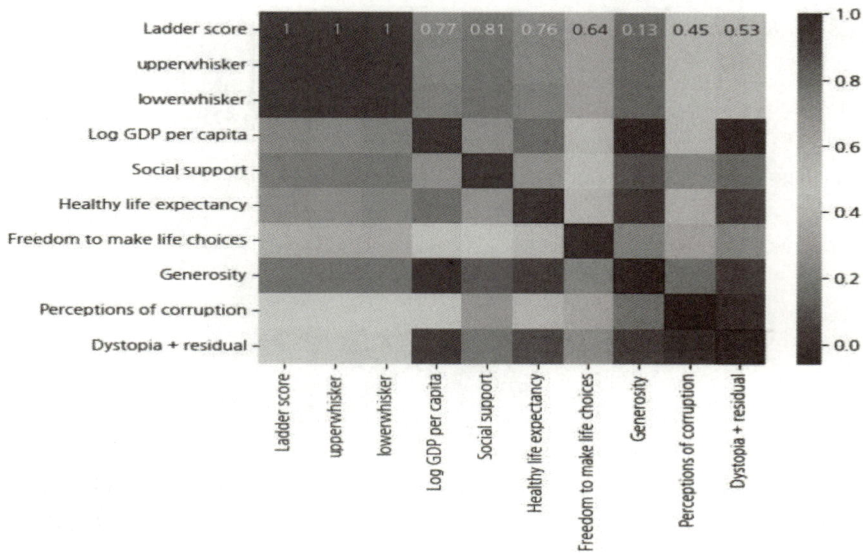

TIP〉 ChatGpt

sns.heatmap(happiness_data_corr, annot=True, cmap='coolwarm')를 복사 한 후 ChatGpt 프롬프트에 예쁘게 그려달라고 요청해 보자.

[79]:
```python
plt.figure(figsize=(10, 8))  # 히트맵 크기 설정
sns.heatmap(happiness_data_corr, annot=True, cmap='coolwarm',
            annot_kws={"size": 12},  # 주석 폰트 크기 설정
            cbar_kws={'shrink': 0.8},  # 컬러바 크기 설정
            linewidths=0.5,  # 셀 간격 설정
            linecolor='black')  # 셀 간격 색상 설정

# 제목 및 축 레이블 설정
plt.title('Correlation Matrix of Happiness Data', fontsize=16)  # 제목 설정
plt.xticks(fontsize=12)  # x축 레이블 폰트 크기 설정
plt.yticks(fontsize=12, rotation=0)  # y축 레이블 폰트 크기 및 회전 설정

# 히트맵 표시
plt.show()
```

```
<Figure size 1000x800 with 2 Axes> •••
```

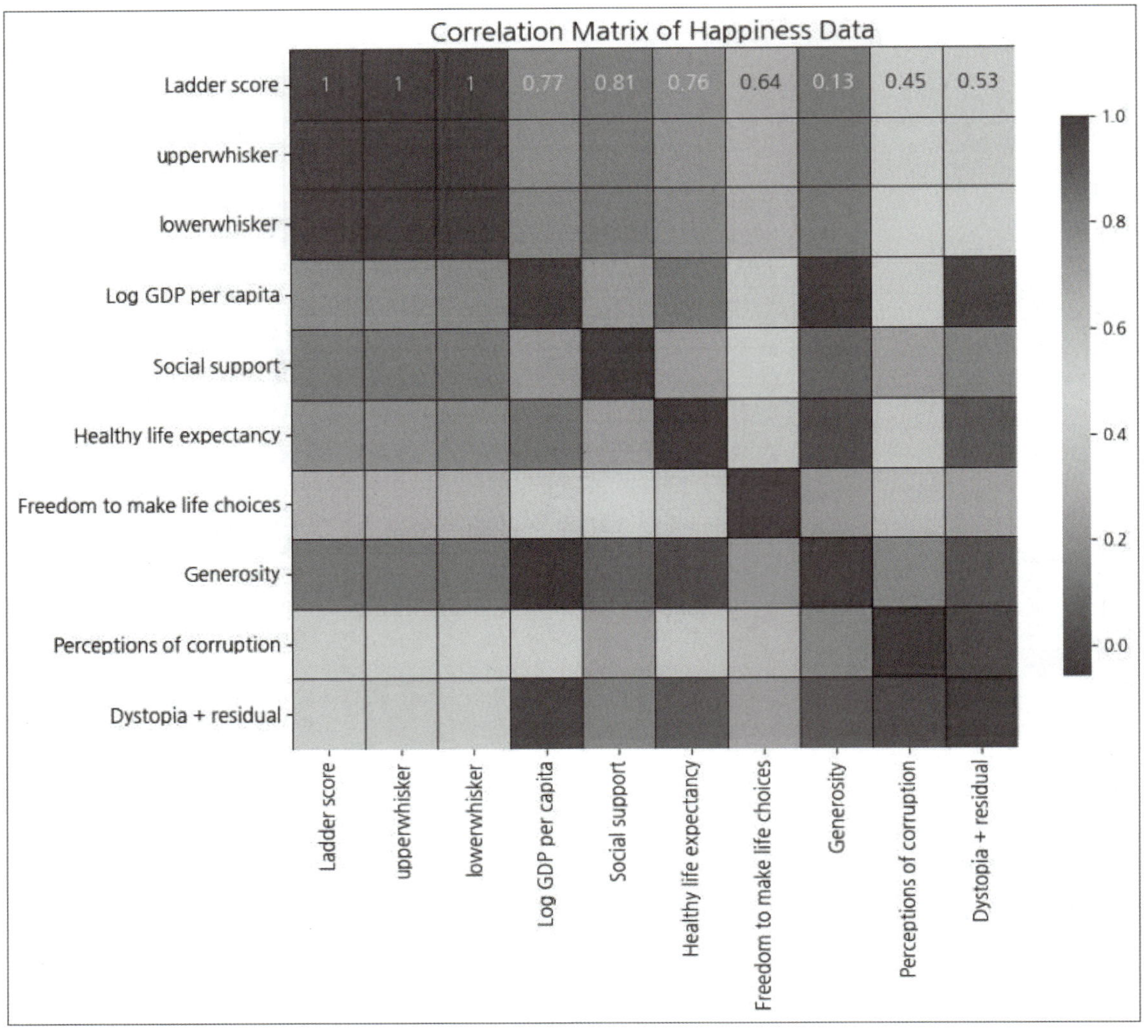

TIP〉 ChatGpt를 활용한 분석

위의 히트맵 이미지를 캡쳐 한 후 ChatGpt 프롬프트 창에 붙여 넣은 후, 이렇게 요청해 보자.

"세계 행복지수 시각화 맵이다. 비지니스 인사이트를 분석해 주고, 국민들이 행복하게 살려면 각 나라의 정책은 어떻게 해야 하는지 정책을 제안해줘"

세계 행복지수 시각화 맵 분석

- 히트맵은 각 변수 간의 상관 관계를 시각화한 것이다. 색상은 상관 계수를 나타내며, 빨간색에 가까울수록 양의 상관 관계가 강하고, 파란색에 가까울수록 음의 상관 관계가 강함을 나타낸다. 흰색 또는 회색에 가까울수록 상관 관계가 약하다.

주요 인사이트

① **Ladder score (행복 점수)**

- Log GDP per capita와 높은 상관 관계 (0.77).
- Social support와 높은 상관 관계 (0.81).
- Healthy life expectancy와도 높은 상관 관계 (0.76).
- Freedom to make life choices와도 꽤 높은 상관 관계 (0.64).
- Generosity와 낮은 상관 관계 (0.13).
- Perceptions of corruption와는 약한 상관 관계 (0.45).
- Dystopia + residual와는 약한 상관 관계 (0.53).

② **Log GDP per capita (1인당 GDP)**

- 경제적 요인이 행복 점수에 긍정적인 영향을 미친다.

③ **Social support (사회적 지원)**

- 사회적 지원이 행복 점수에 중요한 역할을 한다.

④ **Healthy life expectancy (건강 기대 수명)**

- 건강한 삶을 기대할 수 있는 환경이 행복에 긍정적인 영향을 미친다.

⑤ **Freedom to make life choices (삶의 선택 자유)**

- 개인의 선택 자유가 행복에 기여한다.

⑥ **Generosity (관대함)**

- 관대함은 행복에 상대적으로 적은 영향을 미친다.

⑦ **Perceptions of corruption (부패 인식)**

- 부패 인식이 낮을수록 행복 점수가 높아지는 경향이 있다.

정책 제안

① **경제적 안정과 성장**

- 정책: 1인당 GDP를 높이기 위해 경제 성장을 촉진할 필요가 있다. 이는 혁신적인 산업 정책, 소상공인 지원, 기술 개발 및 인프라 개선을 통해 이루어질 수 있다.
- 예시: 소상공인 및 중소기업을 지원하는 프로그램, 혁신 기술 개발 지원, 해외 투자 유치 정책.

② **사회적 지원 강화**

- 정책: 사회적 안전망과 복지 시스템을 강화하여 사회적 지원을 확대해야 한다. 이는 실업급여, 공공 주택, 의료 보험 등을 통해 실현될 수 있다.
- 예시: 전국민 건강보험 확대, 저소득층 주거 지원, 실업 수당 확대.

③ **건강 관리 시스템 개선**

- 정책: 국민의 건강을 증진시키기 위해 예방 의료, 공공 보건 프로그램, 건강한 생활 습관 장려 등의 정책을 강화해야 한다.
- 예시: 무료 건강 검진 프로그램, 공공 운동 시설 확충, 건강 교육 프로그램.

④ **개인의 삶의 선택 자유 확대**

- 정책: 개인의 선택 자유를 확대하기 위해 규제 완화, 교육 시스템 개혁, 직업 선택의 다양성을 보장해야 한다.
- 예시: 유연 근무제 도입, 창업 지원 프로그램 강화, 직업 교육 및 재교육 프로그램.

⑤ 부패 척결 및 투명성 강화

- 정책: 부패를 줄이고 정부와 기업의 투명성을 높이는 정책이 필요하다. 이는 강력한 반부패 법안, 공공 정보의 투명성 강화, 시민 참여 확대 등을 포함할 수 있다.
- 예시: 공공 정보 공개 시스템 구축, 부패 신고 시스템 강화, 시민 감시 기구 설립.

⑥ 지역 사회 활성화 및 공동체 의식 강화

- 정책: 지역 사회의 참여와 협력을 촉진하여 공동체 의식을 강화하고, 이를 통해 사회적 지원을 자연스럽게 증진시킬 수 있다.
- 예시: 지역 사회 활동 지원, 자원 봉사 활성화, 커뮤니티 센터 확대.

결론

각국의 정책은 국민들의 다양한 요구를 반영하고, 경제적 안정, 사회적 지원, 건강 관리, 선택의 자유, 부패 척결 등 다양한 요소를 균형 있게 고려해야 한다. 이러한 종합적인 접근은 국민의 행복을 증진시키고, 사회 전반의 질을 향상시키는 데 중요한 역할을 할 것이다.

TIP〉 소수점 이하 두 자리까지 의미(:.2f)

.2f는 파이썬의 문자열 포매팅에서 소수점 이하 두 자리까지의 부동 소수점 숫자를 의미한다. 이 형식 지정자는 format 메소드나 f-문자열을 사용하여 숫자를 특정 형식으로 출력할 때 사용된다.

예)

```
파이 = 3.141592653589793
f'{파이:.2f}'
```

```
'3.14'
```

- 설명
  - :.2f에서 :는 형식 지정자의 시작을 나타낸다.
  - .2는 소수점 이하 몇 자리까지 표시할지를 나타낸다.
  - f는 부동 소수점 숫자를 의미한다.

7. 연습문제

- 상위 10개 나라와 하위10나라의 그룹별 경제 지표와 행복지수 비교 한 후 seaborn의 barplot을 사용해 시각화 해보자.

TIP〉 ChatGpt에서 UnicodeDecodeError 에러발생시 대처방안

1. 쥬피터노트북에서 error를 발생 시켰던 코드를 복사 한 후 프롬프트 창에 붙여 넣기 한다.
2. 프롬프트창에 "에러 메세지가 나온 이유를 설명해주고, 수정코드를 작성해줘"

라고 입력한다.

- 프롬프트 입력

```
import pandas as pd

file_path = 'data/World-happiness-report-updated_2024.csv'

pd.read_csv(file_path)
위 파일을 실행하니
UnicodeDecodeError: 'utf-8' codec can't decode byte 0xfc in position 150331: invalid start byte
이런 메세지가 나온다. 에러 메세지가 나온 이유를 설명해주고, 수정코드를 작성해줘
```

- ChatGpt 응답
  - UnicodeDecodeError는 파일을 읽을 때 지정한 인코딩이 파일의 실제 인코딩과 일치하지 않아서 발생하는 오류다. 이 경우, 파일을 utf-8 인코딩으로 읽으려고 했지만, 파일이 다른 인코딩 형식(e.g., latin1, cp1252, euc-kr 등)으로 저장되어 있어 오류가 발생한 것이다.
- 에러 메시지 설명
  - UnicodeDecodeError: 파일을 읽을 때 인코딩 문제가 발생했다는 것을 의미한다.
  - utf-8 codec: 파일을 읽을 때 사용된 인코딩이 utf-8임을 나타낸다.
  - byte 0xfc: 파일의 특정 위치에서 utf-8로 해석할 수 없는 바이트(0xfc)를 발견했음을 나타낸다.
  - invalid start byte: 0xfc가 utf-8 인코딩에서 유효한 시작 바이트가 아님을 의미한다.

- 수정 코드
  - 이 문제를 해결하려면 파일의 실제 인코딩 형식을 지정해주면 된다. 다양한 인코딩 형식을 시도해볼 수 있지만, 일반적으로 latin1 또는 cp1252가 많이 사용된다.

python　Copy code

```python
import pandas as pd

file_path = 'data/World-happiness-report-updated_2024.csv'

# 'latin1' 인코딩을 사용하여 csv 파일을 읽어들인다
df = pd.read_csv(file_path, encoding='latin1')

# 데이터프레임의 첫 몇 줄을 출력하여 확인한다
print(df.head())
```

  - 파일을 읽을 때 UnicodeDecodeError가 발생하는 것은 파일이 UTF-8 이외의 인코딩 형식으로 저장되었기 때문일 수 있다. 이 문제를 해결하려면 파일을 다른 인코딩 방식으로 읽어야 한다. 일반적으로 사용되는 다른 인코딩 방식으로는 latin1(또는 cp1252)이 있다. read_csv(encoding='latin1')를 추가한다.

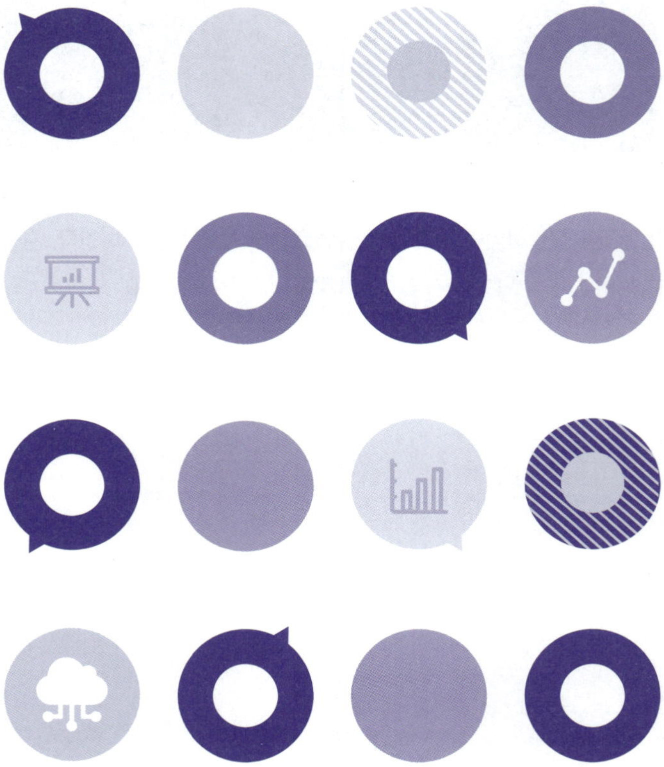

8

시가총액 500개 불러오기

1. 데이터 수집
2. 데이터 불러오기
3. 데이터 분석하기
4. 연습문제(ChatGpt 활용하기)

8. 시가총액 500개 불러오기

1. 데이터 수집

네이버페이 증권에 접속한 후 시가총액 상위 500개를 불러와 보자.
네이버에서 "네이버 증권"을 입력 한 후 "네이버페이 증권"을 클릭한다.

네이버페이 증권에 접속한 후 "국내증시" 클릭 후, "시가총액"을 클릭한다.

1페이지에 50개의 종목이 있으니, 10페이지까지 불러오면 500개를 불러올 수 있다.

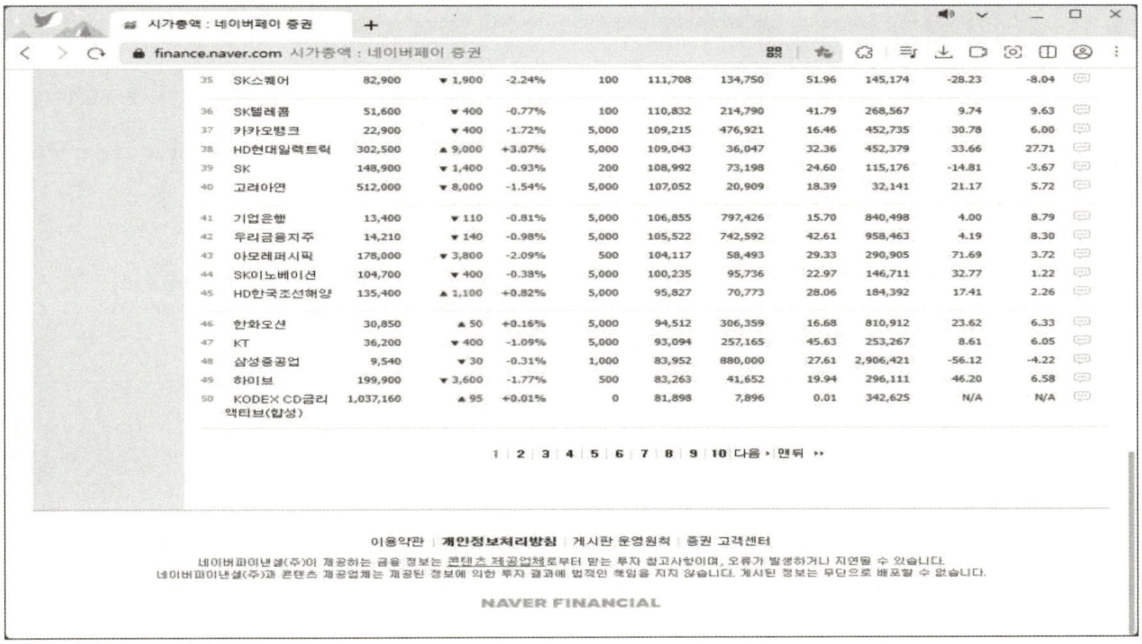

35	SK스퀘어	82,900	▼ 1,900	-2.24%	100	111,708	134,750	51.96	145,174	-28.23	-8.04
36	SK텔레콤	51,600	▼ 400	-0.77%	100	110,832	214,790	41.79	268,567	9.74	9.63
37	카카오뱅크	22,900	▼ 400	-1.72%	5,000	109,215	476,921	16.46	452,735	30.78	6.00
38	HD현대일렉트릭	302,500	▲ 9,000	+3.07%	5,000	109,043	36,047	32.36	452,379	33.66	27.71
39	SK	148,900	▼ 1,400	-0.93%	200	108,992	73,198	24.60	115,176	-14.81	-3.67
40	고려아연	512,000	▼ 8,000	-1.54%	5,000	107,052	20,909	18.39	32,141	21.17	5.72
41	기업은행	13,400	▼ 110	-0.81%	5,000	106,855	797,426	15.70	840,498	4.00	8.79
42	우리금융지주	14,210	▼ 140	-0.98%	5,000	105,522	742,592	42.61	958,463	4.19	8.30
43	아모레퍼시픽	178,000	▼ 3,800	-2.09%	500	104,117	58,493	29.33	290,905	71.69	3.72
44	SK이노베이션	104,700	▼ 400	-0.38%	5,000	100,235	95,736	22.97	146,711	32.77	1.22
45	HD한국조선해양	135,400	▲ 1,100	+0.82%	5,000	95,827	70,773	28.06	184,392	17.41	2.26
46	한화오션	30,850	▲ 50	+0.16%	5,000	94,512	306,359	16.68	810,912	23.62	6.33
47	KT	36,200	▼ 400	-1.09%	5,000	93,094	257,165	45.63	253,267	8.61	6.05
48	삼성중공업	9,540	▼ 30	-0.31%	1,000	83,952	880,000	27.61	2,906,421	-56.12	-4.22
49	하이브	199,900	▼ 3,600	-1.77%	500	83,263	41,652	19.94	296,111	46.20	6.58
50	KODEX CD금리액티브(합성)	1,037,160	▲ 95	+0.01%	0	81,898	7,896	0.01	342,625	N/A	N/A

모듈에러가 나오면 모듈을 설치한다.

[9]:
```
import pandas as pd
url = 'https://finance.naver.com/sise/sise_market_sum.naver?&page=1'

result = pd.read_html(url)
result
```

```
---------------------------------------------------------------------------
ModuleNotFoundError                       Traceback (most recent call last)
File C:\anaconda\Lib\site-packages\pandas\compat\_optional.py:132, in import_optional_dependency(name, extra, errors, min_version)
    131 try:
--> 132     module = importlib.import_module(name)
    133 except ImportError:
```

```
ImportError: Missing optional dependency 'html5lib'.  Use pip or conda to install html5lib.
```

TIP〉

쥬피터노트북에서 모듈을 설치할 때는 pip 앞에 !를 붙여서, "!pip install 모듈이름" 이렇게 사용한다. pip는 "Pip Installs Packages"의 약자로, 파이썬 패키지를 설치하고 관리하기 위한 표준 패키지 관리 시스템이다.

```
[11]: 1 !pip install html5lib
```

```
Defaulting to user installation because normal site-packages is not writeable
Collecting html5lib
  Downloading html5lib-1.1-py2.py3-none-any.whl.metadata (16 kB)
Requirement already satisfied: six>=1.9 in c:\anaconda\lib\site-packages (from html5li
b) (1.16.0)
Requirement already satisfied: webencodings in c:\anaconda\lib\site-packages (from html
5lib) (0.5.1)
Downloading html5lib-1.1-py2.py3-none-any.whl (112 kB)
   ---------------------------------------- 0.0/112.2 kB ? eta -:--:--
   --- ------------------------------------ 10.2/112.2 kB ? eta -:--:--
   ------------------------------------ --- 102.4/112.2 kB 2.0 MB/s eta 0:00:01
   ---------------------------------------- 112.2/112.2 kB 1.6 MB/s eta 0:00:00
Installing collected packages: html5lib
Successfully installed html5lib-1.1
```

2. 데이터 불러오기

네이버 금융 KOSPI 시장 페이지에서 데이터를 크롤링하여 하나의 데이터프레임으로 합치는 작업을 수행한다.

```
[5]:
1 # 경고 메시지를 무시하도록 설정
2 import warnings
3 warnings.filterwarnings("ignore", category=UserWarning, module='bs4')
4
5 import pandas as pd
6
7 url = 'https://finance.naver.com/sise/sise_market_sum.naver?&page='  # 네이버 금융 KOSPI 시장 페이지의 URL
8
9 kospi = []  # KOSPI 데이터를 저장할 리스트 생성
10 for i in range(1, 10+1):  # 1부터 10까지의 페이지를 반복
11     full_url = url + str(i)  # 페이지 번호를 URL에 추가
12      # 지정된 URL에서 HTML 테이블을 읽어와 데이터프레임으로 변환 (CP949 인코딩 사용)
13     result = pd.read_html(full_url, encoding='cp949')
14     # 두 번째 테이블 선택 (리스트에서 인덱스는 0부터 시작하므로 두 번째 테이블은 인덱스 1)
15     result = result[1]
16     result.dropna(how='all', inplace=True)  # 모든 값이 NaN인 행을 제거
17     kospi.append(result)  # 데이터프레임을 kospi 리스트에 추가
18
19 # 리스트에 저장된 데이터프레임들을 하나의 데이터프레임으로 합침
20 kospi = pd.concat(kospi, ignore_index=True)
```

- 1번줄: warnings 모듈을 사용하여 특정 경고 메시지를 무시하도록 설정한다. 여기서는 bs4(BeautifulSoup) 모듈에서 발생하는 UserWarning 경고를 무시한다.
- 9번줄: KOSPI 데이터를 저장할 빈 리스트를 생성한다.
- 10번줄: 1부터 10까지의 페이지를 반복하여 데이터를 수집한다.
- 11번줄: 기본 URL에 페이지 번호를 추가하여 각 페이지의 URL을 생성한다.

- 13번줄: pd.read_html() 함수를 사용하여 지정된 URL에서 HTML 테이블을 읽어온다. encoding='cp949' 옵션을 사용하여 인코딩을 설정한다.
- 15번줄: HTML 페이지에서 두 번째 테이블을 선택한다. pd.read_html() 함수는 여러 테이블을 리스트로 반환하기 때문에 두 번째 테이블을 선택하기 위해 인덱스 1을 사용한다.
- 16번줄: 모든 값이 NaN인 행을 제거한다.
- 17번줄: 데이터프레임을 kospi 리스트에 추가한다.
- 20번줄: 리스트에 저장된 데이터프레임들을 하나의 데이터프레임으로 합친다. ignore_index=True 옵션을 사용하여 인덱스를 무시하고 새로운 연속 인덱스를 생성한다.

3. 데이터 분석하기

kospi 데이터프레임의 모양(shape)을 출력하고, 상위 5개 행을 출력하는 코드에 주석을 추가한 것이다.

```
[9]: print(kospi.shape)
     kospi.head()
```

```
(500, 13)
```

[9]:

	N	종목명	현재가	전일비	등락률	액면가	시가총액	상장주식수	외국인비율	거래량	PER	ROE	토론실
0	1.0	삼성전자	75300.0	하락 400	-0.53%	100.0	4495246.0	5969783.0	55.33	13019471.0	25.97	4.15	NaN
1	2.0	SK하이닉스	193300.0	하락 900	-0.46%	5000.0	1407229.0	728002.0	55.54	1850938.0	-30.51	-15.61	NaN
2	3.0	LG에너지솔루션	336500.0	상승 4,500	+1.36%	500.0	787410.0	234000.0	4.85	145266.0	106.96	6.36	NaN
3	4.0	현대차	259000.0	하락 6,000	-2.26%	5000.0	542388.0	209416.0	40.64	654850.0	5.98	13.68	NaN
4	5.0	삼성바이오로직스	753000.0	상승 1,000	+0.13%	2500.0	535940.0	71174.0	11.94	32969.0	59.86	9.12	NaN

- kospi.shape는 데이터프레임의 행(row)과 열(column)의 개수를 튜플 형태로 반환한다.
- (100, 12)는 100개의 행과 12개의 열을 가진 데이터프레임을 의미한다.

```
[11]:
1  # 'N' 열과 '토론실' 열을 데이터프레임에서 제거
2  kospi.drop(columns=['N', '토론실'], inplace=True)
3
4  # 데이터프레임을 'data/kospi.xlsx' 파일로 저장, 인덱스는 저장하지 않음
5  kospi.to_excel('data/kospi.xlsx', index=False)
6
7  # 엑셀 파일로부터 데이터프레임을 다시 읽어옴
8  df = pd.read_excel('data/kospi.xlsx')
9
10 # 인덱스를 1부터 시작하도록 설정 (기존 인덱스에 1을 더함)
11 df.index = df.index + 1
```

- 2번줄: drop() 함수는 지정된 열을 데이터프레임에서 제거한다.
  - columns=['N', '토론실']는 제거할 열 이름을 리스트로 지정한다.
  - inplace=True는 원래 데이터프레임을 변경하도록 한다.
- 11번줄: df.index는 데이터프레임의 인덱스를 나타내며, 여기에 1을 더해 인덱스를 0부터가 아닌 1부터 시작하도록 설정한다.

삼성전자의 현재가 보다 높은 종목과 현재가 10개

'삼성전자'의 현재가보다 높은 현재가를 가진 종목들을 상위 10개 출력하기

```
[30]:
# '삼성전자' 종목의 현재가를 변수에 저장
ss_price = df[df['종목명'] == '삼성전자']['현재가'].values[0]

# 현재가가 '삼성전자'의 현재가보다 큰 종목들을 필터링하고, 상위 10개의 종목명과 현재가를 출력
filtered_df = df.query("현재가 > @ss_price").head(10)[['종목명', '현재가']]

filtered_df
```

[30]:

	종목명	현재가
2	SK하이닉스	191000
3	LG에너지솔루션	340500
4	현대차	259000
5	삼성바이오로직스	754000
7	기아	118600
8	셀트리온	190000
9	POSCO홀딩스	376000
11	NAVER	176100
12	삼성SDI	383000
13	LG화학	364000

- **2번줄**
  - df[df['종목명'] == '삼성전자']: '종목명'이 '삼성전자'인 행을 필터링한다.
  - ['현재가']: 필터링된 데이터프레임에서 '현재가' 열을 선택한다.
  - .values[0]: 선택된 '현재가' 값의 첫 번째 값을 가져와서 ss_price 변수에 저장한다.
- **5번줄**
  - df.query("현재가 〉 @ss_price"): query 함수를 사용하여 '현재가'가 ss_price (삼성전자의 현재가)보다 큰 행을 필터링한다.
  - .head(10): 필터링된 데이터프레임에서 상위 10개 행을 선택한다.
  - [['종목명', '현재가']]: 선택된 행에서 '종목명'과 '현재가' 열만 선택하여 데이터프레임을 구성한다.

TIP〉 query 문 안에서 변수 사용하기

pandas의 query 메서드는 데이터프레임에서 SQL과 유사한 방식으로 데이터를 필터링할 수 있는 기능을 제공한다. query 메서드 안에서 변수를 사용하려면, 변수를 @ 기호로 참조하면 된다.

거래량이 많은 10개 종목

'거래량'이 가장 큰 상위 10개의 종목명을 배열 형태로 출력

```
[38]: # '거래량'이 가장 큰 상위 10개의 행을 선택하고, 해당 행들의 '종목명' 열을 가져와서 배열로 반환
      df.nlargest(10, '거래량')['종목명'].values

[38]: array(['KODEX 200선물인버스2X', '대한해운', '삼성전자', 'KODEX 인버스', '한국석유',
             'KODEX 코스닥150선물인버스', '디아이', 'KODEX 코스닥150레버리지', '한국가스공사',
             'KODEX 레버리지'], dtype=object)
```

- nlargest(n, columns) 함수는 지정된 열의 값이 가장 큰 상위 n개의 행을 선택한다.
- 여기서는 10을 입력하여 '거래량'이 가장 큰 상위 10개의 행을 선택한다.
- ['종목명']: 상위 10개의 행에서 '종목명' 열을 선택하여 해당 열의 값만 추출한다.
- values 속성은 선택된 '종목명' 열의 값을 NumPy 배열로 변환하여 반환한다. 이를 통해 상위 10개의 종목명을 배열 형태로 얻을 수 있다.

등락률을 내림차순으로 정렬해 보자

등락률이 문자열 형식으로 되어 있을 때, 이를 숫자형으로 변환한 후 정렬할 수 있다.

```
[9]: df['등락률'].info()
```

```
<class 'pandas.core.series.Series'>
RangeIndex: 500 entries, 1 to 500
Series name: 등락률
Non-Null Count  Dtype
--------------  -----
500 non-null    object
dtypes: object(1)
memory usage: 4.0+ KB
```

```
[10]: # 등락률을 숫자형으로 변환
df['등락률'] = df['등락률'].str.replace('%', '').astype(float)

df['등락률'].info()
```

```
<class 'pandas.core.series.Series'>
RangeIndex: 500 entries, 1 to 500
Series name: 등락률
Non-Null Count  Dtype
--------------  -----
500 non-null    float64
dtypes: float64(1)
memory usage: 4.0 KB
```

- str.replace('%', ''): 문자열에서 % 기호를 제거한다.
- astype(float): 문자열을 부동 소수점 숫자형으로 변환한다.

```
[16]: # 등락률을 기준으로 정렬
df.sort_values(by='등락률', ascending=False).head(7)
```

[16]:

	종목명	현재가	전일비	등락률	액면가	시가총액	상장주식수	외국인비율	거래량	PER	ROE
318	디아이	24000	상승 3,200	15.38	500	6792	28300	9.11	9945883	727.27	2.09
186	TCC스틸	54500	상승 5,150	10.44	1000	14286	26214	6.02	493968	140.46	-3.57
499	삼성 인버스 2X 천연가스 선물 ETN C	62770	상승 4,310	7.37	0	3138	5000	0.00	46422	NaN	NaN
261	케이씨텍	41200	상승 2,750	7.15	500	8595	20862	14.42	214726	21.33	7.22
496	한국석유	24750	상승 1,450	6.22	500	3142	12694	3.95	7988161	21.10	8.67
62	에코프로머티	88700	상승 4,900	5.85	500	61190	68985	0.47	387166	-620.28	0.91
23	한미반도체	157000	상승 8,400	5.65	100	152280	96994	12.63	1897178	75.05	55.54

- sort_values(by='등락률', ascending=False): 등락률을 기준으로 내림차순으로 정렬한다. 오름차순으로 정렬하려면 ascending=True로 설정한다.

외국인비율이 높고 거래량이 많은 종목 10개

'외국인비율'이 가장 높은 순서대로, 동일한 '외국인비율'을 가진 경우 '거래량'이 가장 많은 순서대로 정렬된 결과를 얻을 수 있다.

```
[44]:
# 외국인 비율과 거래량을 기준으로 내림차순 정렬
# '외국인비율' 열을 기준으로 먼저 내림차순 정렬한 후, '거래량' 열을 기준으로 내림차순 정렬
df.sort_values(by=['외국인비율', '거래량'], ascending=[False, False]).head(10)
```

[44]:

	종목명	현재가	전일비	등락률	액면가	시가총액	상장주식수	외국인비율	거래량	PER	ROE
436	락앤락	8710	상승 10	0.11	500	3774	43326	85.91	1769	-9.38	-7.27
275	동양생명	4990	상승 10	0.20	5000	8052	161359	83.55	11077	2.98	6.97
53	S-Oil	67900	보합0	0.00	2500	76444	112583	78.23	40111	9.32	10.83
10	KB금융	76300	하락 1,300	-1.68	5000	307879	403511	76.53	203077	6.67	8.44
6	삼성전자우	62600	상승 1,500	2.45	100	515127	822887	75.57	375171	21.59	NaN
19	하나금융지주	59000	하락 1,400	-2.32	5000	172490	292357	69.84	194870	5.08	9.01
103	현대차우	155100	상승 600	0.39	5000	37025	23872	67.15	11152	3.58	NaN
365	유안타증권	2705	하락 10	-0.37	5000	5399	199597	64.26	7542	8.73	4.08
68	현대차2우B	156700	상승 800	0.51	5000	56035	35759	63.59	16539	3.62	NaN
373	프레스티지바이오파마	8660	하락 40	-0.46	0	5204	60096	63.18	5099	-16.04	3.99

- **sort_values(by=['외국인비율', '거래량'], ascending=[False, False]):**
  - by=['외국인비율', '거래량']: 정렬할 기준 열을 지정한다. 첫 번째 기준은 '외국인비율', 두 번째 기준은 '거래량'이다.
  - ascending=[False, False]: 각 기준 열에 대해 내림차순으로 정렬할 것을 지정한다. False는 내림차순, True는 오름차순을 의미한다.

- PER가 낮고 ROE는 높은 종목(음수와 nan 값은 제외한다.)
- PER 값이 양수이고 NaN 값이 아닌 종목 중에서 PER가 낮고 ROE가 높은 상위 10개와 5개의 종목을 필터링 행 보자.

```
[54]:
1  # 'PER' 값이 양수인 종목만 선택
2  df = df[df['PER'] > 0]
3
4  # 'PER' 값이 양수이고 NaN 값이 아닌 종목만 선택
5  df = df[(df['PER'] > 0) & (df['PER'].notna()) & (df['ROE'].notna())]
6
7  # 'PER'이 낮고 'ROE'가 높은 종목을 선택, 상위 10개
8  sorted_df_top_10 = df.sort_values(by=['PER', 'ROE'], ascending=[True, False]).head(10)
9
10 # 'PER'이 낮고 'ROE'가 높은 종목을 선택, 상위 5개
11 sorted_df_top_5 = df.sort_values(by=['PER', 'ROE'], ascending=[True, False]).head(5)
12
13 # 결과 출력
14 print("Top 10 종목")
15 display(sorted_df_top_10[['종목명', 'PER', 'ROE']])
16
17 print("\nTop 5 종목")
18 display(sorted_df_top_5[['종목명', 'PER', 'ROE']])

Top 10 종목 •••
```

- **5번줄**
  - (df['PER'] 〉 0): PER 값이 양수인 행을 필터링한다.
  - (df['PER'].notna()): PER 값이 NaN이 아닌 행을 필터링한다.
  - (df['ROE'].notna()): ROE 값이 NaN이 아닌 행을 필터링한다.
  - 모든 조건을 결합하여 PER 값이 양수이고, PER과 ROE 값이 NaN이 아닌 행만 선택한다.
- **8번줄**
  - sort_values(by=['PER', 'ROE'], ascending=[True, False]): PER는 오름차순, ROE는 내림차순으로 정렬한다.

FinanceDataReader

FinanceDataReader는 금융 데이터를 쉽게 가져올 수 있는 파이썬 패키지다. Yahoo Finance, Naver Finance, Investing.com 등 다양한 소스에서 주식, ETF, 환율 등의 데이터를 가져올 수 있다. FinanceDataReader는 특히 한국 시장 데이터(Naver Finance)와 글로벌 시장 데이터를 모두 지원하므로, 데이터 분석 및 시각화에 유용하다.

가. FinanceDataReader 설치하기

```
!pip install finance-datareader #쥬피터노트북에서 설치
```

나. KOSPI 시장의 종목 가져오기

```
[108]:
import FinanceDataReader as fdr

kospi = fdr.StockListing('KOSPI') # KOSPI 시장의 종목 목록을 가져옴
kospi.head()
```

[108]:

	Code	ISU_CD	Name	Market	Dept	Close	ChangeCode	Changes	ChagesRatio
0	005930	KR7005930003	삼성전자	KOSPI		77400	1	2100	2.79
1	000660	KR7000660001	SK하이닉스	KOSPI		191600	2	-1700	-0.88
2	373220	KR7373220003	LG에너지솔루션	KOSPI		356000	1	19500	5.79
3	005380	KR7005380001	현대차	KOSPI		266000	1	7000	2.70
4	207940	KR7207940008	삼성바이오로직스	KOSPI		768000	1	15000	1.99

- fdr.StockListing('KOSPI') 함수는 KOSPI 시장에 상장된 종목들의 목록을 가져온다.
- 이 함수는 주어진 거래소 코드에 해당하는 종목 목록을 데이터프레임 형식으로 반환한다. 'KOSPI'는 한국의 KOSPI 시장을 의미한다.

TIP〉 FinanceDataReader 사용자 안내서를 확인해 보자.

한국 거래소

심볼	거래소
KRX	KRX 종목 전체
KOSPI	KOSPI 종목
KOSDAQ	KOSDAQ 종목
KONEX	KONEX 종목

미국 거래소

심볼	거래소
NASDAQ	나스닥 종목
NYSE	뉴욕 증권거래소 종목
AMEX	AMEX 종목
SP500	S&P 500 종목

다. 종목코드로 주가그래프 그려보기

kospi 데이터프레임에서 'Name' 열에 'naver' 또는 '네이버'라는 단어가 포함된 행을 필터링

```
[118]:
# 'Name' 열에 'naver' 또는 '네이버'라는 단어가 포함된 행을 필터링
kospi[kospi['Name'].str.contains('naver|네이버',case=None)][['Code','Name']]
```

[118]:

	Code	Name
10	035420	NAVER

- kospi['Name']: 데이터프레임 kospi의 'Name' 열을 선택한다.
- .str.contains('naver|네이버', case=False): 'Name' 열의 문자열이 'naver' 또는 '네이버'를 포함하는지 확인한다. |는 OR 연산자로, 'naver' 또는 '네이버' 중 하나라도 포함되어 있는지 확인한다.
- case=False: 대소문자를 구분하지 않고 검색한다.

이 코드를 실행하면 KOSPI 시장의 종목 목록에서 'Name' 열에 'naver' 또는 '네이버'라는 단어가 포함된 종목들을 필터링하여 출력할 수 있다. 이를 통해 특정 단어가 포함된 종목을 쉽게 찾을 수 있다.

라. 네이버 월별 10년치 주가 그래프 그리기

네이버(종목 코드: 035420)의 2014년부터 2024년까지 월별 평균 종가를 시각화

```
[146]:
import FinanceDataReader as fdr
import pandas as pd
import matplotlib.pyplot as plt
import koreanize_matplotlib

# 2014년부터 2024년까지 네이버 (종목 코드: 035420) 주가 데이터를 가져옴
naver_data = fdr.DataReader('035420', '2014-01-01', '2024-12-31')

# 데이터프레임의 인덱스를 월별로 변환하여 'Month' 열에 저장
naver_data['Month'] = naver_data.index.to_period('M')

# 월별 종가 평균 계산
monthly_avg = naver_data.groupby('Month')['Close'].mean()

# 결과 확인
print(monthly_avg.head())

# 월별 평균 종가 그래프 그리기
plt.figure(figsize=(14, 7))
```

```
20 plt.plot(monthly_avg.index.to_timestamp(),
21          monthly_avg, marker='o',
22          label='월별 평균 종가')
23 plt.title('네이버 (035420) 월별 평균 종가 (2014-2024)')
24 plt.xlabel('연도-월')
25 plt.ylabel('평균 종가 (KRW)')
26 plt.legend()
27 plt.grid(True)
28 plt.show()
29
```

```
Month •••
```

- 7번줄: fdr.DataReader('035420', '2014-01-01', '2024-12-31'): 네이버(종목 코드: 035420)의 2014년 1월 1일부터 2024년 12월 31일까지의 주가 데이터를 가져온다.
- 10번줄: naver_data.index.to_period('M'): 데이터프레임의 인덱스를 월별 기간으로 변환.
- 13번줄: naver_data.groupby('Month')['Close'].mean(): 'Month' 열을 기준으로 데이터를 그룹화하고, 각 그룹의 'Close' 열의 평균을 계산.
- monthly_avg: 월별 평균 종가 데이터가 저장될 데이터프레임.
- 20번줄: plt.plot(monthly_avg.index.to_timestamp(), monthly_avg, marker='o', label='월별 평균 종가'): 월별 평균 종가 데이터를 그래프로 그린다.
- 23번줄: plt.title('네이버 (035420) 월별 평균 종가 (2014-2024)'): 그래프의 타이틀을 설정한다.
- 24번줄: plt.xlabel('연도-월'): x축 레이블을 설정한다.
- 25번줄: plt.ylabel('평균 종가 (KRW)'): y축 레이블을 설정한다.
- 26번줄: plt.legend(): 범례를 추가한다.
- 27번줄: plt.grid(True): 격자를 추가한다.
- 28번줄: plt.show(): 그래프를 화면에 표시한다.

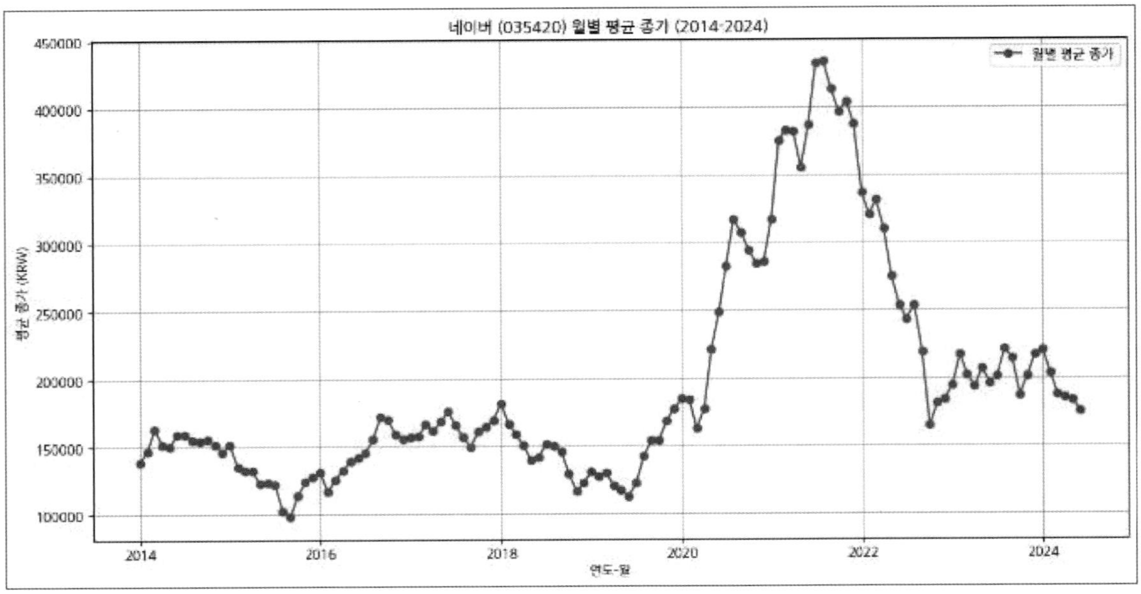

마. 코스피와 네이버의 월별 10년치 데이터를 비교해 보기

[156]:

```
import FinanceDataReader as fdr
import pandas as pd
import matplotlib.pyplot as plt
import koreanize_matplotlib

# 코스피와 네이버의 데이터를 가져오기 위한 종목 코드
kospi_code = 'KS11'
naver_code = '035420'

# 2014년부터 2024년까지 코스피 데이터 가져오기
kospi_data = fdr.DataReader(kospi_code, '2014-01-01', '2024-12-31')

# 2014년부터 2024년까지 네이버 데이터 가져오기
naver_data = fdr.DataReader(naver_code, '2014-01-01', '2024-12-31')

# 데이터프레임의 인덱스를 월별로 변환하여 'Month' 열에 저장
kospi_data['Month'] = kospi_data.index.to_period('M')
naver_data['Month'] = naver_data.index.to_period('M')

# 월별 종가 평균 계산
kospi_monthly_avg = kospi_data.groupby('Month')['Close'].mean()
naver_monthly_avg = naver_data.groupby('Month')['Close'].mean()
```

- 11번줄: fdr.DataReader(kospi_code, '2014-01-01', '2024-12-31'): 코스피 지수 데이터를 가져온다.
- 14번줄: fdr.DataReader(naver_code, '2014-01-01', '2024-12-31'): 네이버 주가 데이터를 가져온다.
- 17,18번줄: 데이터프레임의 인덱스를 월별 기간으로 변환하고 'Month' 열에 저장.
- 21,22번줄: 월별로 그룹화하고 각 그룹의 'Close' 열의 평균을 계산.

```
[158]:
1  # 그래프 그리기
2  fig, ax1 = plt.subplots(figsize=(14, 7))
3
4  # 왼쪽 y축: 코스피 데이터
5  ax1.plot(kospi_monthly_avg.index.to_timestamp(), kospi_monthly_avg, 'b-',
   marker='o', label='코스피 월별 평균 종가')
6  ax1.set_xlabel('연도-월')
7  ax1.set_ylabel('코스피 지수', color='b')
8  ax1.tick_params(axis='y', labelcolor='b')
9
10 # 오른쪽 y축: 네이버 데이터
11 ax2 = ax1.twinx()
12 ax2.plot(naver_monthly_avg.index.to_timestamp(), naver_monthly_avg, 'r-',
   marker='o', label='네이버 월별 평균 종가')
13 ax2.set_ylabel('네이버 주가 (KRW)', color='r')
14 ax2.tick_params(axis='y', labelcolor='r')
15
16 # 타이틀 설정
17 plt.title('코스피와 네이버의 월별 평균 종가 비교 (2014-2024)')
18
19 # 범례 설정
20 fig.tight_layout()
21 fig.legend(loc='upper left', bbox_to_anchor=(0.1, 0.9))
22
23 # 격자 설정
24 ax1.grid(True)
25
26 # 그래프 표시
27 plt.show()

<Figure size 1400x700 with 2 Axes> •••
```

- 2번줄: fig, ax1 = plt.subplots(figsize=(14, 7)): 그래프와 첫 번째 y축을 설정한다.
- 5번줄: ax1.plot(...): 첫 번째 y축에 코스피 데이터를 플로팅한다.
- 11번줄: ax1.twinx(): 두 번째 y축을 설정한다.
- 12번줄: ax2.plot(...): 두 번째 y축에 네이버 데이터를 플로팅한다.
- 20번줄: fig.tight_layout(): 그래프 레이아웃을 조정한다.
- 21번줄: fig.legend(...): 범례를 추가한다.
- 24번줄: ax1.grid(True): 격자를 추가한다.
- 27번줄: plt.show(): 그래프를 화면에 표시한다.

그래프 분석

- **코스피 지수**

  - 왼쪽 y축은 코스피 지수를 나타낸다. 코스피 지수는 한국 주식 시장의 전반적인 성과를 나타낸다. 일반적으로 경제 상황, 글로벌 경제 동향, 정치적 이벤트 등에 영향을 받는다.
  - 그래프에서 코스피 지수의 변동성을 확인할 수 있으며, 특정 시점에서의 급격한 상승이나 하락을 분석할 수 있다.

- **네이버 주가**

  - 오른쪽 y축은 네이버 주가를 나타낸다. 네이버는 한국의 주요 IT 기업으로, 검색 엔진, 포털 사이트, 광고, 콘텐츠 서비스 등을 제공한다.
  - 네이버 주가는 회사의 실적, 산업 동향, 기술 개발, 경쟁 상황 등에 영향을 받는다. 그래프에서 네이버 주가의 변동성을 확인할 수 있으며, 특정 시점에서의 급격한 상승이나 하락을 분석할 수 있다.

- **비교**

  - 코스피 지수와 네이버 주가를 비교함으로써 두 가지 주가 동향이 어떻게 연관되어 있는지를 분석할 수 있다. 예를 들어, 한국 주식 시장이 전반적으로 상승하는 동안 네이버 주가도 상승하는지, 혹은 반대로 움직이는지를 확인할 수 있다.
  - 특정 시점에서의 이벤트(예: 경제 위기, 회사 실적 발표 등)가 두 지수에 미치는 영향을 비교할 수 있다.

4. 연습문제(ChatGpt 활용하기)

kospi 지수와 삼성전자 주가의 상관관계를 분석할 수 있는 그래프를 시각화 하시오.

아래 그래프는 2023년부터 2024년까지의 KOSPI 지수와 삼성전자 주가의 월별 종가를 비교한 것이다. 두 개의 Y축을 사용하여 한 화면에 두 가지 데이터를 시각화했다.

그래프 구성 요소 설명

① **X축 (Month)**

- 2023년 1월부터 2024년 5월까지의 월별 데이터가 표시된다.
- 각 월의 마지막 날을 기준으로 데이터가 표시된다.

② **왼쪽 Y축 (KOSPI Index)**

- KOSPI 지수의 값을 나타낸다.
- 파란색 선과 마커로 표시되어 있으며, KOSPI 지수의 월별 변동을 보여준다.

③ **오른쪽 Y축 (Samsung Electronics Stock Price in KRW)**

- 삼성전자 주가의 값을 나타낸다.
- 초록색 선과 마커로 표시되어 있으며, 삼성전자 주가의 월별 변동을 보여준다.

④ **범례 (Legend)**

- 그래프 왼쪽 상단에 KOSPI 지수와 삼성전자 주가를 구분하는 범례가 있다.
- 파란색은 KOSPI 지수, 초록색은 삼성전자 주가를 나타낸다.

⑤ 마커 값

- 각 마커 옆에 해당 월의 종가 값이 표시되어 있어, 정확한 데이터를 쉽게 확인할 수 있다.
- KOSPI 지수 값은 파란색으로, 삼성전자 주가 값은 초록색으로 표시된다.

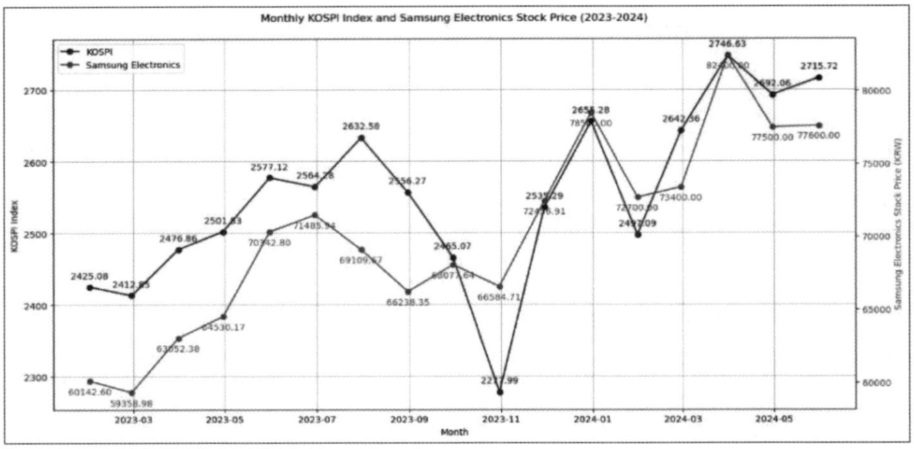

9

코로나 바이러스 감염 현황 분석

1. 프로젝트 개요
2. 탐색적 데이터 분석(EDA)
3. 연습문제

9. 코로나 바이러스 감염 현황 분석

1. 프로젝트 개요

이 프로젝트의 목적은 코로나 바이러스 감염 현황을 분석하여 대처를 잘한 10개 나라의 대응 전략과 그 효과를 파악하는 것이다. 이를 통해 향후 유사한 전염병 발생 시 참고할 수 있는 유용한 정보를 제공하는 데 있다.

가. 프로젝트의 목적

2022년 상반기 변이 바이러스 오미크론이 기승을 부리면서 많은 코로나 확진자가 양상되고 있다. 매일 확진자 현황을 확인하는 것을 이제 우리의 일상이 되었다. 여러분은 확진자 현황을 어떻게 파악하고 있나?

다양한 매치와 인터넷을 통해 우리나라뿐만 아니라 전 세계의 코로나 바이러스 감염 현황을 쉽게 확인할 수 있다. 그렇다고 해서 모든 그래프와 데이터가 보기 좋게 제공되는 것은 아니다. 만약 여러분에게 코로나 감염 현황에 대한 데이터가 있고, 원하는 형태로 그래프를 그려서 확인할 수 있다면 어떨까? 특별히 배워야 할 복잡한 수식 없이 이미 알고 있는 지식만으로도 충분히 프로젝트를 수행할 수 있다.

나. 대상 국가

코로나 바이러스 대응을 비교적 잘한 10개 나라를 선정한다. 선정 기준은 감염자 수, 사망자 수, 백신 접종률, 경제적 영향 등을 종합적으로 고려한다.

예시 국가: 대한민국, 뉴질랜드, 대만, 싱가포르, 핀란드, 노르웨이, 호주, 일본, 아이슬란드, 독일.

다. 데이터 수집

- **데이터 출처**

  - Our World in Data는 다양한 글로벌 데이터와 연구 자료를 제공하는 웹사이트로, 경제, 건강, 교육, 환경 등 여러 분야의 데이터를 시각적으로 표현하고 분석하는 플랫폼이다. 특히, 코로나 바이러스 팬데믹 동안 이 사이트는 매우 중요한 역할을 했다.

- Our World in Data: 제공된 데이터 파일(owid-covid-data.csv)을 활용하여 각국의 코로나 현황 데이터를 분석한다.

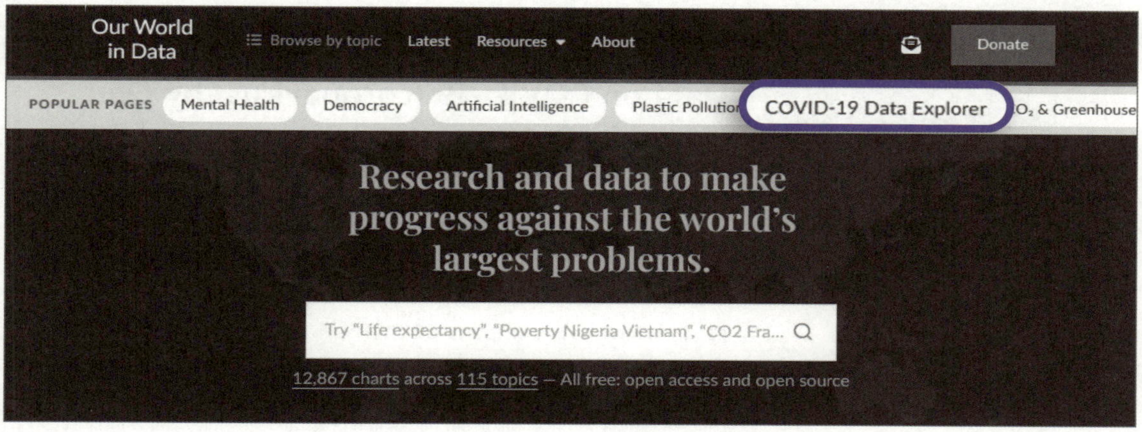

- **수집 데이터**
  - 국가별 일일 확진자 수
  - 국가별 일일 사망자 수
  - 국가별 백신 접종률
  - 국가별 코로나 검사 수

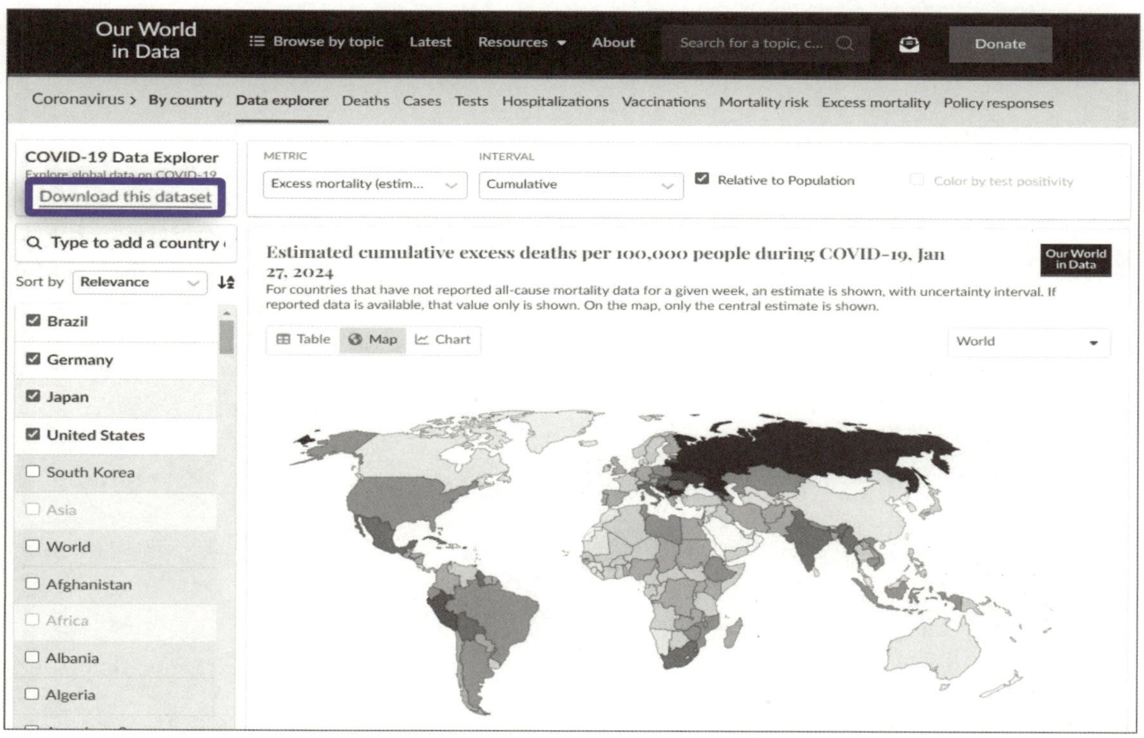

• **기타 보건 및 경제 지표**

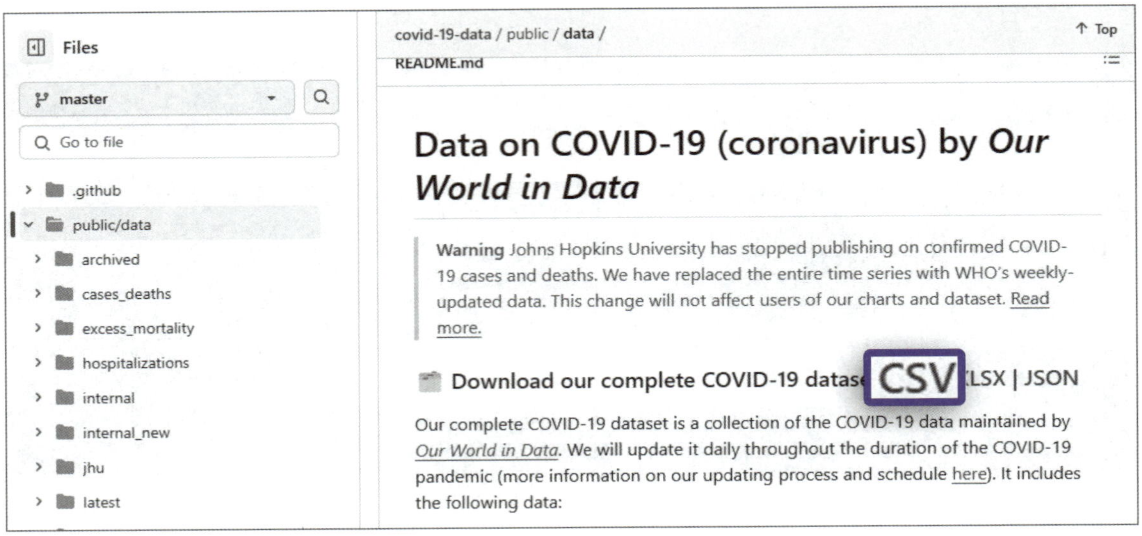

2. 탐색적 데이터 분석(EDA)

가. 데이터 로드 및 초기 탐색

[1]:

```python
import pandas as pd

# 데이터 로드
file_path = "data/owid-covid-data.csv"
df = pd.read_csv(file_path)

df.head()
```

[1]:

	iso_code	continent	location	date	total_cases	new_cases	new_cases_smoothed	total_d
0	AFG	Asia	Afghanistan	2020-01-05	NaN	0.0	NaN	
1	AFG	Asia	Afghanistan	2020-01-06	NaN	0.0	NaN	
2	AFG	Asia	Afghanistan	2020-01-07	NaN	0.0	NaN	
3	AFG	Asia	Afghanistan	2020-01-08	NaN	0.0	NaN	
4	AFG	Asia	Afghanistan	2020-01-09	NaN	0.0	NaN	

5 rows × 67 columns

나. 데이터 정제 및 가공

필요한 컬럼만 필터링해서 데이터셋을 정리해 보자.

[4]:
```
cols =
['location','date','total_cases','new_cases','total_deaths','people_vaccinated','population']

df=df[cols]
df[:2]
```

[4]:

	location	date	total_cases	new_cases	total_deaths	people_vaccinated	populatio
0	Afghanistan	2020-01-05	NaN	0.0	NaN	NaN	41128772.
1	Afghanistan	2020-01-06	NaN	0.0	NaN	NaN	41128772.

주요 10개국을 선정해서 데이터를 datetime으로 변경하기

[5]:
```
# 백신 접종률 계산
df['vaccination_rate'] = df['people_vaccinated'] / df['population'] * 100

# 국가 필터링
countries = ['South Korea', 'New Zealand', 'Taiwan', 'Singapore', 'Finland',
'Norway', 'Australia', 'Japan', 'Iceland', 'Germany']
df = df[df['location'].isin(countries)]

df.head()
```

[5]:

	location	date	total_cases	new_cases	total_deaths	people_vaccinated	populati
20596	Australia	2020-01-05	NaN	0.0	NaN	NaN	2617741
20597	Australia	2020-01-06	NaN	0.0	NaN	NaN	2617741
20598	Australia	2020-01-07	NaN	0.0	NaN	NaN	2617741
20599	Australia	2020-01-08	NaN	0.0	NaN	NaN	2617741
20600	Australia	2020-01-09	NaN	0.0	NaN	NaN	2617741

pd.to_datetime는 Pandas 라이브러리에서 제공하는 함수로, 다양한 형태의 날짜 및 시간 데이터를 datetime 객체로 변환하는 데 사용돼. 이 함수는 문자열, 리스트, 배열, Series 등의 형태로 주어진 날짜 데이터를 datetime 객체로 변환해준다.

datetime 형식 예제

```
[37]:
문자열리스트 = ['2024-06-03','2024-06-04','2024-06-05']
예제 = pd.to_datetime(문자열리스트)
print(예제)
```

```
DatetimeIndex(['2024-06-03', '2024-06-04', '2024-06-05'], dtype='datetime64[ns]', freq=None)
```

```
[8]:
df['date'] = pd.to_datetime(df.date)
df.info()
```

```
<class 'pandas.core.frame.DataFrame'>
Index: 15600 entries, 20596 to 348983
Data columns (total 8 columns):
 #   Column             Non-Null Count  Dtype
---  ------             --------------  -----
 0   location           15600 non-null  object
 1   date               15600 non-null  datetime64[ns]
 2   total_cases        14009 non-null  float64
 3   new_cases          13946 non-null  float64
 4   total_deaths       13722 non-null  float64
 5   people_vaccinated  5946 non-null   float64
 6   population         15600 non-null  float64
 7   vaccination_rate   5946 non-null   float64
dtypes: datetime64[ns](1), float64(6), object(1)
memory usage: 1.1+ MB
```

pd.date_range는 Pandas 라이브러리에서 제공하는 함수로, 지정된 시작일(start)과 종료일(end) 또는 기간(periods)을 기반으로 일정한 간격의 날짜 범위를 생성한다.

이 함수는 주로 시간 인덱스나 시간 기반 데이터 생성에 사용된다.

주요 매개변수

- start: 시작 날짜. 문자열이나 datetime 객체로 지정.
- end: 종료 날짜. 문자열이나 datetime 객체로 지정.
- periods: 생성할 날짜의 개수. start와 함께 사용되면 end가 자동으로 계산되고, end와 함께 사용되면 start가 자동으로 계산됨.

- freq: 날짜 범위의 빈도. 기본값은 'D'(일별)이며, 다양한 빈도를 지정할 수 있다.
  - 'B': 영업일
  - 'H': 시간
  - 'T'또는 'min': 분
  - 'S': 초
  - 'L': 밀리초
  - 'U': 마이크로초
  - 'M': 월말
  - 'MS': 월초
  - 'A'또는 'Y': 연말
  - 'AS'또는 'YS': 연초
  - 'Q': 분기말
  - 'QS': 분기초

```
[9]: pd.date_range(start=df.date.min(),
                   end=df.date.max(),
                   freq='m')
```

```
[9]: DatetimeIndex(['2020-01-31', '2020-02-29', '2020-03-31', '2020-04-30',
                    '2020-05-31', '2020-06-30', '2020-07-31', '2020-08-31',
                    '2020-09-30', '2020-10-31', '2020-11-30', '2020-12-31',
                    '2021-01-31', '2021-02-28', '2021-03-31', '2021-04-30',
                    '2021-05-31', '2021-06-30', '2021-07-31', '2021-08-31',
                    '2021-09-30', '2021-10-31', '2021-11-30', '2021-12-31',
                    '2022-01-31', '2022-02-28', '2022-03-31', '2022-04-30',
                    '2022-05-31', '2022-06-30', '2022-07-31', '2022-08-31',
                    '2022-09-30', '2022-10-31', '2022-11-30', '2022-12-31',
                    '2023-01-31', '2023-02-28', '2023-03-31', '2023-04-30',
                    '2023-05-31', '2023-06-30', '2023-07-31', '2023-08-31',
                    '2023-09-30', '2023-10-31', '2023-11-30', '2023-12-31',
                    '2024-01-31', '2024-02-29', '2024-03-31', '2024-04-30'],
                   dtype='datetime64[ns]', freq='M')
```

[10]:
```python
result = df[df['date'].isin(pd.date_range(start=df.date.min(),
            end=df.date.max(),
            freq='m'))]
result
```

[10]:

	location	date	total_cases	new_cases	total_deaths	people_vaccinated	populat
20622	Australia	2020-01-31	4.0	0.0	NaN	NaN	2617741
20651	Australia	2020-02-29	22.0	0.0	NaN	NaN	2617741
20682	Australia	2020-03-31	3809.0	0.0	16.0	NaN	2617741
20712	Australia	2020-04-30	6703.0	0.0	85.0	NaN	2617741
20743	Australia	2020-05-31	7185.0	79.0	107.0	NaN	2617741
...	...	...	...	...	...	...	...
348836	Taiwan	2023-04-30	NaN	NaN	NaN	NaN	2389339
348867	Taiwan	2023-05-31	NaN	NaN	NaN	NaN	2389339
348897	Taiwan	2023-06-30	NaN	NaN	NaN	NaN	2389339
348928	Taiwan	2023-07-31	NaN	NaN	NaN	NaN	2389339
348959	Taiwan	2023-08-31	NaN	NaN	NaN	NaN	2389339

512 rows × 8 columns

reset_index(drop=True)는 Pandas에서 데이터프레임의 인덱스를 리셋하고, 기존 인덱스를 새로운 데이터프레임의 열로 포함시키지 않기 위해 사용된다. 기본적으로 reset_index는 인덱스를 리셋할 때 기존 인덱스를 index라는 새로운 열로 포함시키지만, drop=True 옵션을 사용하면 기존 인덱스를 버리고, 인덱스를 리셋할 수 있다.

```
[11]: result.reset_index(drop=True, inplace=True)
      result
```

<div> •••

```
[12]: result[result.date == '2024-04-30']
```

[12]:

	location	date	total_cases	new_cases	total_deaths	people_vaccinated	populati
51	Australia	2024-04-30	11841506.0	0.0	25157.0	NaN	2617741
103	Finland	2024-04-30	1499712.0	0.0	11466.0	NaN	554074
155	Germany	2024-04-30	38437756.0	NaN	174979.0	NaN	8336984
207	Iceland	2024-04-30	209932.0	0.0	186.0	NaN	37290
259	Japan	2024-04-30	33803572.0	0.0	74694.0	NaN	12395169
311	New Zealand	2024-04-30	2585152.0	0.0	3965.0	NaN	518528
363	Norway	2024-04-30	1507481.0	0.0	5732.0	NaN	543432
415	Singapore	2024-04-30	3006155.0	0.0	2024.0	NaN	563702
467	South Korea	2024-04-30	34571873.0	0.0	35934.0	NaN	5181580

unstack 메서드는 Pandas에서 멀티인덱스를 가진 DataFrame을 변형하여 데이터를 더 쉽게 분석하고 시각화할 수 있도록 도와주는 기능을 제공한다. unstack 메서드는 DataFrame의 특정 레벨을 열로 변환하는 역할을 한다. 주로 시계열 데이터나 계층적 인덱스를 가진 데이터를 처리할 때 유용하게 사용된다.

```
[13]: result.set_index(['date','location']).unstack().head()
```

[13]:

location	Australia	Finland	Germany	Iceland	Japan	New Zealand	Norway	Singapore	S K
date									
2020-01-31	4.0	NaN	2.0	NaN	3.0	NaN	NaN	4.0	
2020-02-29	22.0	2.0	31.0	15.0	132.0	NaN	1.0	89.0	
2020-03-31	3809.0	2683.0	63904.0	1162.0	1693.0	476.0	4529.0	802.0	9
2020-04-30	6703.0	5521.0	156812.0	1806.0	13182.0	1121.0	7551.0	12693.0	10
2020-05-31	7185.0	6591.0	182082.0	1820.0	16851.0	1154.0	8434.0	34366.0	11.

5 rows × 60 columns

TIP〉 데이터 재구조화 stack vs unstack

stack과 unstack 메서드는 데이터의 구조를 변경하여 분석과 시각화를 더 쉽게 할 수 있도록 도와준다. unstack은 데이터를 넓은 형태로 변환하고, stack은 데이터를 긴 형태로 변환하여 다양한 형태로 데이터를 조작할 수 있게 한다.

- stack: 열을 행으로 피벗하여 데이터프레임의 차원을 축소하는 메서드다. 이 메서드는 열 레벨을 인덱스 레벨로 변환한다.
- unstack: 행을 열로 피벗하여 데이터프레임의 차원을 확장하는 메서드다. 이 메서드는 인덱스 레벨을 열 레벨로 변환한다.

```
[1]:
import pandas as pd

# 예제 데이터프레임 생성
data = {
    '상품': ['A', 'A', 'B', 'B'],
    '연도': [2020, 2021, 2020, 2021],
    '매출': [100, 150, 200, 250]
}
df = pd.DataFrame(data)
df.set_index(['상품', '연도'], inplace=True)
df
```

[1]:

상품	연도	매출
A	2020	100
	2021	150
B	2020	200
	2021	250

unstack 메서드는 인덱스 레벨을 열로 변환한다.

[2]:

```
df_unstacked = df.unstack()
df_unstacked
```

[2]:

	매출	
연도	2020	2021
상품		
A	100	150
B	200	250

연도 레벨이 열로 이동하여 데이터가 피벗 형태로 변환된다.

상품이 인덱스로 남고, 연도가 열로 이동하여 각 상품의 매출 값이 연도별로 표시된다.

stack 메서드는 열 레벨을 인덱스 레벨로변환한다. unstack의 반대 작업을 수행한다.

[3]:

```
df_stacked = df_unstacked.stack()
df_stacked
```

[3]:

상품	연도	매출
A	2020	100
	2021	150
B	2020	200
	2021	250

unstack의 반대 작업으로, 열 레벨(연도)이 다시 인덱스 레벨로 변환된다.

원래의 계층적 인덱스 구조로 돌아간다.

```
[14]:  1 result.set_index(['date','location']).unstack()['vaccination_rate'].plot()

[14]:  <Axes: xlabel='date'>
```

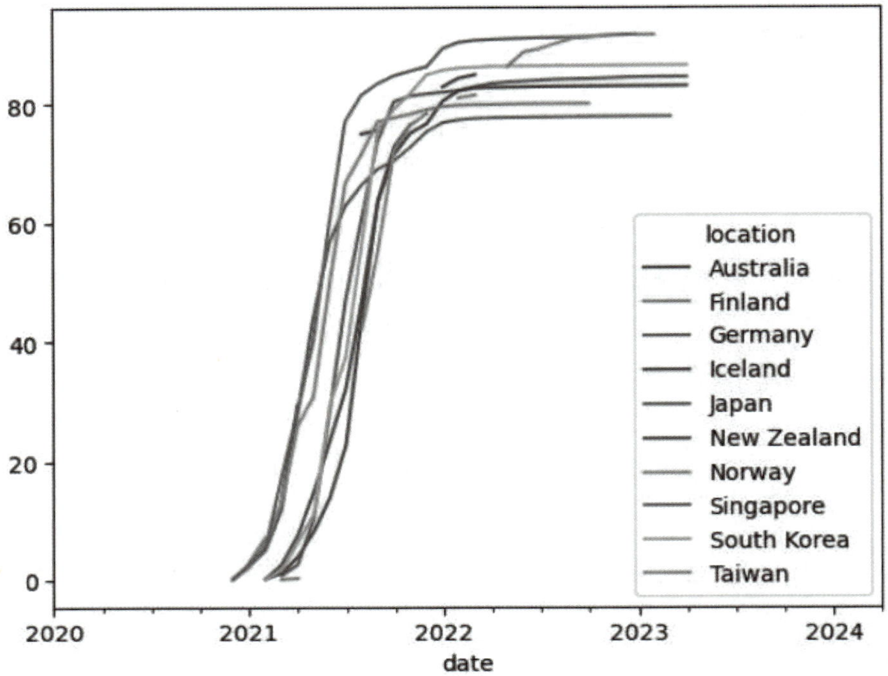

그래프 설명

① 데이터 구조

- x축 (date): 시간의 흐름을 나타내며, 2020년부터 2024년까지의 기간을 포함하고 있다.
- y축 (vaccination rate): 백신 접종률을 나타내며, 백분율로 표시된다. 0%에서 100%까지의 범위가 있다.
- 범례 (location): 그래프의 각 선은 서로 다른 국가를 나타낸다.

② 그래프 해석

- 각 선은 특정 국가의 백신 접종률이 시간에 따라 어떻게 변화했는지를 보여준다.
- 대부분의 국가들은 2021년 중반부터 백신 접종을 시작했고, 그 이후 빠르게 접종률이 상승하고 있음을 알 수 있다.
- 2021년과 2022년 사이에 급격한 접종률 증가가 나타나고 있으며, 그 이후로는 여러 국가에서 코로나 바이러스 감염에 의한 누적 사망자 수의 시간 경과에 따른 변화를 보여준다.

```
[42]: 1 result.set_index(['date','location']).unstack()['total_deaths'].plot()
```

```
[42]: <Axes: xlabel='date'>
```

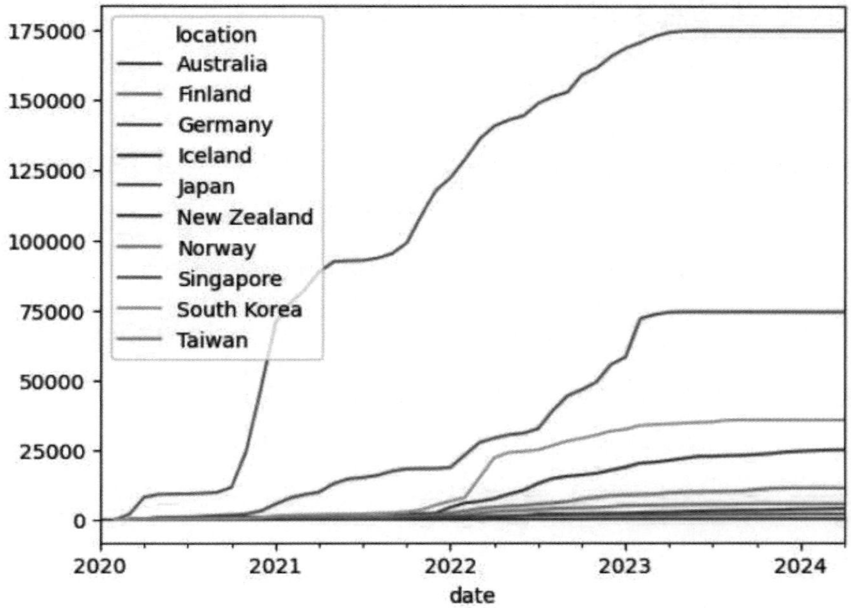

그래프 설명

① 데이터 구조

- x축 (date): 시간의 흐름을 나타내며, 2020년부터 2024년까지의 기간을 포함하고 있다.
- y축 (total_deaths): 누적 사망자 수를 나타낸다.
- 범례 (location): 그래프의 각 선은 서로 다른 국가를 나타낸다.

② 그래프 해석

- 각 선은 특정 국가의 누적 사망자 수가 시간에 따라 어떻게 변화했는지를 보여준다.
- 그래프에서 볼 수 있듯이, 2020년 초에는 모든 국가에서 누적 사망자 수가 낮은 수준을 유지하고 있다.
- 2021년부터 대부분의 국가에서 누적 사망자 수가 증가하기 시작한다.
- 특히 독일(Germany)의 누적 사망자 수가 다른 국가들에 비해 크게 증가한 것을 볼 수 있다. 이는 독일의 누적 사망자 수가 175,000명을 넘어서고 있다.

- 다른 국가들도 2021년과 2022년 사이에 누적 사망자 수가 증가하고 있지만, 독일에 비해 상대적으로 낮은 수준을 유지하고 있다.
- 2023년 이후로는 대부분의 국가에서 누적 사망자 수 증가 속도가 둔화되고 있다.

③ 데이터 처리

- 코드에서 resultDataFrame은 날짜(date)와 위치(location)를 인덱스로 설정하고, unstack메서드를 사용하여 데이터를 변형한 후, total_deaths열을 선택하여 그래프로 그린다.
- set_index([‘date’, ‘location’]): 데이터프레임의 인덱스를 날짜와 위치로 설정.
- unstack(): 인덱스 중 하나를 열로 변환하여 각 국가의 누적 사망자 수 데이터를 열로 분리.
- [‘total_deaths’]: 언스택한 데이터프레임에서 누적 사망자 수 열을 선택.

3. 연습문제

OECD 디지털정부 평가 1위 부터 10위까지 나라의 코로나 바이러스 사망률을 구하고, 시각화 해 보자.

10

타이타닉 생존자 분석

1. 결측값 확인 및 처리
2. 생존율 분석
3. 고객 세그먼트 분석
4. 운임 분석
5. 가족 단위 승객 분석

10. 타이타닉 생존자 분석

타이타닉호는 1912년에 침몰한 영국의 여객선으로, 역사상 가장 유명한 해난 사고 중 하나입니다. 이 사고는 타이타닉호가 처녀 항해 중에 빙산과 충돌하여 침몰한 것으로 알려져 있다.

데이터 분석을 위한 타이타닉 데이터프레임은 주로 타이타닉호의 침몰 사고와 관련된 승객 및 승무원의 정보를 담고 있습니다. 타이타닉 데이터는 실제로 빅데이터 분석 학습에서 가장 첫 번째로 하는 분석 자료로서 교과서처럼 쓰이고 있다.

우리는 seaborn에서 데이터셋으로 제공하고 있는 타이타닉 데이터를 이용해 성별에 따른 생존자 분석, 연령별 생존자 분석 등 다양한 데이터 분석을 해 보겠다.

Seaborn의 타이타닉 데이터셋은 유명한 타이타닉 호의 침몰 사건을 기반으로 한 승객 정보 데이터를 포함하고 있어. 이 데이터셋은 다양한 분석 및 시각화 연습을 위해 사용되며, 다음과 같은 주요 컬럼들로 구성되어 있다:

데이터셋 로드 및 확인 방법

- **분석에 필요한 설정 및 라이브러리 불러오기**

```
import pandas as pd  # 데이터 조작 및 분석을 위한 라이브러리
import seaborn as sns  # 시각화를 위한 라이브러리
import matplotlib.pyplot as plt  # 시각화를 위한 라이브러리
import warnings
warnings.filterwarnings('ignore')  # 경고 메시지 무시
```

- Seaborn 라이브러리를 사용하여 이 데이터셋을 불러오고 확인하는 방법은 다음과 같다.

```
[2]:
import seaborn as sns
import matplotlib.pyplot as plt
import pandas as pd

# 타이타닉 데이터셋 불러오기
titanic = sns.load_dataset('titanic')

# 데이터셋의 첫 몇 행을 확인
titanic.head()
```

[2]:

	survived	pclass	sex	age	sibsp	parch	fare	embarked	class	who	adult_male	de
0	0	3	male	22.0	1	0	7.2500	S	Third	man	True	N
1	1	1	female	38.0	1	0	71.2833	C	First	woman	False	
2	1	3	female	26.0	0	0	7.9250	S	Third	woman	False	N
3	1	1	female	35.0	1	0	53.1000	S	First	woman	False	
4	0	3	male	35.0	0	0	8.0500	S	Third	man	True	N

TIP〉

```
# seaborn에 내장된 데이터셋의 이름 목록을 확인
  sns.get_dataset_names()
# 타이타닉 데이터셋을 로드하여 데이터프레임으로 저장
  titanic_df = sns.load_dataset('titanic')
```

컬럼 설명

- survived: 생존 여부 (0 = 사망, 1 = 생존)
- pclass: 승객의 사회 경제적 등급 (1 = 1등석, 2 = 2등석, 3 = 3등석)
- sex: 승객의 성별 (male = 남성, female = 여성)
- age: 승객의 나이 (일부 데이터는 결측치로 포함되어 있음)
- sibsp: 타이타닉 호에 함께 탑승한 형제 또는 배우자의 수
- parch: 타이타닉 호에 함께 탑승한 부모 또는 자녀의 수
- fare: 승객이 지불한 운임 요금
- embarked: 승선한 항구 (C = Cherbourg, Q = Queenstown, S = Southampton)
- class: pclass의 문자형 버전 (First, Second, Third)
- who: 승객의 성별/연령 그룹 (man, woman, child)
- adult_male: 성인 남성 여부 (True = 성인 남성, False = 성인 남성 아님)
- deck: 승객의 데크 위치 (일부 데이터는 결측치로 포함되어 있음)
- embark_town: 승선한 항구의 이름 (Cherbourg, Queenstown, Southampton)
- alive: 생존 여부 (yes = 생존, no = 사망)
- alone: 혼자 탑승했는지 여부 (True = 혼자, False = 가족과 함께)

1. 결측값 확인 및 처리

titanic.isnull().sum()은 각 컬럼별로 결측값의 수를 확인한다. 이를 통해 결측값이 많은 컬럼과 그렇지 않은 컬럼을 구별할 수 있다.

```
[3]:
# 결측값이 있는 컬럼들을 확인
titanic.isnull().sum()
```

```
[3]: survived         0
     pclass           0
     sex              0
     age            177
     sibsp            0
     parch            0
     fare             0
     embarked         2
     class            0
     who              0
     adult_male       0
     deck           688
     embark_town      2
     alive            0
     alone            0
     dtype: int64
```

결측치 처리

- Age: 중간값으로 대체
- Embarked: 최빈값으로 대체
- Deck: 결측치가 많으므로 생존 여부에 큰 영향을 미치지 않는다면 삭제
- Embark_town: Embarked와 동일한 값이므로 삭제

```
[4]:
# Age 결측값을 중간값으로 대체
titanic['age'].fillna(titanic['age'].median(), inplace=True)

# Embarked 결측값을 최빈값으로 대체
titanic['embarked'].fillna(titanic['embarked'].mode()[0], inplace=True)

# Deck 컬럼 삭제 (결측값이 너무 많아서)
titanic.drop(columns='deck', inplace=True)

# Embark_town 컬럼 삭제 (Embarked와 중복된 정보)
titanic.drop(columns='embark_town', inplace=True)

# 결측값 처리 후 데이터셋의 결측값 수 다시 확인
titanic.isnull().sum()

```

```
survived 0 •••
```

- 2번줄: titanic['age'].fillna(titanic['age'].median(), inplace=True)는 Age 컬럼의 결측값을 중간값으로 대체한다. 중간값을 사용하는 이유는 평균보다 이상치의 영향을 덜 받기 때문이다.
- 3번줄: titanic['embarked'].fillna(titanic['embarked'].mode()[0], inplace=True)는 Embarked 컬럼의 결측값을 최빈값으로 대체한다. 최빈값은 가장 많이 등장하는 값으로, 대체하기 적절하다.
- 8번줄: titanic.drop(columns='deck', inplace=True)는 결측값이 너무 많은 Deck 컬럼을 삭제한다. 결측값이 너무 많으면 해당 컬럼이 분석에 유의미한 정보를 제공하지 못할 가능성이 크다.
- 11번줄: titanic.drop(columns='embark_town', inplace=True)는 Embarked와 중복된 정보를 제공하는 Embark_town 컬럼을 삭제한다.
- 14번줄: titanic.isnull().sum()은 결측값 처리가 완료된 후 다시 한 번 각 컬럼별 결측값의 수를 확인한다.

성별(Sex) 분포 시각화

- sns.countplot(data=titanic, x='sex')는 성별(Sex)의 분포를 막대 그래프로 시각화한다.
- plt.title(), plt.xlabel(), plt.ylabel()는 그래프의 제목과 축 레이블을 설정한다.

[7]:
```python
# 성별(Sex) 분포를 막대 그래프로 시각화
plt.figure(figsize=(10, 6))
sns.countplot(data=titanic, x='sex')
plt.title('Gender Distribution')
plt.xlabel('Gender')
plt.ylabel('Count')
plt.show()
```

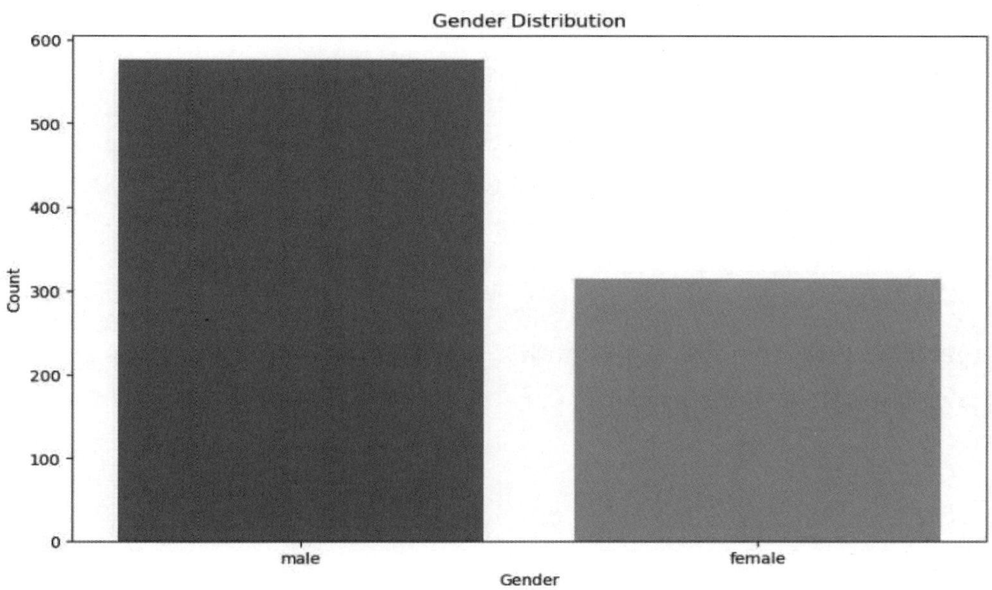

- **막대 그래프 (Bar Plot)**
  - 막대 그래프는 범주형 데이터의 빈도를 시각적으로 표현하는 데 유용하다.
  - 이 그래프는 성별(Gender)에 따른 승객 수를 나타낸다.

- **그래프 구성 요소**
  - X축: 성별 (Gender)
    - male: 남성 승객
    - female: 여성 승객
  - Y축: 승객 수 (Count)
    - 승객의 수를 나타낸다.

- **주요 특징**
  - 남성 승객 (male)
    - 파란색 막대는 남성 승객의 수를 나타낸다.
    - 약 570명 정도가 남성이었다.
  - 여성 승객 (female)
    - 주황색 막대는 여성 승객의 수를 나타낸다.
    - 약 320명 정도가 여성이었다.

- **결론**
  - 타이타닉 호의 승객들 중 남성 승객이 여성 승객보다 훨씬 많았음을 알 수 있다.
  - 남성 승객의 수가 여성 승객의 수보다 약 1.8배 많다.
  - 이 그래프를 통해 타이타닉호의 성별 분포를 쉽게 파악할 수 있다.

이러한 시각화는 데이터의 분포를 이해하는 데 매우 유용하며, 특히 성별과 같은 중요한 변수의 분포를 파악하는 데 큰 도움이 된다.

생존 여부(Survived) 분포 시각화

sns.countplot(data=titanic, x='survived')는 생존 여부(Survived)의 분포를 막대 그래프로 시각화한다.

plt.title(), plt.xlabel(), plt.ylabel()는 그래프의 제목과 축 레이블을 설정한다.

```
[8]:
# 생존 여부(Survived) 분포를 막대 그래프로 시각화
plt.figure(figsize=(10, 6))
sns.countplot(data=titanic, x='survived')
plt.title('Survival Distribution')
plt.xlabel('Survived')
plt.ylabel('Count')
plt.show()
```

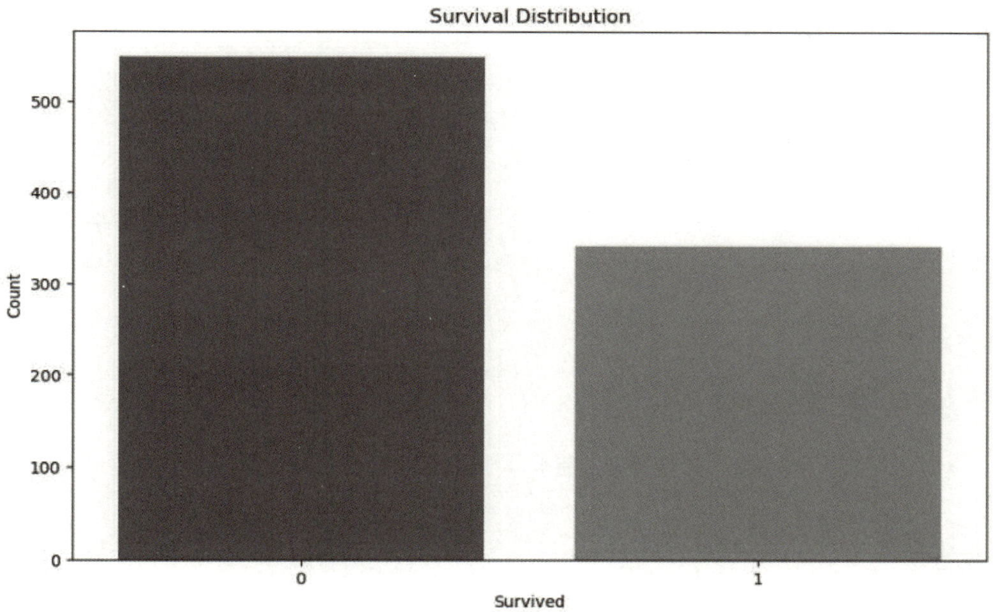

- **막대 그래프 (Bar Plot)**

  – 막대 그래프는 범주형 데이터의 빈도를 시각적으로 표현하는 데 유용하다.

  – 이 그래프는 생존 여부(Survived)에 따른 승객 수를 나타낸다.

- **그래프 구성 요소**

  – X축: 생존 여부 (Survived)

  · 0: 생존하지 못한 승객 (사망)

  · 1: 생존한 승객

- Y축: 승객 수 (Count)
  · 승객의 수를 나타낸다.

- 주요 특징
  - 생존하지 못한 승객 (0)
    · 파란색 막대는 생존하지 못한 승객의 수를 나타낸다.
    · 약 550명 정도가 생존하지 못했다.

  - 생존한 승객 (1)
    · 주황색 막대는 생존한 승객의 수를 나타낸다.
    · 약 350명 정도가 생존했다.

2. 생존율 분석

- **목표:** 타이타닉 승객의 생존율에 영향을 미친 요인을 분석하여 안전 대책을 수립할 수 있는 인사이트 도출

분석 항목

- **성별에 따른 생존율 비교**
  - 목표: 성별이 생존율에 미친 영향을 분석하기 위함.

- **설명**
  - barplot: 막대 그래프로 각 성별의 생존율을 시각화.
  - x='sex': x축에는 성별을 배치.
  - y='survived': y축에는 생존율(생존 여부의 평균값)을 배치.
  - 생존율 차이: 그래프를 통해 남성과 여성의 생존율을 비교할 수 있음.

```
[3]:
import seaborn as sns
import matplotlib.pyplot as plt

# 성별에 따른 생존율 비교
plt.figure(figsize=(8, 6))
sns.barplot(x='sex', y='survived', data=titanic)
plt.title('Survival Rate by Gender')
plt.xlabel('Gender')
plt.ylabel('Survival Rate')
plt.show()
```

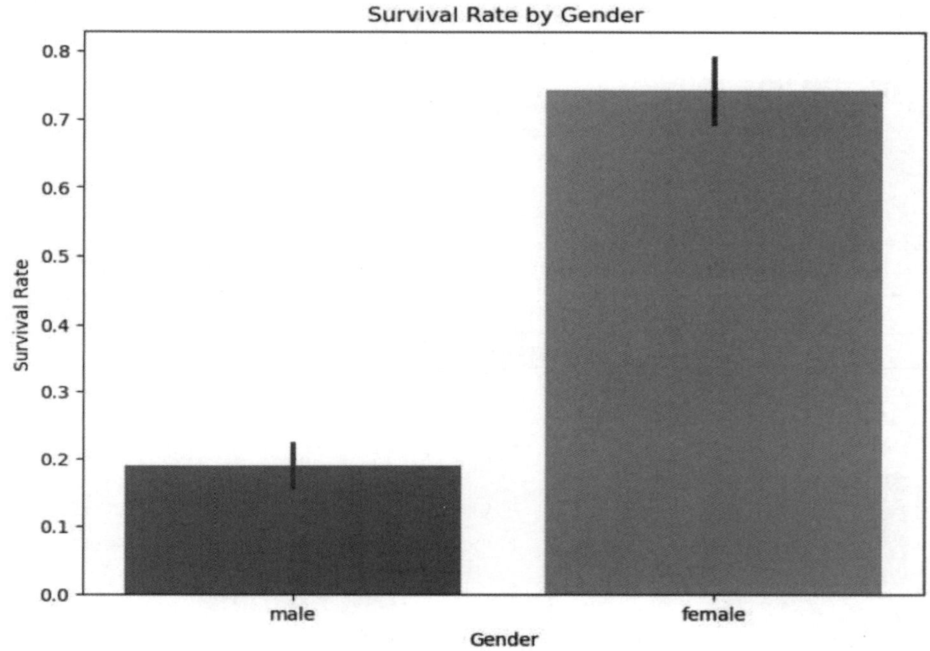

- **비즈니스 인사이트**

  - 성별에 따른 생존율의 차이가 크다면, 향후 성별에 따른 구명조끼 배분이나 구출 우선 순위 등을 고려할 수 있음.

나이대별 생존율 분석 (어린이, 청년, 중년, 노년)

- **목표:** 다양한 나이대가 생존율에 미친 영향을 분석하기 위함.

- **설명**

  - age_group: 나이대를 ‘Child’, ‘Youth’, ‘Adult’, ‘Senior’로 구분하는 함수.

  - titanic[‘age_group’]: 새로운 열을 생성하여 각 승객의 나이대를 할당.

  - order: x축 나이대의 순서를 지정.

```
[5]:
# 나이대를 정의하는 함수
def age_group(age):
    if age < 18:
        return 'Child'
    elif age < 35:
        return 'Youth'
    elif age < 60:
        return 'Adult'
    else:
        return 'Senior'

titanic['age_group'] = titanic['age'].apply(age_group)

# 나이대별 생존율 분석
plt.figure(figsize=(10, 6))
sns.barplot(x='age_group', y='survived', data=titanic, order=['Child', 'Youth', 'Adult', 'Senior'])
plt.title('Survival Rate by Age Group')
plt.xlabel('Age Group')
plt.ylabel('Survival Rate')
plt.show()

<Figure size 1000x600 with 1 Axes>
```

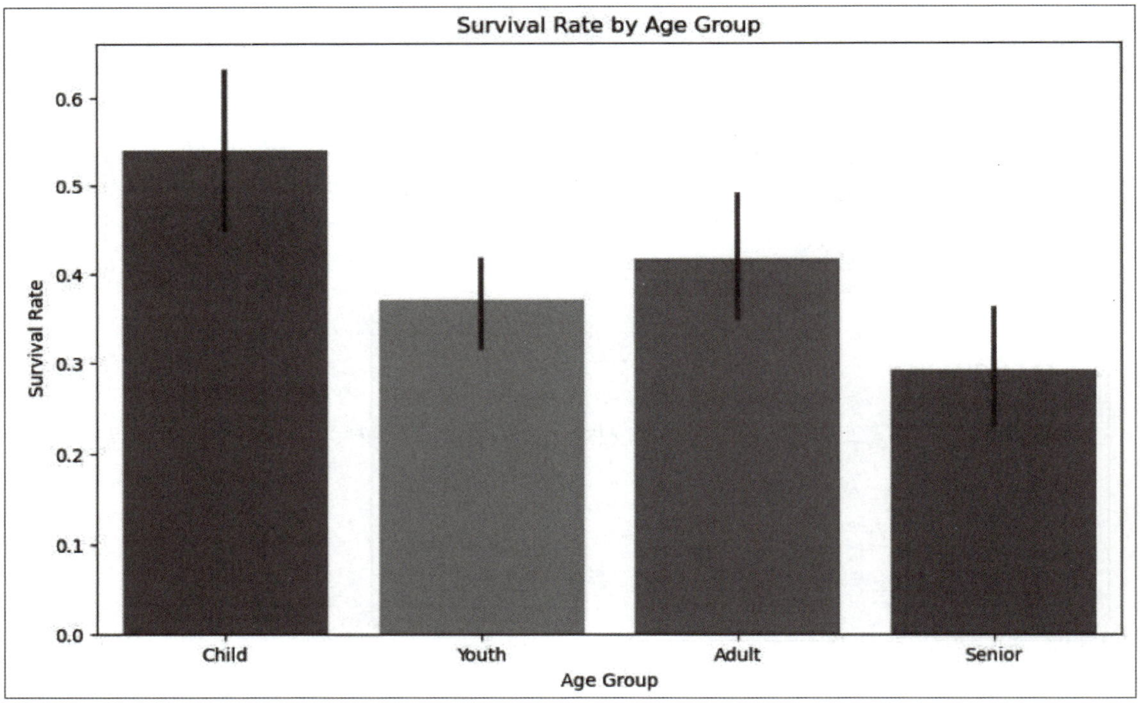

- **비즈니스 인사이트**

  - 특정 나이대의 생존율이 낮다면, 해당 나이대를 위한 특별한 대책이 필요함.

  - 예를 들어, 어린이와 노인의 생존율이 낮다면 이들을 위한 추가 안전 장치나 지원이 필요할 수 있음.

객실 등급(1등급, 2등급, 3등급)에 따른 생존율 비교

- **목표:** 객실 등급이 생존율에 미친 영향을 분석하기 위함.
- **설명**
  - pclass: 승객의 사회 경제적 등급을 나타냄 (1등급, 2등급, 3등급).
  - barplot: 막대 그래프로 각 등급의 생존율을 시각화.

[7]:
```
# 객실 등급에 따른 생존율 비교
plt.figure(figsize=(8, 6))
sns.barplot(x='pclass', y='survived', data=titanic)
plt.title('Survival Rate by Class')
plt.xlabel('Class')
plt.ylabel('Survival Rate')
plt.show()
```

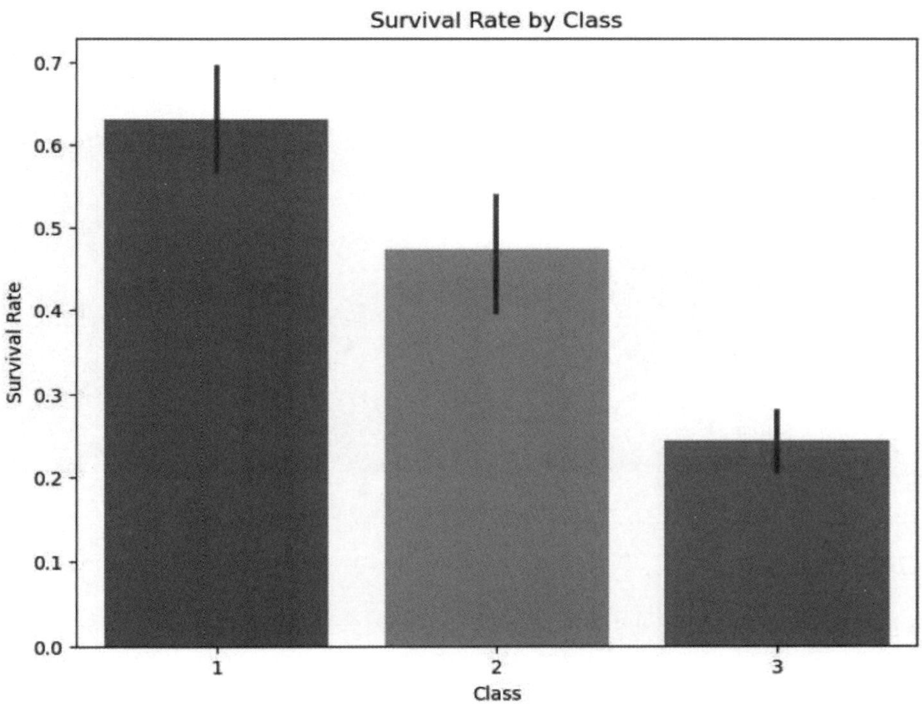

- **비즈니스 인사이트**
  - 특정 등급의 승객 생존율이 낮다면, 이들을 위한 안전 장치를 개선하거나 구명보트 접근성을 높이는 등의 대책이 필요함.
  - 예를 들어, 3등급 승객의 생존율이 낮다면, 구명보트와의 거리나 접근성을 개선할 필요가 있음.

승객 클래스(Pclass) 분포 시각화

sns.countplot(data=titanic, x='pclass')는 승객 클래스(Pclass)의 분포를 막대 그래프로 시각화한다.

plt.title(), plt.xlabel(), plt.ylabel()는 그래프의 제목과 축 레이블을 설정한다.

[6]:
```
# 승객 클래스(Pclass) 분포를 막대 그래프로 시각화
plt.figure(figsize=(10, 6))
sns.countplot(data=titanic, x='pclass')
plt.title('Passenger Class Distribution')
plt.xlabel('Passenger Class')
plt.ylabel('Count')
plt.show()
```

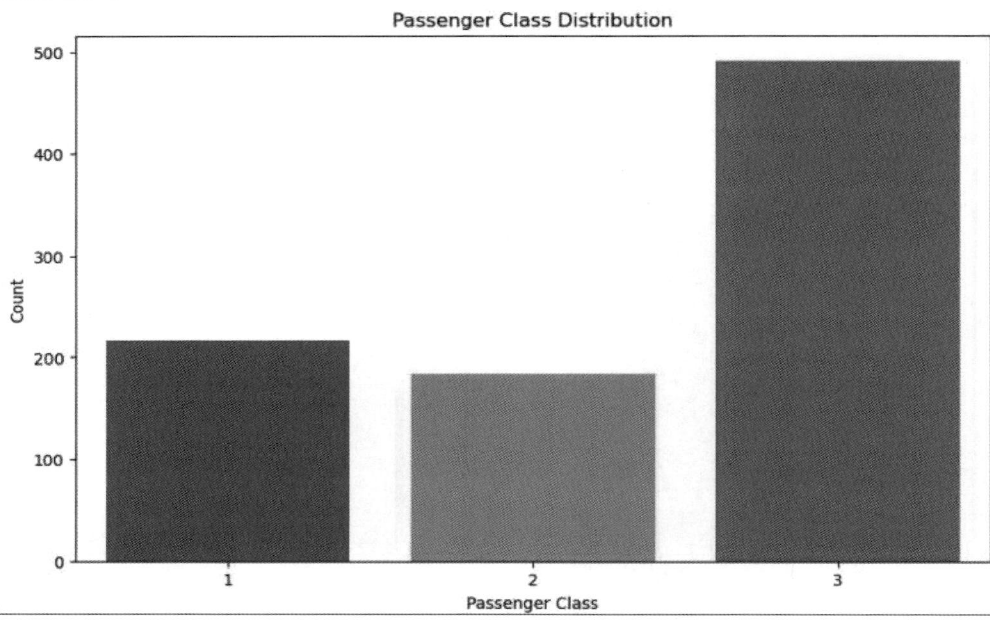

- **막대 그래프 (Bar Plot)**

  – 막대 그래프는 범주형 데이터의 빈도를 시각적으로 표현하는 데 유용하다.

  – 이 그래프는 승객 클래스(Pclass)에 따른 승객 수를 나타낸다.

- **그래프 구성 요소**

  – X축: 승객 클래스 (Passenger Class)

  · 1: 1등석 승객

  · 2: 2등석 승객

  · 3: 3등석 승객

- Y축: 승객 수 (Count)
  · 승객의 수를 나타낸다.

● **주요 특징**

- 1등석 승객
  · 파란색 막대는 1등석 승객의 수를 나타낸다.
  · 약 200명 정도가 1등석에 탑승했다.
- 2등석 승객
  · 주황색 막대는 2등석 승객의 수를 나타낸다.
  · 약 180명 정도가 2등석에 탑승했다.
- 3등석 승객
  · 초록색 막대는 3등석 승객의 수를 나타낸다.
  · 약 500명 정도가 3등석에 탑승했다.

● **결론**

- 타이타닉 호의 승객들 중에서 3등석 승객이 가장 많았음을 알 수 있다.
- 1등석 승객과 2등석 승객의 수는 비슷하며, 둘 다 3등석 승객의 수보다 현저히 적다.
- 이 그래프를 통해 타이타닉 호의 승객 클래스 분포를 쉽게 파악할 수 있다. 3등석 승객이 압도적으로 많은 비중을 차지하고 있다.

승선지(Embarked)에 따른 생존율 차이 분석

- **목표:** 승선지가 생존율에 미친 영향을 분석하기 위함.

[9]:
```python
# 승선지에 따른 생존율 차이 분석
plt.figure(figsize=(8, 6))
sns.barplot(x='embarked', y='survived', data=titanic)
plt.title('Survival Rate by Embarked Location')
plt.xlabel('Embarked')
plt.ylabel('Survival Rate')
plt.show()
```

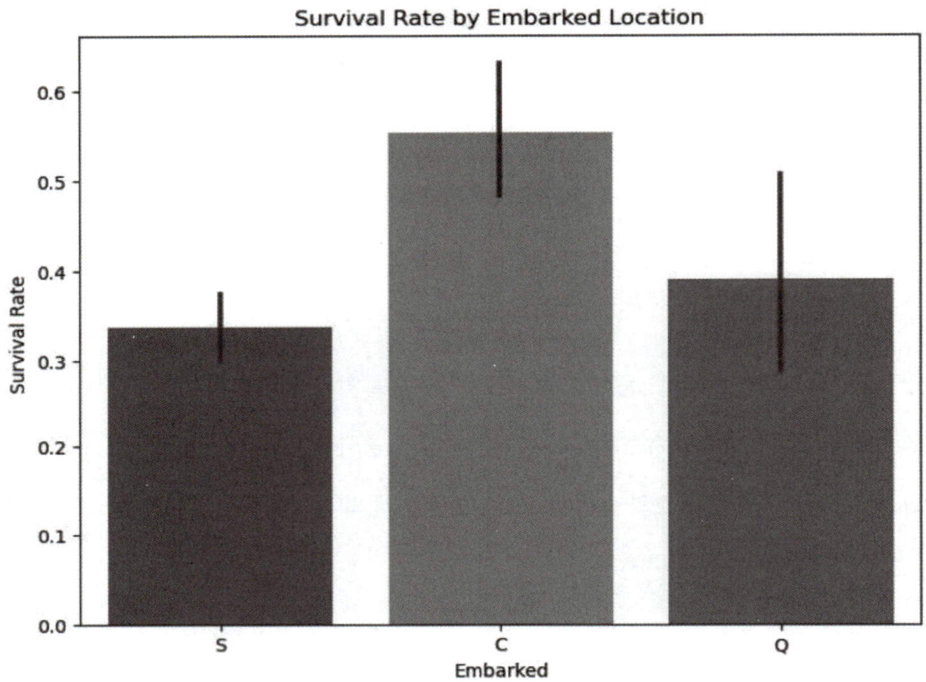

- **설명**
  - embarked: 승객이 타이타닉에 승선한 항구를 나타냄 (C = Cherbourg, Q = Queenstown, S = Southampton).
  - barplot: 막대 그래프로 각 승선지의 생존율을 시각화.

- **비즈니스 인사이트**
  - 특정 승선지에서 온 승객의 생존율이 낮다면, 해당 지역의 승객을 위한 추가 교육이나 안내가 필요할 수 있음.
  - 예를 들어, Southampton에서 승선한 승객의 생존율이 낮다면, 해당 항구에서 승객에게 더 많은 안전 교육을 제공할 수 있음.

3. 고객 세그먼트 분석

- **목표:** 타이타닉 승객을 다양한 세그먼트로 나누고, 각 세그먼트의 특성을 이해하여 고객 맞춤형 서비스 제공 방안 도출

- **분석 항목**

  - 승객을 **나이, 성별, 객실 등급, 승선지**에 따라 세그먼트로 나누기

  - 각 세그먼트의 **생존율, 평균 운임(Fare), 가족 구성원 수 분석**

[13]:

```python
import seaborn as sns
import pandas as pd

# 타이타닉 데이터셋 로드
titanic = sns.load_dataset('titanic')

# 나이대를 정의하는 함수
def age_group(age):
    if pd.isnull(age):
        return 'Unknown'
    elif age < 18:
        return 'Child'
    elif age < 35:
        return 'Youth'
    elif age < 60:
        return 'Adult'
    else:
        return 'Senior'

titanic['age_group'] = titanic['age'].apply(age_group)

# 가족 구성원 수 열 추가
titanic['family_size'] = titanic['sibsp'] + titanic['parch']
titanic.head()
```

[13]:

	survived	pclass	sex	age	sibsp	parch	fare	embarked	class	who	adult_male	deck	embark_tow
0	0	3	male	22.0	1	0	7.2500	S	Third	man	True	NaN	Southamptc
1	1	1	female	38.0	1	0	71.2833	C	First	woman	False	C	Cherbou
2	1	3	female	26.0	0	0	7.9250	S	Third	woman	False	NaN	Southamptc
3	1	1	female	35.0	1	0	53.1000	S	First	woman	False	C	Southamptc
4	0	3	male	35.0	0	0	8.0500	S	Third	man	True	NaN	Southamptc

성별에 따른 분석

- **성별 인사이트**

  - **생존율:** 여성의 생존율이 남성보다 높음.

  - **평균 운임:** 여성의 평균 운임이 남성보다 높음.

  - **가족 구성원 수:** 남성이 더 많은 가족 구성원을 동반하는 경향이 있음.

[15]:
```python
# 성별에 따른 생존율, 평균 운임, 가족 구성원 수 분석
sex_group = titanic.groupby('sex').agg({
    'survived': 'mean',
    'fare': 'mean',
    'family_size': 'mean'
}).reset_index()

sex_group
```

[15]:

	sex	survived	fare	family_size
0	female	0.742038	44.479818	1.343949
1	male	0.188908	25.523893	0.665511

- **맞춤형 서비스 방안**
  - 여성 승객에게는 더 많은 안전 장치 제공.
  - 가족 단위의 남성 승객에게는 추가적인 안전 장치 제공.

나이대별 분석

- **나이대 인사이트**
  - **생존율:** 어린이와 청년의 생존율이 높음.
  - **평균 운임:** 청년층의 평균 운임이 가장 높음.
  - **가족 구성원 수:** 어린이가 가장 많은 가족 구성원을 동반함.

[17]:
```python
# 나이대별 생존율, 평균 운임, 가족 구성원 수 분석
age_group_analysis = titanic.groupby('age_group').agg({
    'survived': 'mean',
    'fare': 'mean',
    'family_size': 'mean'
}).reset_index()

age_group_analysis
```

[17]:

	age_group	survived	fare	family_size
0	Adult	0.416268	47.934251	0.803828
1	Child	0.539823	31.220798	2.513274
2	Senior	0.269231	43.467950	0.538462
3	Unknown	0.293785	22.158567	0.745763
4	Youth	0.368852	27.583354	0.568306

- **맞춤형 서비스 방안**
  - 어린이와 청년을 위한 특별한 구명 장치와 교육 프로그램 제공.
  - 어린이 승객을 동반한 가족을 위한 패키지 서비스 제공.

객실 등급별 분석

- **생존율:** 1등급 승객의 생존율이 가장 높음.
- **평균 운임:** 당연히 1등급의 평균 운임이 가장 높음.
- **가족 구성원 수:** 3등급 승객이 더 많은 가족 구성원을 동반함.

[19]:
```python
# 객실 등급별 생존율, 평균 운임, 가족 구성원 수 분석
class_group = titanic.groupby('pclass').agg({
    'survived': 'mean',
    'fare': 'mean',
    'family_size': 'mean'
}).reset_index()

class_group

```

[19]:

	pclass	survived	fare	family_size
0	1	0.629630	84.154687	0.773148
1	2	0.472826	20.662183	0.782609
2	3	0.242363	13.675550	1.008147

- **맞춤형 서비스 방안**
  - 1등급 승객을 위한 프리미엄 안전 서비스 제공.
  - 3등급 승객을 위한 가족 단위의 안전 교육 및 장치 제공.

승선지에 따른 분석

- **승선지 인사이트**
  - **생존율:** Cherbourg에서 승선한 승객의 생존율이 가장 높음.
  - **평균 운임:** Cherbourg에서 승선한 승객의 평균 운임이 가장 높음.
  - **가족 구성원 수:** Queenstown에서 승선한 승객이 더 많은 가족 구성원을 동반함.

[21]:
```
# 승선지에 따른 생존율, 평균 운임, 가족 구성원 수 분석
embarked_group = titanic.groupby('embarked').agg({
    'survived': 'mean',
    'fare': 'mean',
    'family_size': 'mean'
}).reset_index()

embarked_group
```

[21]:

	embarked	survived	fare	family_size
0	C	0.553571	59.954144	0.750000
1	Q	0.389610	13.276030	0.597403
2	S	0.336957	27.079812	0.984472

- **맞춤형 서비스 방안**

  - Cherbourg에서 승선하는 승객을 위한 프리미엄 서비스 제공.

  - Queenstown에서 승선하는 가족 단위 승객을 위한 추가 안전 대책 마련.

4. 운임 분석

- **목표:** 타이타닉 승객의 운임 패턴을 분석하여 가격 전략 수립

분석 항목

가. 객실 등급별 운임 분포 분석

1등급 승객의 운임이 가장 높고, 3등급 승객의 운임이 가장 낮음.

이를 통해 고급 서비스와 편의시설이 갖춰진 1등급 객실에 대해 높은 가격을 책정하는 전략을 강화할 수 있음.

3등급 객실은 상대적으로 저렴한 가격으로 더 많은 승객을 유치할 수 있음.

- **설명**

  - boxplot: 박스플롯을 통해 각 등급의 운임 분포를 시각화.

  - x='pclass': x축에는 객실 등급을 배치.

  - y='fare': y축에는 운임을 배치.

- 비즈니스 인사이트: 각 등급별 운임의 중간값, 사분위 범위 및 이상치를 통해 다양한 가격 전략을 수립할 수 있음.

[24]:
```
import seaborn as sns
import matplotlib.pyplot as plt

# 객실 등급별 운임 분포 분석
plt.figure(figsize=(10, 6))
sns.boxplot(x='pclass', y='fare', data=titanic)
plt.title('Fare Distribution by Class')
plt.xlabel('Class')
plt.ylabel('Fare')
plt.show()
```

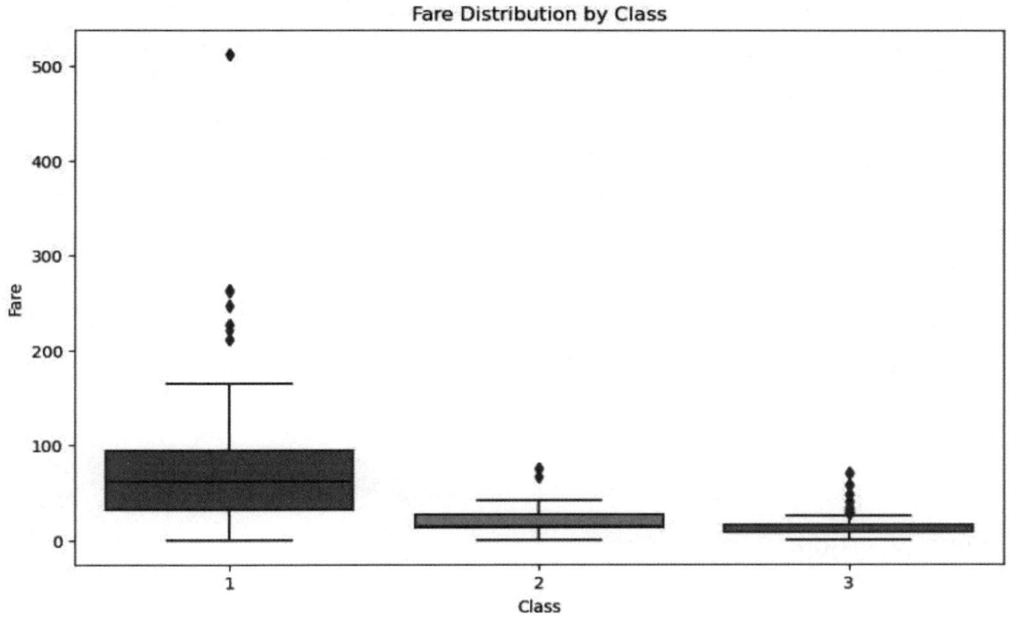

- **그래프 설명**
  - Boxplot: 박스플롯은 데이터 분포를 요약하여 보여주는 시각화 도구이다.
  - 상자(Box): 25번째 백분위수(Q1)와 75번째 백분위수(Q3)를 연결하여 IQR(Interquartile Range)를 나타낸다.
  - 중간선(Median): 상자 안의 가로선은 중앙값을 나타낸다.
  - 수염(Whiskers): Q1 - 1.5 * IQR과 Q3 + 1.5 * IQR 사이의 데이터 포인트를 포함한다.
  - 이상치(Outliers): 수염 밖의 데이터 포인트로, 개별 점으로 표시된다.

TIP〉 박스플롯(Boxplot) 이해하기

박스플롯은 데이터 분포를 시각화하는 데 유용한 도구이다. 박스플롯에는 다음과 같은 주요 구성 요소가 있다.

1. 상자(Box): 데이터의 중간 50%를 나타내. 상자의 아래쪽 경계는 1사분위수(Q1), 위쪽 경계는 3사분위수(Q3)를 나타낸다.
   1사분위수(Q1): 데이터의 하위 25% 지점.
   3사분위수(Q3): 데이터의 상위 25% 지점.
2. 중간선(Median): 상자 안의 가로선은 데이터의 중앙값을 나타낸다.
3. 수염(Whiskers): 수염은 Q1과 Q3에서 1.5 * IQR(사분위 범위)만큼 떨어진 지점을 기준으로 데이터의 경계를 나타낸다.

IQR(Interquartile Range): Q3 - Q1로, 데이터의 중간 50% 범위를 의미한다.

- **의미**
  - 1등급 승객의 운임은 가장 높은 중간값을 가지며, 분포가 넓고 많은 이상치가 있다. 이는 일부 승객이 매우 높은 운임을 지불했음을 나타낸다.
  - 3등급 승객의 운임은 가장 낮은 중간값을 가지며, 분포가 좁고 운임의 변동이 적다.
  - 2등급 승객의 운임은 중간값이 1등급과 3등급 사이에 위치한다.
- **비즈니스 인사이트**
  - 고급 서비스 제공: 1등급 승객에게 고급 서비스 및 추가 혜택을 제공하여 높은 운임을 정당화할 수 있다.
  - 저가 전략: 3등급 승객을 대상으로 저가 운임 정책을 유지하면서도 더 많은 승객을 유치할 수 있다.
  - 중간 시장 공략: 2등급 승객에게는 적당한 수준의 서비스와 운임을 제공하여 가격 민감도가 높은 승객을 공략할 수 있다.

나. 승선지별 운임 차이 분석

Cherbourg에서 승선한 승객의 운임이 가장 높고, Queenstown에서 승선한 승객의 운임이 가장 낮음.

이를 통해 승선지에 따라 가격을 차별화하는 전략을 수립할 수 있음.

고가의 운임을 지불하는 지역의 승객에게는 추가적인 서비스나 혜택을 제공할 수 있음.

- **설명**

  - boxplot: 박스플롯을 통해 각 승선지의 운임 분포를 시각화.
  - x='embarked': x축에는 승선지를 배치.
  - y='fare': y축에는 운임을 배치.
  - 비즈니스 인사이트: 각 승선지에서의 운임 분포를 통해 지역별 맞춤형 가격 전략을 수립할 수 있음.

[26]:
```python
# 승선지별 운임 차이 분석
plt.figure(figsize=(10, 6))
sns.boxplot(x='embarked', y='fare', data=titanic)
plt.title('Fare Distribution by Embarked Location')
plt.xlabel('Embarked')
plt.ylabel('Fare')
plt.show()
```

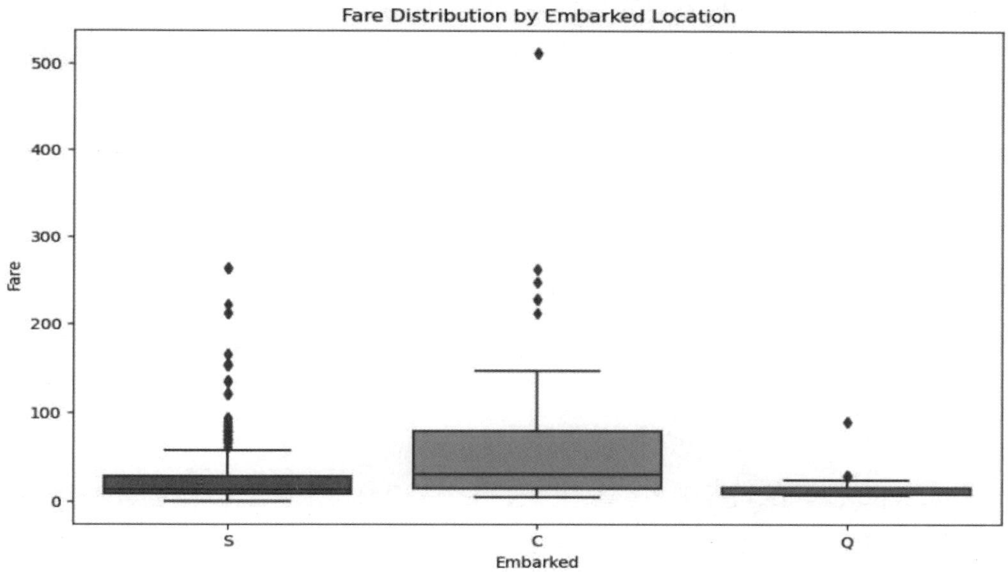

- **그래프 설명**

  - Boxplot: 승선지별로 운임의 분포를 나타낸다.

- **의미**

  - Cherbourg(C)에서 승선한 승객의 운임이 가장 높은 중간값을 가지며, 분포가 넓다. 이는 Cherbourg에서 많은 승객이 높은 운임을 지불했음을 나타낸다.
  - Queenstown(Q)에서 승선한 승객의 운임이 가장 낮은 중간값을 가지며, 분포가 좁다.
  - Southampton(S)에서 승선한 승객의 운임은 중간값이 C와 Q 사이에 위치한다.

- **비즈니스 인사이트**
  - 지역별 가격 차별화: 승선지에 따라 운임을 차별화하는 가격 전략을 사용할 수 있다. 높은 운임을 지불한 승객에게는 추가적인 서비스나 혜택을 제공할 수 있다.
  - 지역 특화 서비스: Cherbourg에서 승선한 승객에게 프리미엄 서비스를 제공하여 높은 운임을 정당화할 수 있다.
  - 저가 공략: Queenstown에서 승선한 승객을 대상으로 저가 운임 정책을 유지하면서도 더 많은 승객을 유치할 수 있다.

다. 운임과 생존율의 상관관계 분석

운임이 높은 승객일수록 생존율이 높은 경향이 있음.
이를 통해 높은 운임을 지불한 승객에게는 더 많은 안전 대책을 마련하고, 생존율을 높이는 전략을 수립할 수 있음.
또한, 고가 운임의 승객에게 프리미엄 서비스를 제공하여 고객 만족도를 높일 수 있음.

- **설명**
  - scatterplot: 산점도를 통해 운임과 생존율 간의 상관관계를 시각화.
  - x='fare': x축에는 운임을 배치.
  - y='survived': y축에는 생존 여부를 배치.
  - 비즈니스 인사이트: 운임과 생존율 간의 상관관계를 통해 높은 운임을 지불한 승객의 생존율이 높은지 여부를 파악할 수 있음. 이를 통해 가격 전략뿐만 아니라 안전 대책 수립에도 활용할 수 있음.

```
[28]:
# 운임과 생존율의 상관관계 분석
plt.figure(figsize=(10, 6))
sns.scatterplot(x='fare', y='survived', data=titanic)
plt.title('Correlation between Fare and Survival')
plt.xlabel('Fare')
plt.ylabel('Survived')
plt.show()
```

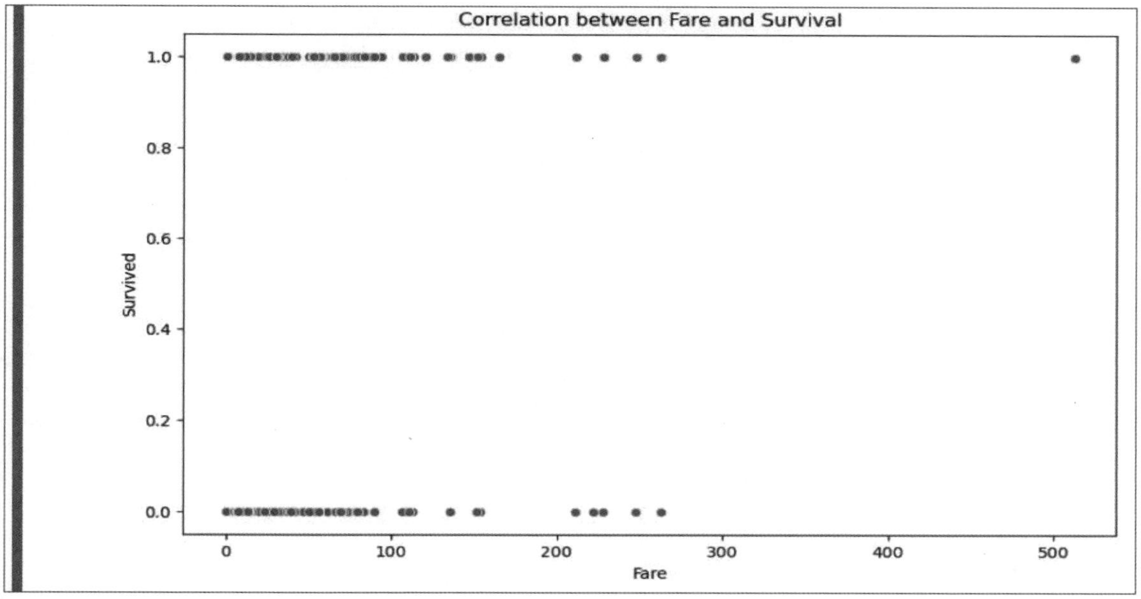

- **그래프 설명**
  - Scatterplot: 산점도는 두 변수 간의 관계를 시각화하는 도구이다. 여기서는 운임(fare)과 생존 여부(survived) 간의 관계를 나타낸다.
  - x축: 승객이 지불한 운임.
  - y축: 생존 여부 (0 = 사망, 1 = 생존).
  - 점: 각 승객을 나타내며, 점의 위치는 해당 승객의 운임과 생존 여부를 나타낸다.
- **의미**
  - 운임이 높은 승객일수록 생존율이 높은 경향이 있다. 이는 고가 운임을 지불한 승객이 더 나은 위치나 구명보트 접근성 등 더 많은 생존 기회를 가졌을 가능성을 시사한다.
  - 운임이 낮은 승객은 생존율이 상대적으로 낮다.
- **비즈니스 인사이트**
  - 프리미엄 가격 전략: 높은 운임을 지불한 승객에게 더 많은 안전 대책과 프리미엄 서비스를 제공하여 생존율을 높이고 고객 만족도를 향상시킬 수 있다.
  - 고급 서비스 강화: 고가 운임 승객을 대상으로 프리미엄 안전 장치와 서비스를 제공하여 높은 생존율을 유지할 수 있다.
  - 가격 정책 개선: 운임과 생존율의 상관관계를 고려하여 각 운임 구간별로 적절한 안전 대책을 마련할 수 있다.

- 이러한 분석을 통해 타이타닉 승객의 운임 패턴을 이해하고, 효과적인 가격 전략을 수립할 수 있다. 각 그래프는 승객의 지불 의향과 운임 수준을 이해하는 데 도움을 주며, 이를 기반으로 맞춤형 서비스와 가격 전략을 마련할 수 있다.

5. 가족 단위 승객 분석

- **목표:** 가족 단위 승객의 특성과 생존율을 분석하여 가족 단위 고객을 위한 서비스 개선

분석 항목

가. 가족 구성원 수에 따른 생존율 분석

- **생존율:** 가족 구성원 수가 많을수록 생존율이 낮아지는 경향이 있음.
- **비즈니스 인사이트:** 가족 단위 승객을 위한 추가적인 안전 대책이 필요함. 예를 들어, 구명보트 접근성을 개선하거나 가족이 함께 대피할 수 있는 공간을 마련할 수 있음.

[33]:
```
# 가족 구성원 수에 따른 생존율 분석
plt.figure(figsize=(10, 6))
sns.barplot(x='family_size', y='survived', data=titanic)
plt.title('Survival Rate by Family Size')
plt.xlabel('Family Size')
plt.ylabel('Survival Rate')
plt.show()
```

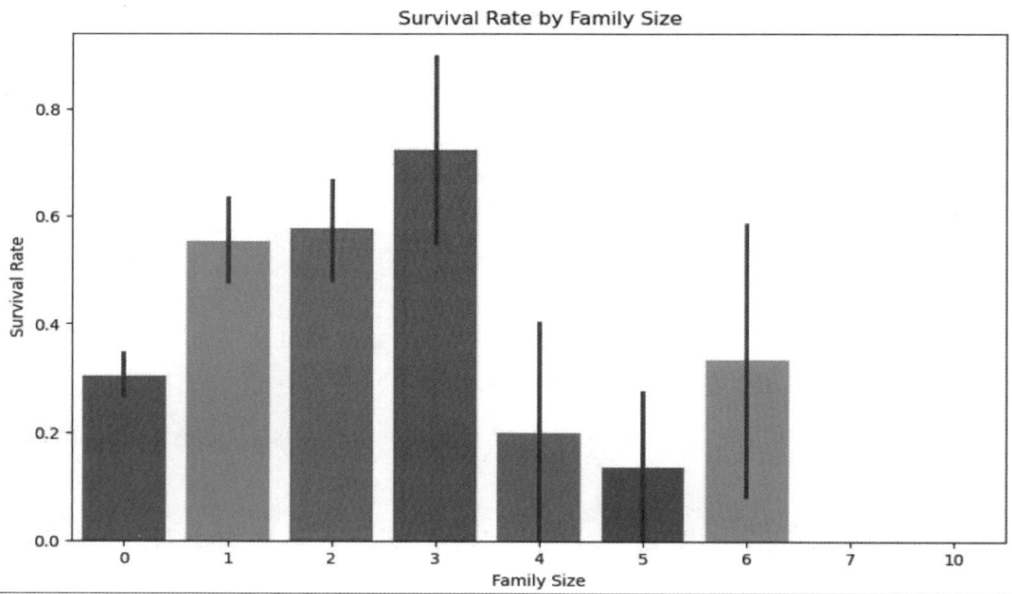

- **그래프 설명**
  - Barplot: 막대 그래 프는 각 범주(여기서는 가족 구성원 수)에 대한 평균값을 시각화하는 데 유용하다.
  - x축: 가족 구성원 수 (family_size). 여기에는 각 승객의 형제/배우자 수와 부모/자녀 수의 합계가 포함된다.
  - y축: 생존율 (survived). 여기서는 각 가족 구성원 수에 대한 생존 여부의 평균값을 나타낸다.
  - 중앙값: 각 막대의 높이는 해당 가족 구성원 수를 가진 승객들의 평균 생존율을 나타낸다.
- **의미**
  - 가족 구성원 수가 적을수록 생존율이 높음: 가족 구성원이 0명 또는 1명일 때 생존율이 상대적으로 높다.
  - 가족 구성원 수가 많을수록 생존율이 낮음: 가족 구성원이 3명 이상일 때 생존율이 낮아지는 경향이 있다.
- **비즈니스 인사이트**
  - 소규모 가족: 소규모 가족이나 혼자 여행하는 승객들에게는 이미 충분한 안전 대책이 마련된 것으로 보인다.
  - 대규모 가족: 가족 구성원이 많은 승객들을 위한 추가적인 안전 대책이 필요하다. 예를 들어, 가족들이 함께 대피할 수 있는 공간을 마련하거나 구명보트 접근성을 개선할 수 있다.

Barplot이란?

Barplot(막대 그래프)는 각 범주(category)에 대한 데이터를 시각적으로 비교하는 데 사용되는 그래프이다. 각 범주에 해당하는 값의 크기를 막대의 길이로 나타내어서, 여러 범주 간의 값을 쉽게 비교할 수 있도록 해준다.

- Barplot의 구성 요소
  - x축 (가로축): 비교하고자 하는 범주(category)를 나타낸다. 예를 들어, 성별, 나이대, 객실 등급 등이 있을 수 있다.
  - y축 (세로축): 각 범주에 대한 값(value)을 나타낸다. 예를 들어, 평균 생존율, 평균 운임 등이 될 수 있다.
  - 막대 (Bar): 각 범주의 값을 막대의 길이로 나타낸다. 막대가 길수록 해당 범주의 값이 크다는 것을 의미한다.

나. 부모/자녀 수(Parch), 형제/배우자 수(SibSp)와 생존율의 관계 분석

- **생존율:** 부모/자녀 수가 0일 때와 1~2명일 때 생존율이 다르게 나타날 수 있음.
- **비즈니스 인사이트:** 부모와 자녀를 동반한 승객을 위한 특별한 안전 교육 프로그램을 마련하여 생존율을 높일 수 있음.

[37]:
```
# 부모/자녀 수(Parch)와 생존율의 관계 분석
plt.figure(figsize=(10, 6))
sns.barplot(x='parch', y='survived', data=titanic)
plt.title('Survival Rate by Number of Parents/Children')
plt.xlabel('Number of Parents/Children')
plt.ylabel('Survival Rate')
plt.show()

```

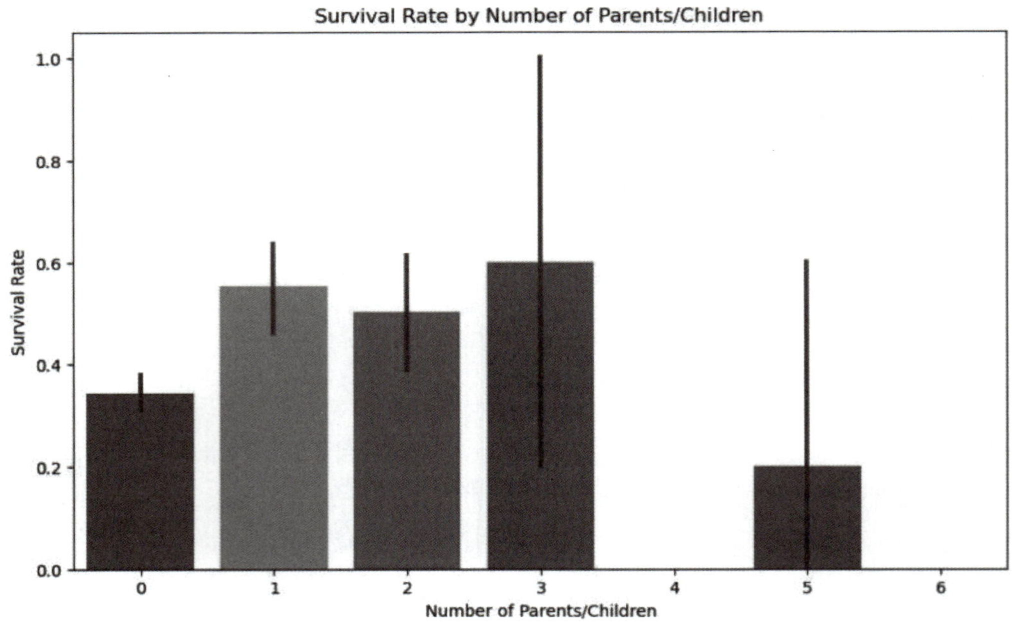

- **그래프 설명**

  - Barplot: 부모/자녀 수에 따른 생존율을 막대 그래프로 시각화.

  - x축: 부모/자녀 수 (parch).

  - y축: 생존율 (survived).

- **의미**
  - 부모/자녀 수가 0일 때 생존율이 높음: 부모/자녀가 없는 승객들의 생존율이 상대적으로 높다.
  - 부모/자녀 수가 1~3명일 때 생존율이 낮음: 부모/자녀가 있는 승객들의 생존율이 낮아지는 경향이 있다.
- **비즈니스 인사이트**
  - 독립적인 승객: 부모/자녀가 없는 승객들은 대체로 높은 생존율을 보인다.
  - 부모와 자녀: 부모나 자녀를 동반한 승객들은 추가적인 안전 대책이 필요하다. 예를 들어, 부모와 자녀를 위한 특별한 안전 교육 프로그램을 마련할 수 있다.

다. 형제/배우자 수(SibSp)와 생존율의 관계

- **생존율:** 형제/배우자 수가 0일 때와 1~2명일 때 생존율이 다르게 나타날 수 있음.
- **비즈니스 인사이트:** 형제나 배우자를 동반한 승객을 위한 안전 대책을 강화하여 생존율을 높일 수 있음.

[19]:
```python
# 객실 등급별 생존율, 평균 운임, 가족 구성원 수 분석
class_group = titanic.groupby('pclass').agg({
    'survived': 'mean',
    'fare': 'mean',
    'family_size': 'mean'
}).reset_index()

class_group
```

[19]:

	pclass	survived	fare	family_size
0	1	0.629630	84.154687	0.773148
1	2	0.472826	20.662183	0.782609
2	3	0.242363	13.675550	1.008147

[39]:
```python
# 형제/배우자 수(SibSp)와 생존율의 관계 분석
plt.figure(figsize=(10, 6))
sns.barplot(x='sibsp', y='survived', data=titanic)
plt.title('Survival Rate by Number of Siblings/Spouses')
plt.xlabel('Number of Siblings/Spouses')
plt.ylabel('Survival Rate')
plt.show()
```

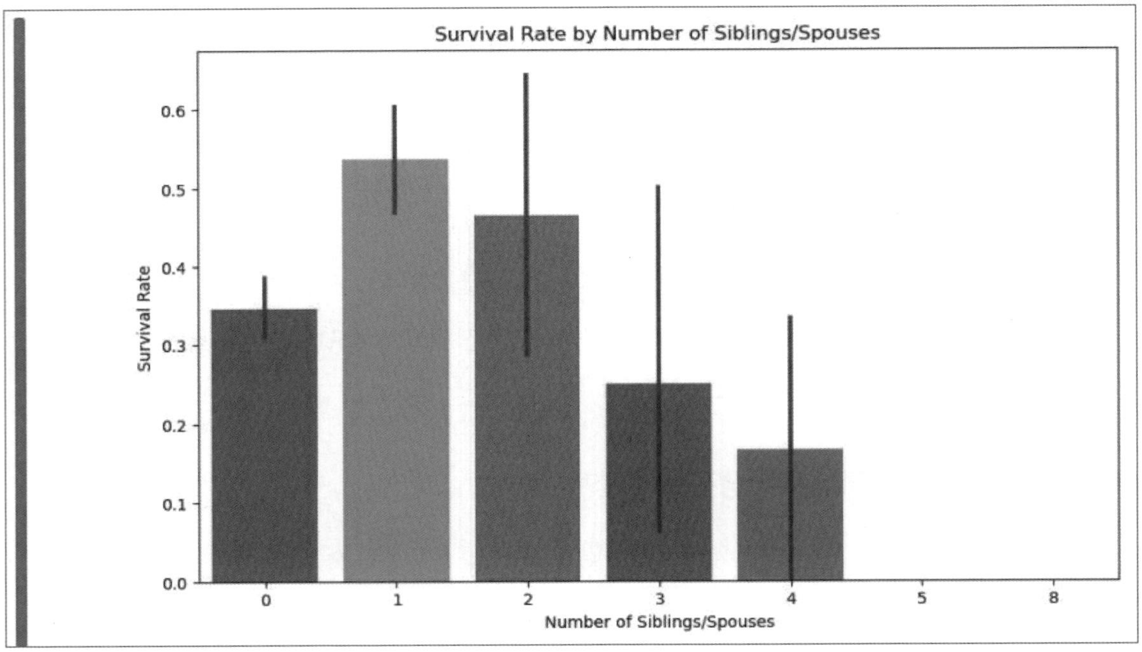

- **그래프 설명**
  - Barplot: 형제/배우자 수에 따른 생존율을 막대 그래프로 시각화.
  - x축: 형제/배우자 수 (sibsp).
  - y축: 생존율 (survived).
- **의미**
  - 형제/배우자 수가 0일 때 생존율이 높음: 형제/배우자가 없는 승객들의 생존율이 상대적으로 높다.
  - 형제/배우자 수가 1~2명일 때 생존율이 높음: 형제/배우자가 1~2명인 승객들의 생존율이 높은 경향이 있다.
  - 형제/배우자 수가 많을수록 생존율이 낮음: 형제/배우자가 3명 이상인 경우 생존율이 낮아지는 경향이 있다.
- **비즈니스 인사이트**
  - 소규모 가족: 형제/배우자가 적은 승객들은 이미 높은 생존율을 보인다.
  - 대규모 가족: 형제/배우자가 많은 승객들은 추가적인 안전 대책이 필요하다. 예를 들어, 형제/배우자가 많은 승객들이 함께 대피할 수 있는 공간을 제공하거나, 이들을 위한 안전 교육을 강화할 수 있다.

- **종합 비즈니스 인사이트**

  - 가족 구성원 수에 따른 인사이트

    · 생존율이 높은 경우: 소규모 가족이나 독립적으로 여행하는 승객들은 대체로 높은 생존율을 보인다.

    · 생존율이 낮은 경우: 대규모 가족 단위의 승객들을 위해 더 나은 안전 대책과 서비스가 필요하다.

  - 부모/자녀 수에 따른 인사이트

    · 부모와 자녀를 동반한 승객들을 위한 특별한 안전 교육 프로그램과 지원이 필요하다.

  - 형제/배우자 수에 따른 인사이트

    · 형제나 배우자를 동반한 승객들의 생존율을 높이기 위한 맞춤형 안전 대책과 지원이 필요하다.

    · 이러한 분석을 통해 가족 단위 승객의 특성을 이해하고, 이들의 요구를 반영한 맞춤형 안전 대책과 서비스를 제공할 수 있다.

라. 나이(Age) 분포 시각화

```
[5]:
import matplotlib.pyplot as plt

# 나이(Age) 분포를 히스토그램으로 시각화
plt.figure(figsize=(10, 6))
sns.histplot(titanic['age'], bins=30, kde=True)
plt.title('Age Distribution')
plt.xlabel('Age')
plt.ylabel('Frequency')
plt.show()

C:\anaconda\Lib\site-packages\seaborn\_oldcore.py:1119: FutureWarning: use_inf_as_na optic
```

- **히스토그램 (Histogram)**

  - 히스토그램은 데이터의 빈도를 막대 그래프로 표현한 것이다.

  - X축은 나이(Age)를 나타내며, Y축은 해당 나이 구간에 속하는 승객의 수(Frequency)를 나타낸다.

  - 예를 들어, 나이 30대 구간에서 가장 많은 승객이 있었음을 알 수 있다. 이 구간에 속하는 승객 수는 약 250명이다.

  - 히스토그램을 통해 나이 분포의 대략적인 형태와 특정 나이대에 승객이 몰려 있는지를 시각적으로 확인할 수 있다.

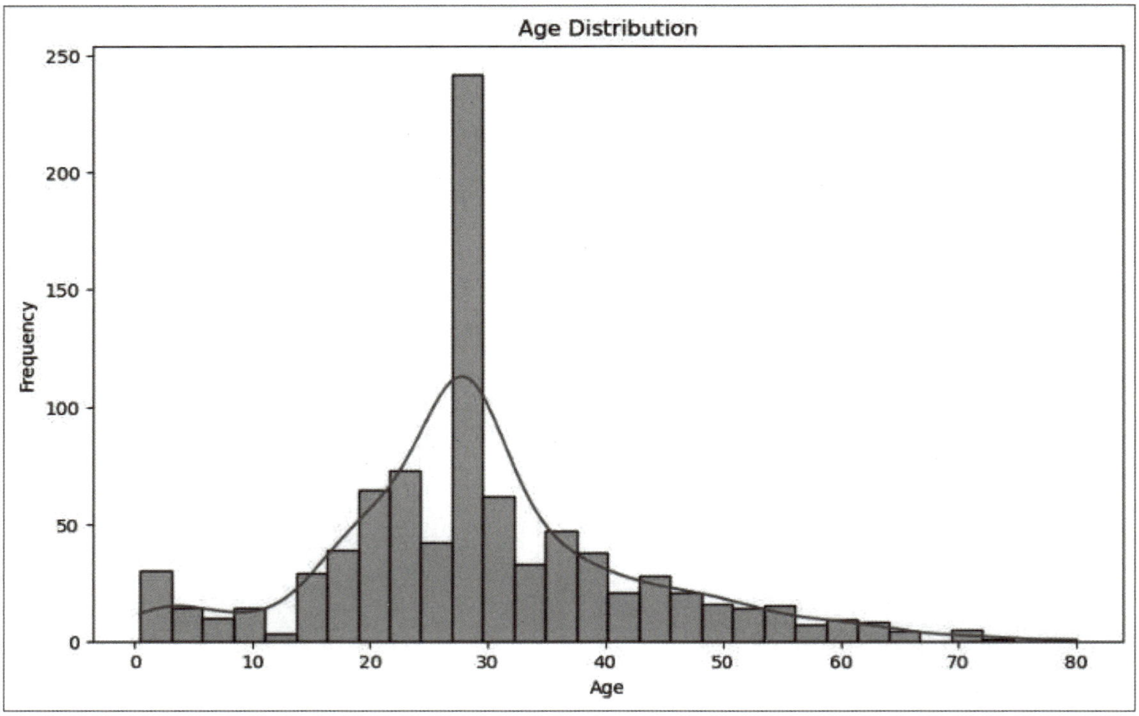

- sns.histplot(titanic['age'], bins=30, kde=True)는 나이(Age) 분포를 히스토그램으로 시각화하며, 커널 밀도 추정(KDE) 곡선을 추가하여 데이터의 분포를 더 명확히 보여준다.

- **주요 특징**

- 나이 20대 후반에서 30대 초반에 승객이 가장 많다.
- 어린 나이 (0-10세)와 70세 이상의 승객도 존재하지만, 상대적으로 적다.
- 나이대가 20-40세 사이에 몰려 있는 경향을 보인다.

커널 밀도 추정(KDE)의 추가 이유

1. 데이터 분포의 부드러운 곡선 제공

히스토그램은 데이터의 빈도 분포를 막대 그래프로 보여준다. 하지만 히스토그램의 막대 높이만으로는 데이터 분포의 부드러운 형태를 파악하기 어려울 수 있다. KDE는 히스토그램의 막대 높이를 부드러운 곡선으로 연결하여 데이터의 전체적인 분포를 더 명확하게 보여준다.

2. 이상치와 분포의 연속성 파악

KDE는 데이터의 밀도를 기반으로 곡선을 그리기 때문에 이상치나 극단값의 영향을 완화하면서 분포의 연속성을 파악하는 데 유용하다. 이를 통해 나이(Age) 변수의 이상치가 데이터 분포에 미치는 영향을 시각적으로 확인할 수 있다.

3. 데이터의 패턴과 특성 이해

히스토그램은 특정 구간의 빈도만 보여주지만, KDE는 전체 데이터의 패턴과 특성을 이해하는 데 도움이 된다. 예를 들어, 나이 분포가 어느 구간에서 밀집되어 있는지, 특정 연령대에서 데이터가 분포하는 경향이 있는지를 쉽게 파악할 수 있다.

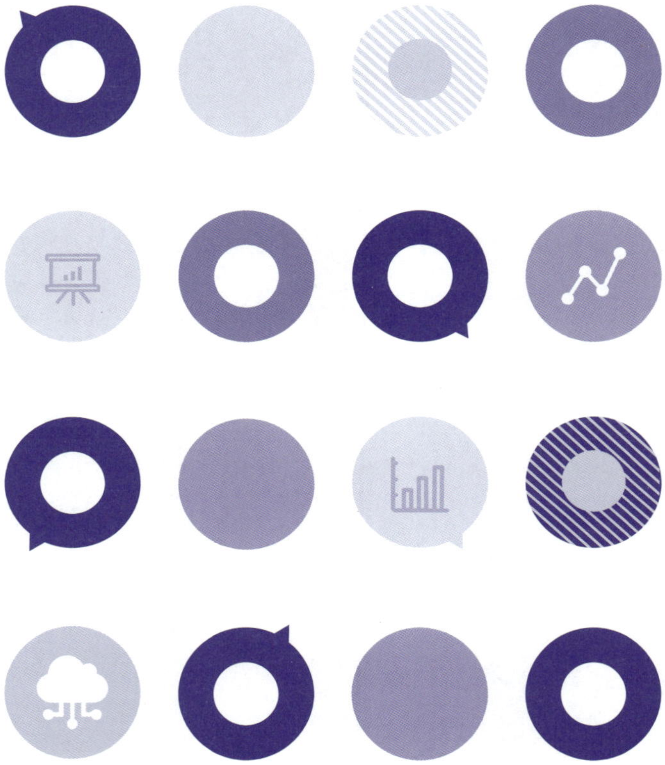

11

상권 분석

1. 데이터셋 다운로드 및 불러오기
2. 데이터 전처리
3. 데이터 분석
4. 지도시각화
5. 연습문제

11. 상권 분석

공공데이터포털

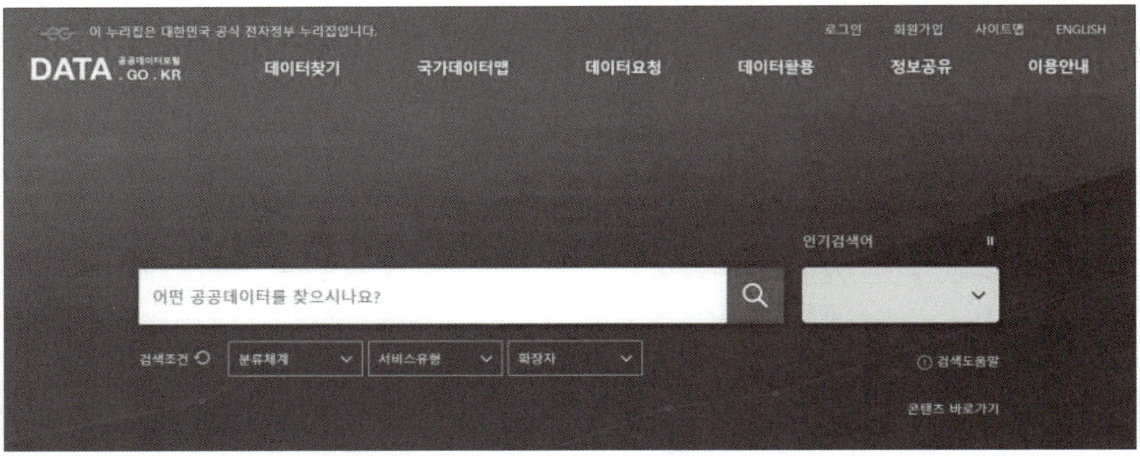

Data.go.kr은 대한민국 정부가 운영하는 공공 데이터 포털 사이트로, 다양한 공공 데이터를 누구나 쉽게 접근하고 활용할 수 있도록 제공하는 플랫폼이다. 이 사이트는 정부, 공공기관, 지방자치단체 등이 보유한 데이터를 공개하여 데이터 기반의 사회 혁신과 경제 활성화를 촉진하는 것을 목적으로 한다.

주요 기능 및 특징

- **데이터 검색 및 다운로드**
  - 사용자는 다양한 주제와 분야의 공공 데이터를 검색하고 다운로드할 수 있다. 데이터는 CSV, XLS, JSON, XML 등 여러 형식으로 제공된다.
- **API 제공**
  - 많은 데이터셋이 API(Application Programming Interface) 형태로 제공되어 개발자들이 쉽게 데이터를 활용할 수 있다. 이를 통해 애플리케이션 개발, 데이터 분석 등에 활용할 수 있다.
- **데이터 카탈로그**
  - 데이터 카탈로그를 통해 다양한 카테고리의 데이터를 분류하고 제공한다. 주제별, 기관별, 형식별로 데이터를 찾을 수 있어 사용자들이 필요한 데이터를 쉽게 찾을 수 있다.

- **데이터 시각화**
  - 일부 데이터셋은 시각화 도구를 통해 그래프, 차트 등으로 시각화되어 제공된다. 이를 통해 데이터를 더욱 직관적으로 이해할 수 있다.
- **데이터 활용 사례**
  - 공공 데이터를 활용한 다양한 성공 사례와 응용 프로그램들이 소개되어 있다. 이를 통해 다른 사용자들이 어떻게 데이터를 활용하고 있는지 참고할 수 있다.
- **교육 및 자료 제공**
  - 데이터 활용 능력을 향상시키기 위한 교육 자료, 가이드라인, 튜토리얼 등이 제공된다. 이를 통해 데이터 분석 및 활용 방법을 배울 수 있다.

1. 데이터셋 다운로드 및 불러오기

① data.go.kr 공공데이터포털에 접속한다.

② 검색창에 “소상공인시장진흥공단_상가(상권)정보“ 입력 후 자료를 다운로드 한다.

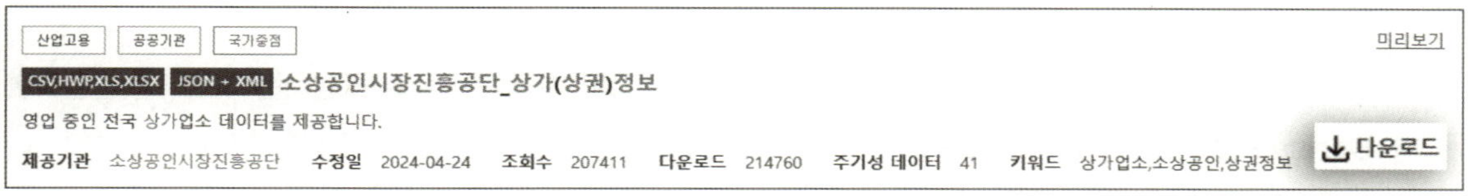

③ 쥬피터노트북에 ‘store’라는 폴더를 만들고, 압축 파일을 푼다.

④ 소상공인시장진흥공단_상가(상권)정보_대전_202403.csv를 불러온다.

```
[2]:
import pandas as pd
import matplotlib.pyplot as plt

# Matplotlib 그래프에서 한글 폰트를 설정하여 한글이 깨지지 않도록 하는 라이브러리
import koreanize_matplotlib

# low_memory=False 옵션을 사용하여 대용량 파일을 처리할 때 메모리 사용을 최적화함
df = pd.read_csv('store/소상공인시장진흥공단_상가(상권)정보_대전_202403.csv',
low_memory=False)

df[:2]

<div>•••
```

2. 데이터 전처리

① 필요없는 열을 제거한다.

- 데이터프레임에서 컬럼값들을 확인한다.
- cols.size는 데이터프레임의 열 개수를 반환한다.

```
[4]:
# 데이터프레임의 열 이름을 저장
cols = df.columns

# 데이터프레임의 열 개수를 출력
print(cols.size)
cols
```

```
39

[4]: Index(['상가업소번호', '상호명', '지점명', '상권업종대분류코드', '상권업종대분류명', '상권업종중분류코드',
       '상권업종중분류명', '상권업종소분류코드', '상권업종소분류명', '표준산업분류코드', '표준산업분류명', '시도코드',
       '시도명', '시군구코드', '시군구명', '행정동코드', '행정동명', '법정동코드', '법정동명', '지번코드',
       '대지구분코드', '대지구분명', '지번본번지', '지번부번지', '지번주소', '도로명코드', '도로명', '건물본번지',
       '건물부번지', '건물관리번호', '건물명', '도로명주소', '구우편번호', '신우편번호', '동정보', '층정보',
       '호정보', '경도', '위도'],
      dtype='object')
```

- str.contains는 pandas의 문자열 메소드로, 특정 열의 각 값이 특정 문자열을 포함하는지 여부를 판단하여 Boolean 값을 반환한다. 이 메소드는 주로 데이터프레임에서 특정 문자열이 포함된 행을 필터링하는 데 사용된다.

```
[5]:
# 특정 키워드를 포함하는 열 이름만 필터링하여 저장
cols = cols[cols.str.contains('코드|번호|번지|층정보|주소|지점명|대지구|건물명|표준|시도|도로명|정보')]
cols.size
```

```
[5]: 30
```

② 특정 키워드를 포함한 열 이름을 필터링 한 후 제거한다.

```
[6]:
df.drop(columns = cols, inplace=True)
```

③ 결측치는 보이지 않는다.

```
[8]:  # 결측치 확인
      df.isna().sum()

[8]:  상호명          0
      상권업종대분류명    0
      상권업종중분류명    0
      상권업종소분류명    0
      시군구명         0
      행정동명         0
      법정동명         0
      경도           0
      위도           0
      dtype: int64
```

3. 데이터 분석

- unique() 메소드를 사용하면 중복을 제거한 고유한 값들을 확인할 수 있다.

```
[10]:  # unique() 메소드는 해당 열에서 중복을 제거한 고유한 값들을 반환함
       df['상권업종대분류명'].unique()

[10]:  array(['음식', '소매', '예술·스포츠', '수리·개인', '시설관리·임대', '교육', '부동산', '숙박',
              '과학·기술', '보건의료'], dtype=object)
```

- 상권업종대분류명에 확인

```
[10]:  # unique() 메소드는 해당 열에서 중복을 제거한 고유한 값들을 반환함
       df['상권업종대분류명'].unique()

[10]:  array(['음식', '소매', '예술·스포츠', '수리·개인', '시설관리·임대', '교육', '부동산', '숙박',
              '과학·기술', '보건의료'], dtype=object)
```

가. 상권업종대분류명시각화

plot.bar() 메소드를 사용하여 value_counts()의 결과를 막대 그래프로 시각화한다. 기본적으로 세로 막대 그래프가 생성된다.

```
[12]:  1 df['상권업종대분류명'].value_counts().plot.bar()
```

```
[12]: <Axes: xlabel='상권업종대분류명'>
```

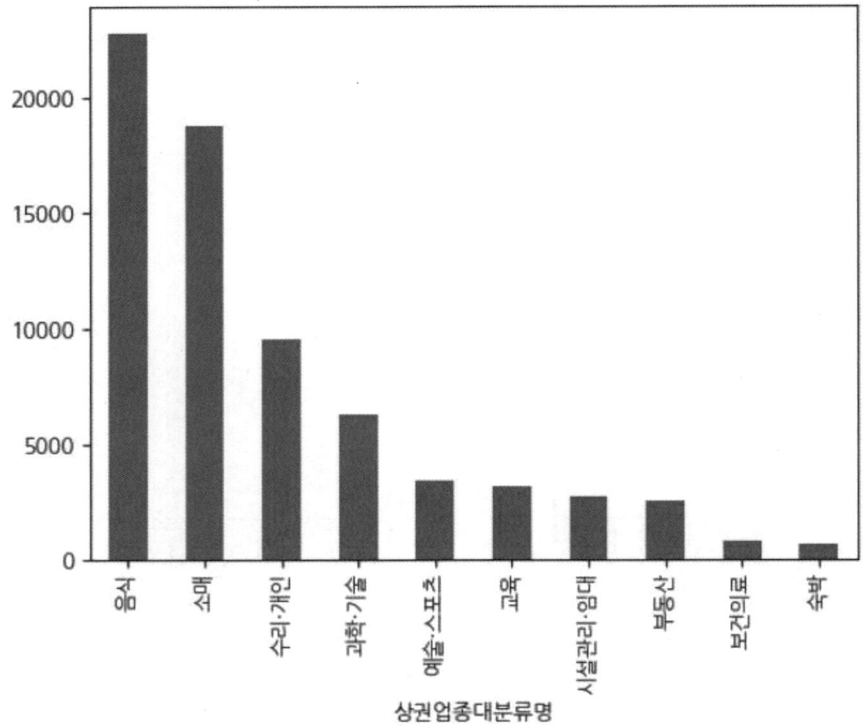

x축은 '상권업종대분류명'의 고유 값들을 나타내며, y축은 각 값의 빈도를 나타낸다. 예를 들어, '음식' 업종이 가장 많이 분포되어 있고, 그 다음으로 '소매' 업종이 많이 분포되어 있음을 알 수 있다.

나. 상권업종중분류명시각화

```
[13]:  1 df['상권업종중분류명'].value_counts().head(20).plot.bar()

[13]: <Axes: xlabel='상권업종중분류명'>
```

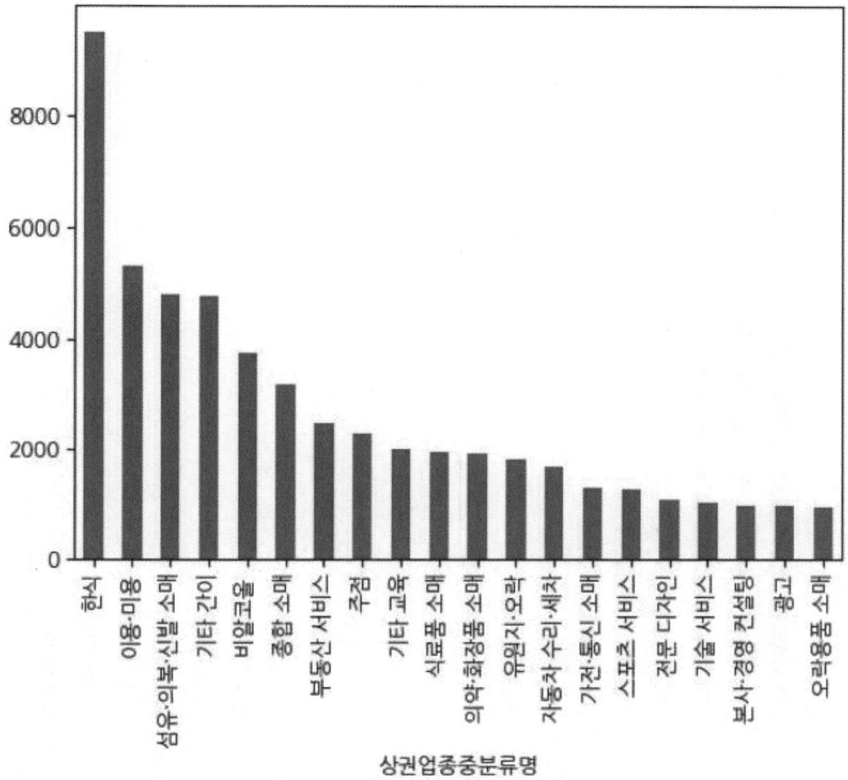

다. 상권업종소분류명시각화

x축은 '상권업종중분류명'의 상위 20개 고유 값들을 나타내며, y축은 각 값의 빈도를 나타낸다. 예를 들어, '한식' 업종이 가장 많이 분포되어 있고, 그 다음으로 '카페', '미용' 업종이 많이 분포되어 있음을 알 수 있다.

```
[14]:  df['상권업종소분류명'].value_counts().head(20).plot.bar()

[14]:  <Axes: xlabel='상권업종소분류명'>
```

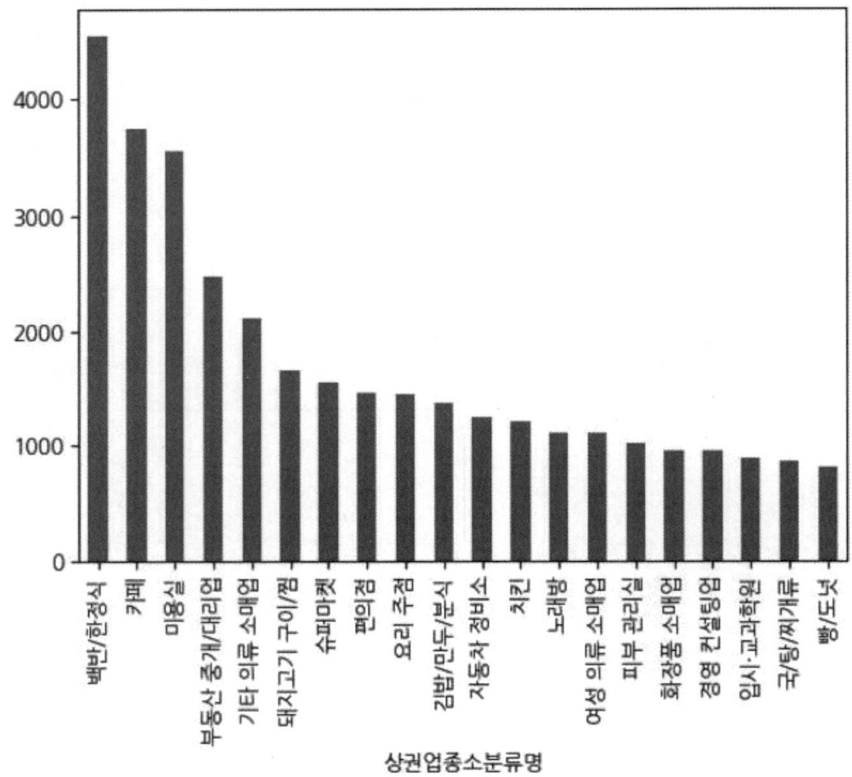

각 구 내에서 어떤 업종이 가장 활발한지, 상대적으로 어떤 업종이 적은지를 비교해 보자.

```
[117]:  df_count = df.groupby(by=['시군구명','상권업종대분류명'])['행정동명'].count()
        df_count.head()

[117]:  시군구명  상권업종대분류명
        대덕구    과학·기술        569
                 교육             239
                 보건의료           46
                 부동산            197
                 소매             2181
        Name: 행정동명, dtype: int64
```

행정구역(시군구명) 내에서 다양한 상권업종대분류명에 대한 행정동명 사업체 수를 집계한 결과이다.

데이터프레임은 시군구명, 상권업종대분류명을 기준으로 그룹화(groupby)되고, 행정동명에 따라 각 그룹의 카운트를 센 것이다.

```
[121]: 1 df_count.unstack()
```

[121]:

상권업종대분류명	과학·기술	교육	보건의료	부동산	소매	수리·개인	숙박	시설관리·임대	예술·스포츠	음식
시군구명										
대덕구	569	239	46	197	2181	1226	79	312	455	2657
동구	817	290	82	353	3087	1365	170	362	460	3302
서구	2618	1269	349	935	5621	3270	119	929	1165	7092
유성구	1490	940	169	678	4331	2083	125	621	788	5991
중구	809	413	104	313	3536	1596	155	492	527	3751

.unstack()을 사용하여 데이터프레임을 행정동명 기준으로 재구조화하였다.

```
[125]: 1 df_count.unstack().plot.bar(rot=15)
```

[125]: <Axes: xlabel='시군구명'>

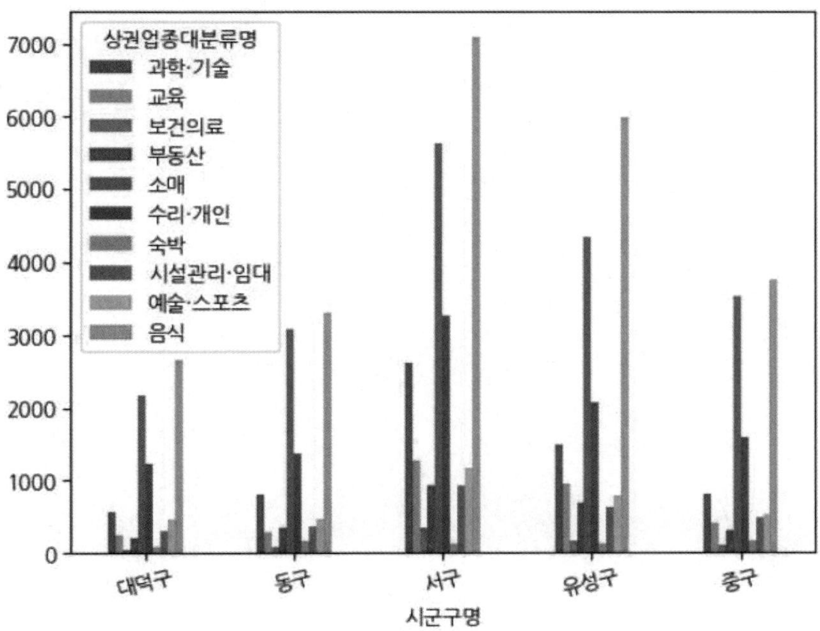

각 시군구별로 다양한 상권업종대분류명의 사업체 수를 시각화한 것이다. 그래프는 시군구명을 x축으로, 사업체 수를 y축으로 나타내고 있으며, 각 색상은 다른 상권업종대분류명을 나타낸다.

- **주요 패턴**

  - 서구: '음식' 업종의 사업체 수가 매우 높다. 이는 서구 내에서 음식 업종이 가장 활발하게 운영되고 있음을 나타낸다.
  - 동구와 유성구: '소매' 업종의 사업체 수가 두드러진다. 이는 해당 구역 내에서 소매업이 활발함을 보여준다.
  - 다른 업종: 과학·기술, 교육, 보건의료 등의 업종은 상대적으로 낮은 사업체 수를 보인다.

- **카페만 필터링**

[15]:
```
cafe = df[df['상권업종소분류명']=='카페']
cafe
```

[15]:

	상호명	상권업종대분류명	상권업종중분류명	상권업종소분류명	시군구명	행정동명	법정동명	경도	위도
19	카페한가로와대전	음식	비알코올	카페	중구	대흥동	대흥동	127.424133	36.325861
40	메가엠지씨커피대전가	음식	비알코올	카페	서구	도안동	도안동	127.350582	36.305440
42	카페나무	음식	비알코올	카페	서구	탄방동	탄방동	127.395712	36.348675
50	페로스터리	음식	비알코올	카페	대덕구	중리동	중리동	127.426995	36.364015
54	한지갤러리앤카페	음식	비알코올	카페	중구	은행선화동	선화동	127.422804	36.333984
...	...	...	...	...	...	...	...	...	...
70411	모네갤러리카페	음식	비알코올	카페	동구	대청동	주산동	127.481833	36.365329
70414	디에떼	음식	비알코올	카페	유성구	온천1동	봉명동	127.340677	36.355081
70465	트루	음식	비알코올	카페	동구	가양1동	가양동	127.444043	36.343845
70516	오마주	음식	비알코올	카페	서구	관저2동	관저동	127.323181	36.297510
70520	샐리샐리	음식	비알코올	카페	서구	둔산1동	둔산동	127.388724	36.359013

3739 rows × 9 columns

- 구별 카페 현황을 파악할 수 있다.

```
[16]:  1 cafe['시군구명'].value_counts()

[16]: 시군구명
      서구      1189
      유성구    1093
      중구       588
      동구       541
      대덕구     328
      Name: count, dtype: int64
```

- 어떤 카페가 몇 개 분포 되 있는지 확인 할 수 있다.

```
[17]:  1 cafe['상호명'].value_counts()

[17]: 상호명
      빽다방대전            37
      메가엠지씨커피대전      34
      투썸플레이스           20
      아이엠일리터           18
      아임일리터             17
                         ..
      더씨                   1
      에덴카페               1
      솔라씨                 1
      카페엘림               1
      샐리샐리               1
      Name: count, Length: 3125, dtype: int64
```

4. 지도시각화

- **folium과 MarkerCluster를 사용하여 대전 지역의 카페 위치를 지도에 표시해 보자.**
  - 지도시각화를 하려면 라이브러리를 설치 해야 한다.
  - Jupyter lab에서 다음 코드 셀을 실행한다.

TIP〉 지도 라이브러리 설치

folium은 파이썬에서 인터랙티브 지도 시각화를 위해 사용되는 라이브러리다. 이 라이브러리를 사용하면 간편하게 지도에 데이터를 시각화할 수 있다. 아래 명령어를 사용하여 folium 라이브러리를 설치할 수 있다.

```
!pip install folium
```

- **카페 데이터셋의 경도와 위도의 평균을 계산**

```
[18]: long = cafe['경도'].mean()
      lat = cafe['위도'].mean()
      lat, long

[18]: (36.347538344694414, 127.38590500468119)
```

- cafe['경도'].mean(): 데이터프레임 cafe의 '경도' 열에 있는 값들의 평균을 계산하여 long 변수에 저장.

- cafe['위도'].mean(): 데이터프레임 cafe의 '위도' 열에 있는 값들의 평균을 계산하여 lat 변수에 저장.

- lat, long: 계산된 평균 위도와 경도를 출력.

TIP〉 위도 먼저 경도 먼저?

folium 라이브러리에서는 지도에 위치를 표시할 때 위도(Latitude)를 먼저 쓰고, 경도(Longitude)를 나중에 써야 한다. 이는 folium이 지도 상의 특정 위치를 나타내기 위해 (위도, 경도) 형식을 따르기 때문이다.

folium.Map(location = [위도좌표, 경도좌표])

```
[19]: import folium
      from folium.plugins import MarkerCluster

      # 대전 지역을 중심으로 한 기본 지도를 생성
      daejeon_map = folium.Map(location=[lat, long], zoom_start=12)

      # 마커 클러스터를 지도에 추가하여 많은 마커를 클러스터링할 수 있게 함
      marker_cluster = MarkerCluster().add_to(daejeon_map)

      # 데이터프레임의 각 행을 순회하면서 마커를 지도에 추가
      for idx, row in cafe.iterrows():
          # 각 카페의 위치에 마커를 추가하고, 마커를 클릭하면 상호명이 표시되게 함
          folium.Marker(
              # 위도와 경도를 이용하여 마커 위치 설정
              location=[row['위도'], row['경도']],
              # tooltip 대신 popup=row['상호명']마커를 클릭하면 상호명이 팝업으로 표시됨
              tooltip=row['상호명']
          ).add_to(marker_cluster)    # 마커 클러스터에 마커를 추가

      # 지도를 HTML 파일로 저장
      daejeon_map.save('daejeon_cafes_map.html')
      daejeon_map

<div style="width:100%;"><div style="position:relative;width:100%;height:0;padding-bottom:60%;"><span st
```

- 1번줄: folium: 지도를 생성하고 시각화하는 라이브러리이다.
- 2번줄: MarkerCluster: 많은 마커를 클러스터링하여 지도의 가독성을 높여주는 플러그인이다.
- 5번줄: folium.Map: 지도를 생성하는 함수이다.
- 5번줄: location: 지도의 중심 좌표를 지정한다. [36.3504, 127.3845]는 대전의 위도와 경도이다.
- 5번줄: zoom_start: 초기 줌 레벨을 설정한다. 12는 적당한 줌 레벨로, 도시 전체를 볼 수 있는 정도이다.
- 8번줄: MarkerCluster(): 마커 클러스터링을 활성화하는 함수이다.
- 8번줄: .add_to(daejeon_map): 생성한 마커 클러스터를 지도에 추가한다.
- 11번줄: cafe.iterrows(): 데이터프레임 cafe의 각 행을 순회한다.
- 11번줄: idx: 현재 행의 인덱스를 나타낸다.
- 11번줄: row: 현재 행의 데이터를 나타낸다.
- 13번줄: folium.Marker: 마커를 생성하는 함수이다.
- 15번줄: location: 마커의 위치를 지정한다. [row['위도'], row['경도']]는 현재 행의 위도와 경도 값이다.
- 17번줄: tooltip: 마커에 마우스를 올렸을 때 표시될 텍스트이다. row['상호명']는 현재 행의 상호명이다.
- 18번줄: .add_to(marker_cluster): 생성한 마커를 마커 클러스터에 추가한다.
- 21번줄: daejeon_map.save('daejeon_cafes_map.html'): 생성한 지도를 daejeon_cafes_map.html 파일로 저장한다. 이 파일을 브라우저에서 열면 지도를 확인할 수 있다.

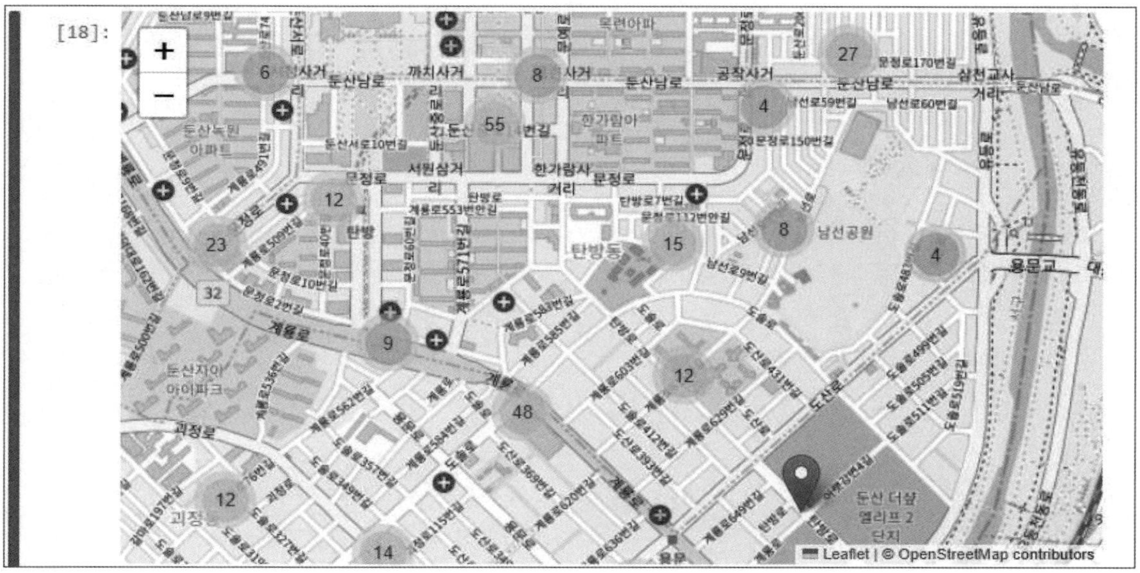

TIP〉 iterrows 함수

iterrows 함수는 판다스(Pandas) 라이브러리에서 데이터프레임(DataFrame)을 행(row) 단위로 반복(iterate)할 수 있게 해주는 메서드이다. 이를 통해 각 행의 인덱스와 데이터를 튜플 형태로 얻을 수 있다. iterrows 함수는 데이터 분석이나 처리 과정에서 특정 행에 대해 작업을 수행해야 할 때 유용하게 사용된다.

[1]:
```
import pandas as pd

# 예시 데이터프레임 생성
data = {
    '이름': ['홍길동', '김철수', '이영희'],
    '나이': [25, 30, 35],
    '도시': ['서울', '부산', '대구']
}

df = pd.DataFrame(data)
df
```

[1]:

	이름	나이	도시
0	홍길동	25	서울
1	김철수	30	부산
2	이영희	35	대구

행 단위 반복: iterrows는 각 행을 (인덱스, 행 데이터) 형태의 튜플로 반환한다. 여기서 행 데이터는 판다스 시리즈(Pandas Series) 객체다.

[2]:
```
# iterrows 사용 예제
for 인덱스, 행 in df.iterrows():
    print(f"인덱스: {인덱스}")
    print(f"이름: {행['이름']}, 나이: {행['나이']}, 도시: {행['도시']}")
```

```
인덱스: 0
이름: 홍길동, 나이: 25, 도시: 서울
인덱스: 1
이름: 김철수, 나이: 30, 도시: 부산
인덱스: 2
이름: 이영희, 나이: 35, 도시: 대구
```

iterrows 메서드를 사용하면 데이터프레임의 각 행을 반복하면서 인덱스와 데이터를 출력하는 할 수 있다. 각 행을 반복할 때마다 인덱스와 행 데이터가 각각 인덱스와 행 변수에 할당된다. 행 변수는 시리즈(Series) 객체로, 열 이름을 키로 하는 딕셔너리처럼 접근할 수 있다.

5. 연습문제

학번끝자리가 각각 1은 강원, 2는 경기, 3은 경남, 4는 경북, 5는 광주, 6은 대구, 7은 부산, 8은 서울. 9는 세종, 0은 울산을 분석해 보자.

① 각 도시의 업종 분포를 조사하고, 어떤 업종이 가장 많은지 파악해 보자.

② 각 도시에서 브랜드커피숍의 지역별 분포도와 숫자를 분석하고, 각 도시에 위치한 커피숍 중 가장 많은 커피숍이 있는 구를 찾아 지도에 표시해 보자.

아래는 제주도의 커피숍을 지도 시각화로 표현되었다.

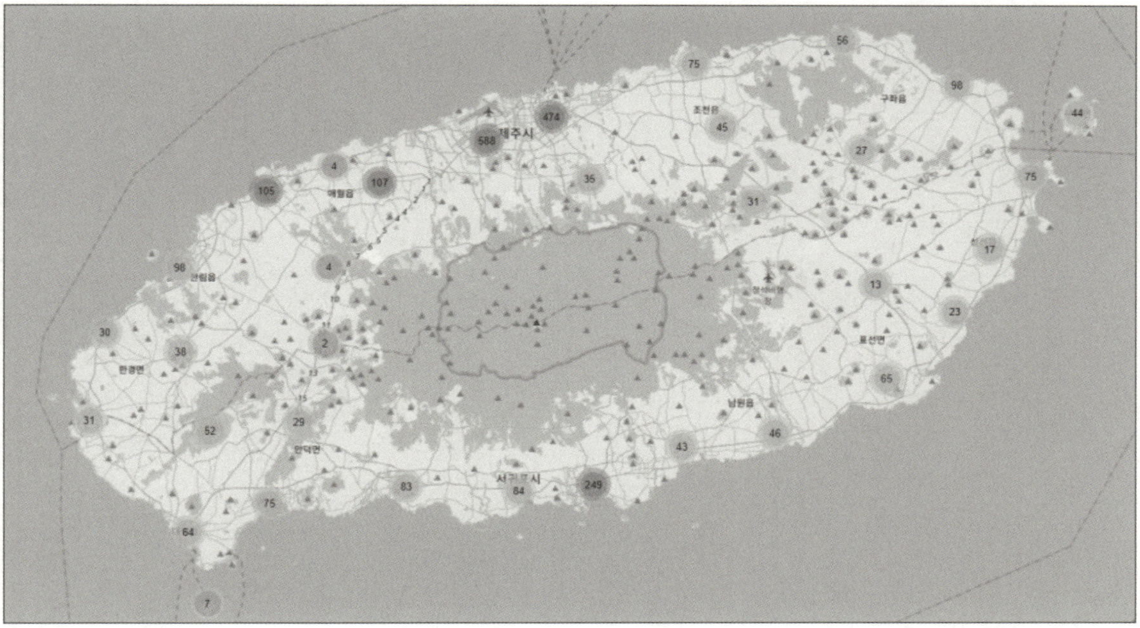

ChatGPT를 활용한 데이터분석 및 시각화

발행일 2024년 9월 13일 발행

저 자 박성삼

발행처 한남대학교 탈메이지교양·융합대학(글누리)
대전광역시 대덕구 한남로 70

연락처 (042) 629-7722

ISBN 978-89-7066-430-9 03000

〈정가 27,000원〉